新世纪地方高等院校专业系列教材
全国教育科学"十五"规划课题项目

学术论文写作

第3版

主　编　高小和　汲安庆
副主编　张德礼
参　编　王振彦　冯国凡　许定国　郑　华

南京大学出版社

图书在版编目(CIP)数据

学术论文写作 / 高小和，汲安庆主编. — 3 版. — 南京 ：南京大学出版社，2022.1(2024.12 重印)
ISBN 978 - 7 - 305 - 25029 - 3

Ⅰ. ①学… Ⅱ. ①高… ②汲… Ⅲ. ①论文—写作 Ⅳ. ①H152.3

中国版本图书馆 CIP 数据核字(2021)第 200700 号

出版发行　南京大学出版社
社　　址　南京市汉口路 22 号　　　邮　编　210093

书　　名　学术论文写作
XUESHU LUNWEN XIEZUO
主　　编　高小和　汲安庆
责任编辑　刁晓静　　　编辑热线　025 - 83592123

照　　排　南京南琳图文制作有限公司
印　　刷　南京人民印刷厂有限责任公司
开　　本　787 mm×1082 mm　1/16　印张 14　字数 350 千
版　　次　2022 年 1 月第 3 版　2024 年 12 月第 3 次印刷
ISBN 978 - 7 - 305 - 25029 - 3
定　　价　39.00 元

网址：http://www.njupco.com
官方微博：http://weibo.com/njupco
微信服务号：njuyuexue
销售咨询热线：(025) 83594756

目 录

思想方法篇

知识技能篇

实践应用篇

思想方法篇

第一章　学术思维的品格、模式和习惯

科学技术的飞速发展，快速地改变着整个世界，从“知识就是力量”到“科学技术是第一生产力”的认识飞跃，将“终身教育”和“学习化社会”的目标，如此迅速地展现在我们的面前。提高国际竞争能力，振兴中华民族，关键是科学技术，基础在于教育；而高素质教师队伍的培养和造就，则是振兴教育的战略重点，这已经成为人人都明白的现实逻辑关系。

同理，终身学习和不断提高，是每一个人民教师学习和工作中必不可少的环节。在终身学习过程中要获得高效率的知识增长和能力提高，必须借助先进教育思想的武装，熟练掌握现代教育研究的基本技能。

作为地方高等院校专业学科共同的专业技能课程，“学术论文写作”（亦即“科学论文写作”），有助于我们认识科学的思维方式及其应用价值，帮助我们培养优秀的学术思维品格，养成良好的学术思维习惯，从根本上提高我们在现代教育中的职业竞争能力。

“学术思维”不是神秘的词汇。无论古今，“学术”的含义都离不开运用知识，掌握方法，解决问题的基本内涵。当然，从具体的人来讲，“闻道有先后，术业有专攻”，各有专长，需要相互弥补，共同合作；从任何一个专业的学术研究领域看，构成学术体系的学术问题都有着极其丰富的层次性，“会当凌绝顶，一览众山小”的学界泰斗是很少的，绝大多数的学术工作者都在做“积土成山”的基础工作。无论研究“汉字信息系统数字化”，还是研究“怎样帮助中、小学生纠正错别字”，从学术价值上讲都是很有意义的。因此，从事学术研究的人，一方面要破除“高山仰止”的迷信和畏惧，另一方面还要树立“路在脚下”“志存高远”的精神和目标。

让我们满怀敬仰科学、热爱学术的激情，瞄准高素质教师队伍的培养目标，以探求真理的匆匆脚步，走进学术思维广阔无垠的天地……

第一节 学术思维的品格

一、探求真理是学术思维品格的灵魂

（一）学术思维的价值取向在于探求真理

无论在东方还是在西方，真理一词的原本意义都是指宗教教义的精髓。随着科学的发展和思想的进步，真理一词逐渐被人们用来指代客观事物的规律和科学的定理。历史唯物主义认为，人类对自身和自然的认识，一直经历着由“必然王国”向“自由王国”转化和迈进的过程，人们“通过实践而发现真理，又通过实践而证明真理和发展真理”；因而，在学术思维过程中，我们要“判定认识或理论之是否真理，不是依主观上觉得如何而定，而是依客观上社会实践的结果如何而定”①。反过来说，在发现真理、证明真理、发展真理的过程中，处处都显示着学术思维的漫漫足迹。“路曼曼其修远兮，吾将上下而求索”，表达的正是古今学人崇尚知识和学术、追求正义和真理的意志和决心。

被马克思誉为“现代实验科学的真正始祖”的弗朗西斯·培根（Francis Bacon，1561～1626）认为：“研究真理（就是向它求爱求婚），认识真理（就是与之同处）和相信真理（就是享受它），乃是人性中最高的美德。”

我们强调从这种高度来理解和认识学术思维的价值取向，主要目的在于，帮助学术爱好者、学术论文写作的学习者和实践者明确思想目标，把认真研究问题、大胆探索创新、勇于揭示和坚持真理的意志、品格和精神结合起来，形成为热爱真理而投入、为科学事业而献身的学术思维品格，拒绝那种自命清高、玄而又玄的学术倾向。

古希腊的悲剧作品《被缚的普罗米修斯》，塑造了一个为正义和真理可以接受一切打击和折磨的崇高形象，他敢于违抗神界最高统治者宙斯的意志，盗取火种送给灾难深重的人类，给人间带来了光明和力量。他因此遭到宙斯的残酷迫害和无情打击，被牢牢钉在高加索山顶的悬崖上，每天有一只鹰来啄食他的心肝肺腑，而普罗米修斯永不屈服，永不后悔。青年马克思在自己的博士论文序言中，颂扬这位拯救和造福人类的先行者是“哲学日历中最高尚的圣者和殉道者”！中国革命的先驱李大钊也曾借用普罗米修斯的精神鼓舞人们追求理想的决心和斗志，把“人生最高之理想，在求达于真理”作为自己的不朽誓言。这些先进的理念和思想，是每一位热爱科学、热爱学术的人，应当尽早汲取的精神营养。

（二）探求真理的目的在于推动社会进步

培根在致友人的书信中如此表白：

①毛泽东：《实践论》，见《文学理论学习参考资料》（上），春风文艺出版社 1981 年版，第 62 页。

我写书不是为了消度空闲时间和供人们娱乐消遣。

我所关心的是人类生活中的各种问题和困难。这是我愿意借助于正确和健全的理智思考来加以改进的。①

在自己的求职信中，培根还这样说道："我无意于功名利禄，升官发财。我只希望能得到一个职业可以谋生，并有足够的业余闲暇使我能从事我所热爱的科学研究……我想清扫那些无意义的哲学争论，而探索一种可以通过观察、思考和发现，去达到真理的新途径，使人类知识获得进步。"正是为了最终实现这一目标，这位人类学术史上的巨匠在晚年完成了两部不朽的著作——《学术的进步》(1605)和《新工具》(1620)。

每一个真正了解实验科学卓越成就的人，每一个敢于正视在实验科学思想指导下完成的近代工业革命对人类物质文明的突出贡献的人，都应当对这种以"推动社会进步为目的"的人生价值选择，投之以赞美的目光。

孔夫子一辈子"诲人不倦"，建立了世界思想宝库中积极进取的儒学思想体系，成为古今中外无数志士仁人称颂的"万世师表"。以至于今天资本主义世界的许多思想家，面对缺乏人情味的金钱关系和不可遏制的利益占有欲望而无可奈何，提倡运用具有无限包容精神的儒家思想来拯救世界。

这些典型事例，都是人类学术思想宝库中最有代表性的成果。认真理解这些成果之所以形成的价值目标选择方式，帮助我们自觉锻炼"探求真理的目的在于推动社会进步"的学术思维品格，这是促进我们养成热爱真理、探求真理的崇高美德的最基础的思想条件。

二、严谨治学是形成学术思维品格的基础

如果说"崇高的美德"是探求真理的人们所期盼收获的鲜花和果实，那么，这种收获的取得不仅仅要有探求真理的盼望、勇气和决心，而且还必须具有脚踏实地的科学精神和百折不挠的意志品格。因此，我们反复强调：严谨治学是形成学术思维品格的基础。

人的认识要产生飞跃，必须从一点一滴的学习开始，通过量的积累最终达到质的飞跃。要真正做到严谨治学，夯实知识和学术的基础，必须从以下三个方面做起：

(一) 要刻苦学习前人留下的浩瀚知识

在人类科学史上，一个人的发现、发明和创造总是有限的，人类的发展和进化之所以超乎其他种群而卓立于世，根本原因就是通过语言和文字的记载、传递，不断积累知识和经验。

同一时代的人与人之间，先天并无太大的差别，通过后天不同的学习、积累和实践才产生了差异。如果说"人猿相揖别，只几个石头磨过"，那么今天人与人之间的差别，

①[英]弗兰西斯·培根：《培根随笔选》，何新译，上海人民出版社 1985 年版，扉页。

就是“是不是认真一点、刻苦一点”造成的。所谓“勤能补拙”“功夫下到自然成”，说的就是这个道理。

苏联著名科学家和教育家巴甫洛夫这样告诫青年人：“你们想要攀登到科学的顶峰，应该先通晓科学的基础知识。前面的东西如果没有领会，就决不要动手去搞后面的”；“要养成谨严和忍耐的习惯。要学会做科学中的琐碎工作。要研究事实，对比事实，积累事实。”列夫·托尔斯泰的观点也一样，“正确的道路是这样：吸取你的前辈所做的一切，然后再往前走”。

“万丈高楼平地起”，靠的是一砖一石的不断积累；“无数涓流成瀚海”，靠的是一点一滴的无尽汇聚。青年大学生成才，靠的正是学习人类浩瀚知识的刻苦精神。“板凳甘坐十年冷，文章不写一句空！”这是我国现代著名历史学家范文澜先生的治学精神，也是每一个求学者、每一个学术爱好者，事业赖以成功的真正秘诀。

（二）要科学积累一切有价值的实际经验

“读书是学习，使用也是学习，而且是更重要的学习”；“把二者总合起来，用得着中国一句老话：‘世上无难事，只怕有心人。’入门既不难，深造也是办得到的，只要有心，只要善于学习罢了。”[①]要“有心”，要“善于学习”，就要在广泛学习前人、科学归纳总结的同时，用心积累自己的实践经验，善于学习和借鉴别人的经验成果。

一方面，自己要大胆实践，深入实践，用科学的方法指导自己的实践。就学术思维的训练而言，就是要从培养自己发现问题的能力开始，广泛钻研教材以外的相关论著和资料，寻求帮助自己解答问题、阐发观点的材料和思路，在对学术论题的思考和学术论文的写作中不断积累经验。如果我们能认真对待每一门课程的学科论文，认真写好学期论文和学年论文，并能对自己感兴趣的其他问题做出较为深入和系统的研究，四年大学生活中学术研究经验的积累，就可以促使我们逐步“入门”，并不断得到“深造”。

另一方面，要善于学习借鉴别人的经验成果。在信息发达的当今世界，知识信息的数量迅猛增长，除了抓紧学习同自身专业相关的优秀论著之外，还要抓紧时间学习专业刊物上发表的相关论文，因为，80％的最新研究成果是在专业杂志上首先发表的。同时，还应当充分利用现代阅读手段，从计算机网络上查阅和下载对自己最有用处的资料。只有从别人的最新研究成果中吸取最新的知识信息，学习最新的研究方法，接受最新的科学成果，才能使自己的信息触觉不迟钝，才能使自己的知识结构不落伍，才能为自己的学术思维插上腾飞的双翅。

（三）要有朝气蓬勃的创新意识

学习的目的在于使用，使用的效果如何，则要看创新的力度。我们耳闻目睹的教育现状告诉我们，谁不能从单纯记忆型和应试型的人才模式中摆脱出来，成为自主学习、自主创新的主动者，谁就有可能在未来的竞争中面临被淘汰的危险。在具体的学习、实

①毛泽东：《中国革命战争的战略问题》，见《毛泽东选集》（第一卷），人民出版社 1969 年版，第 165 页。

践过程中，以创新的精神不断培养自己的学术思维能力和品格，就是增强当代大学生自主创新能力的最现实的方法和最有效的措施。

培育创新意识和展示创造业绩，也要坚持循序渐进的原则，要脚踏实地，不要好高骛远。要从创造性的学习和训练开始，寻求发现问题、分析问题、解决问题的方法、思路和步骤，从课本拓展到课外，从基础知识拓展到应用实践，在融会贯通的基础上做到有所突破，有所创新。从而实事求是地树立自主创新的阶段目标，争取自主创新的积极成果。

当然，学习前人、注重实践和追求创新三个方面，并不是脱节和分离的，无论作为严谨治学的实践行动，还是作为形成学术思维品格的可靠条件，三者都是辩证统一、不可偏废的整体。只有在三个方面都身体力行、做出实效，才能逐步形成严谨治学的学术思维品格。

三、与时俱进是学术思维品格的内在精神

近年来，"与时俱进"这个词语谁都不会陌生，但稍加留意你就会发现：我们的词典中原本没有这个词汇。这个典型的事例正好雄辩地证明了客观事物不断发展变化、思想观念也要与时俱进的道理。

其实，我们的祖先就深知这个道理，从"宇宙"一词的含义便可推知一二。《太平御览》引《纂要》云："四方上下谓之宇，古往今来谓之宙。"《庄子・让王》记载善卷曾经不无豪迈地说："余立于宇宙之中……日出而作，日入而息，逍遥于天地之间。"按照中国古代朴素唯物主义的观点，时间和空间是一个完整的统一体，既没有脱离空间的物体，也没有脱离时间的事态。"天人合一"的自然观，正是把天体运行规律、时序的四季变化和动物的生老病死、植物的繁茂衰枯联系在一起来认识自然规律的。"与时俱进"本来应当是一个如同"春花秋月"一样普通的词汇。然而，在封建制度的漫长统治和封建思想的长期禁锢中，无论是政治还是思想的统治者们都希望自己的权力和意志永恒不变地一统天下，致使封建落后的思想形态逐步趋于保守，也正是对这样的历史缘由和思想根源的严肃反思，才促使我们把"与时俱进"作为"学术思维品格的内在精神"加以阐发和认识。

（一）强调学术思维品格具有"与时俱进"的内在精神，首要目的就在于破除迷信观念，克服盲从意识

科学是实事求是的学问，它要反映客观世界的发展规律；科学是最具人本情怀的新工具，它的应用在于源源不断地满足人类物质文化生活的需求；科学是人类创造的最为宝贵的遗产，它不接受任何个人的支配和限制，决不以任何个人的意志为转移。因此，科学的思想越普及，科学的技术越先进，人类社会就越趋向进步，越趋向共同富裕和全面繁荣。把"与时俱进"作为内在精神的学术思维品格，要求我们为破除迷信、为实现深刻的思想解放、为推动科学的普及和社会的进步繁荣，做出贡献。

（二）强调学术思维品格具有“与时俱进”的内在精神，从本质上讲，有助于深化我们对科学史的认识和借鉴，有助于促进我们对科学思维规律的准确把握

用学术思维的眼光看待科学发展的历史，它是由三个鲜明的阶段所构成的：2000多年前，古希腊最伟大的思想家和科学家建立了形式逻辑体系，推动了哲学、数学等基础理论的发展；400多年前，以英国科学家培根的《学术的进步》和《新工具》为标志，世界开始进入以科学方法论为基础的实验科学的阶段，大机器生产、电器技术与化工技术的广泛运用，极大地繁荣了经济，推动了社会的进步；60年前，以英国人艾伦·图灵(Alan Turing，1912～1954)等人的电子计算机理论为标志，世界逐步进入电子技术集成化和人工智能技术的崭新时代，信息技术的高速发展，国际市场的全面开放，人口资源的可持续发展，预示着人类社会超高速发展的新格局和新趋势。总之，人类思想观念、生产方式、物质文化的发展状况和速度，都是由相应的思维方式所左右或带动的。意识对于存在、思想对于物质的“反作用力”，越来越显得巨大无比；科学技术发展的生产力效应，越来越显示出无与伦比的潜能。

当我们的祖先用指南针四处寻找“风水宝地”、用火药制成的鞭炮驱鬼镇邪的时候，在地球的另一端却悄悄地发生着另一种变化：我们祖先的发明成果，正在改变着世界的命运：

> 火药把骑士阶层炸得粉碎，指南针打开了世界市场并建立了殖民地，而印刷术则变成新教的工具，总的来说变成科学复兴的手段，变成对精神发展创造必要前提的最强大的杠杆。①

由此我们可以清楚地看到，由实验科学思维方式直接引导的技术革命，对推动世界历史的进程起到了巨大的作用，从而坚定我们实施“科教兴国”战略的决心和意志。

（三）强调学术思维品格具有“与时俱进”的内在精神，最基本的目的还在于，要唤起每一位学术爱好者从事研究工作的信心和脚踏实地的精神

正如人的生命过程一样，“学术也有儿童时代，那时它是萌芽而且一般是幼稚的；然后是它底少年时代，那时它是蓬蓬勃勃而有少年气的；然后是它底壮年时代，那时它是坚实有节的；最后是老年时代，它就变成干枯销竭的了”②。

这个道理告诉我们：任何类型的学术命题都不可能有终结和唯一的“顶峰”式的研究成果，所以，我们在尊重科学、信奉真理的同时，绝对不可以陷入迷信的境地。因为，科学的结论和具有真理价值的理论，也要在实践中不断发展。

举一个简单的例子，比如《初中班主任工作方法研究》这样一个非常普通的研究题目，许多人也许认为别人都写过了，没有更深入的余地了。其实不然，从横向认识——

---

①［德］马克思：《机器、自然力和科学的应用》，人民出版社1978年版，第67页。
②［英］培根：《培根论说文集》，水天同译，商务印书馆2017年版，第212页。

班级工作组织方法的优化，男女生生理、性格的差异，学科兴趣小组活动在班级工作中的作用，后进学生的思想转化，班级思想工作与家庭教育的协调配合，班级工作如何抵御社会生活中的消极影响等等，每一个独特的角度都具有可供深入研究的内容和空间；从纵向审视——每一个学生的身体、思想、性别特征和学习状况，无时无刻不在发生变化，新学科的增加、学生群体关系的变动、周围环境的变化、社会生活的改善等等，无一不导致学生情绪、性格、成绩各个方面的变化。再说每一个特定时代的学生都有着独特的好尚、习性和观念，这些变化表现在教育过程中，就需要不同的教育方法、实验手段和组织策略。因此，班主任工作的研究就是一个永远做不完的行动系列。要不然，我们怎样理解"太阳每一天都是新的"呢？

同样的道理告诉我们，"与时俱进"不仅仅是时序变化的问题，它还包含着角度、方位的变化。当北半球处于炎热的夏季，南半球必然是寒冷的冬天；当许多人利用"教育产业"的杠杆不断提高入学收费标准的时候，弱势群体子女的就学自然成为一个严重的社会问题；加入 WTO，我国的农业受到强烈的冲击，却又给过度开垦的土地带来了退耕还林、还草、还湖的好机遇；大中型企业减员增效导致了失业人口的增加，下岗工人加入第三产业，激烈的竞争之后带来的却又是社会服务水平的大幅度提高……矛盾的多样性和相互转化，给人们提供了无限广阔的学术思维空间，真可谓"山重水复疑无路，柳暗花明又一村"。学问没有止境，学术没有禁区，学术命题的无处不在是客观存在的事实。真心实意的知识追求者和学术爱好者，千万不能原谅自己的懒惰而对学术问题熟视无睹。须知，"但肯寻诗便有诗，灵犀一点是吾师。夕阳芳草寻常物，解用都为绝妙词"（袁枚《遣兴》）。处在相同的社会生活与学习条件下的人们，研究学术问题的机遇是同等的；所不同的仅仅在于，人们把握机遇的执着程度存在着差异罢了。

历史的辩证法告诉我们，学术思维领域同样有永远开垦不完的处女地。面对任何领域、任何命题的研究，每一个研究者只能是长途竞赛的接力者。每一个学术爱好者在全面学习和接受前人成果的同时，都应当毫不犹豫地拿过前人的"接力棒"，在属于自己这段路程中跑得更快，做得更出色。

四、学术思维品格具有鲜明的个性特征

任何类型的学术成果，都是由具体的人来完成的，其学术思维品格不可避免地带着鲜明的个性特征。

（一）学术思维品格的个性特征和学术创造者的事业心与责任感关系密切

学术工作是枯燥的、艰难的，没有强烈的事业心和责任感是不可能做出成果的。我们说古希腊的历史"有古无今"，我们说美国文化积淀薄、根子浅，就是因它们在时间的延续性和联系性上有着某种缺陷。我们赞美中国传统文化，认为它拥有一个极其完整、贯穿古今的宏大体系，一个重要的原因，就是它拥有一套接着一套的"二十五史"。从这一角度讲，最伟大的功绩应当归于杰出的历史学家司马迁。

司马迁自幼就怀抱“绍明世，正《易传》，继《春秋》”（《史记·太史公自序》）的理想，立志继承孔子借“《春秋》以道义，拨乱世反之正”的事业。在编写《史记》的过程中，司马迁因为仗义替将军李陵说几句客观公道的话，就遭受惨无人道的宫刑，关押在大牢之中。面对突如其来的灾祸，他也曾产生过轻生的念头，但“究天人之际，通古今之变，成一家之言”的治史理想支撑着他，使他抱定了“虽万被戮，岂有悔哉”的决心，蓄积了“隐忍苟活，幽于粪土之中而不辞”的坚韧意志，竭尽一生的心力，“网罗天下放失旧闻”“稽其成败兴坏之纪”（司马迁《报任安书》），最终完成了《史记》编写的浩瀚工程。

司马迁发愤著书，立志“成一家之言”，明确树立“不虚美、不隐恶”的史学标准，再加上作者为成就事业所采取的一丝不苟的科学态度，终于让《史记》成为“史家之绝唱，无韵之《离骚》”，给世世代代的史学家树立了光辉的榜样。

（二）学术思维品格的个性特征，同学术创造者的性格与爱好关系极为密切

随着社会的进步，科学的分类越来越细密，科学爱好者所选择的学术研究方法及发展空间也自然越来越趋于个性化。

爱因斯坦自幼就具有孤僻的性格，连兄弟姐妹都融入不了。他对小提琴有特别的爱好，并通过刻苦训练达到较高的演奏水平。1918 年 4 月，在柏林物理学会为麦克斯·普朗克举行的 60 岁生日庆祝会上，爱因斯坦做了题为《探索的动机》的演说。他认为，真正的科学家都是一些“相当怪癖、沉默寡言和孤独的人”，对于这个观点，爱因斯坦做了如下剖析：

> 把人们引向艺术和科学的最强烈的动机之一，是要逃避日常生活中令人厌恶的粗俗和使人绝望的沉闷，是要摆脱人们自己反复无常的欲望的桎梏。一个修养有素的人总是渴望逃避个人生活而进入客观知觉和思维的世界；这种愿望好比城市里的人渴望逃避喧嚣拥挤的环境，而到高山上去享受幽静的生活……
>
> 除了这种消极的动机之外，还有一种积极的动机。人们总想以最适当的方式来画出一幅简化的和易领悟的世界图像；于是他就试图用他的这种世界体系(cosmos)来代替经验的世界，并来征服它，这就是画家、诗人、思辨哲学家和自然科学家所做的，他们都按自己的方式去做。各人都把世界体系及其构成作为他的感情生活的支点，以便由此找到他在个人经验的狭小范围里所不能找到的宁静和安定。①

依据爱因斯坦的性格，他的努力并不是想要标新立异，而是不想仿效绝大多数人平庸世俗、追逐利益的生存方式。人们都以为“条条大路通罗马”，而爱因斯坦却认定最笔直、最幽静、最光明的只有一条！他要在这条道路上寻求实现自我价值的方法和目标。

在爱因斯坦沉默、孤独、充满耐心和坚韧的摸索之中，音乐帮了他一般人无法预料

①[美]爱因斯坦：《爱因斯坦文集》（第一卷），许良英、李宝恒、赵中立、范岱年编译，商务印书馆 2017 年版，第 171～172 页。

和估量的大忙。在他高度专注、无比紧张地思索“光量子假说”和“广义相对论”的日子里，只要思索一陷入困顿，他就不由自主地拿起那把时时、处处伴随自己的小提琴，让她发出光彩四溢的奏鸣，于是，优美、和谐、充满想象力的旋律和深奥的物理学产生了共鸣，给爱因斯坦想象中的空间维度以无限的扩张和拓展……这一切终于构成了充满曲线运动的“时光隧道”。终于，这种崭新的时空观念，孕育出“相对论”的逐步成熟。当这位“第一小提琴手”的科学推测在1919年日食观察中得到证明时，他自豪地说：“想象力比知识更重要，因为知识是有限的，而想象力概括着世界上的一切，推动着进步，并且是知识进化的源泉。”①

（三）学术思维品格的个性特征，跟学术创造者的人生道路选择循着相同的方向而变化和发展

鲁迅先生学术思维品格个性特征的显现，就是一个典型的实例。鲁迅自幼为解除父亲的病痛往来于当铺和药店之间，被那些百般神秘并充满迷信色彩的中医药方所困惑。药吃了无数，家资几乎耗尽，但最终还是解救不了父亲。之后，他和同时代许多追求进步的年轻人一样，渴望救国救民，他先上江南水师学堂，选择了军事救国的道路；由于对学校的乌烟瘴气产生反感和失望，转而改上矿路学堂，选择的是科学救国的道路；然而，父亲的死留给他的压抑实在太深重，他一直觉得是中医的平庸和无知葬送了父亲的生命，于是在去日本留学之后改学西医，就是为了将来有能力解救像父亲那样受病魔缠身的柔弱的国民。

但是，一件意想不到的事情使他改变了自己对人生道路的选择：一次课间休息在实验室里看时事影片，画面描述的是日俄战争的情形，但其中偏偏夹杂着给俄国做侦探的中国人，被日本兵抓到后要枪毙，围着观看处决的却正是一群麻木的中国人。于是鲁迅深感拯救国人的思想和灵魂远比解救身体的病苦更为重要，而拯救思想和灵魂最常见、最便捷的武器莫过于文艺作品，于是他毅然决然地走上了文学创作的道路，开始了《呐喊》中的一些小说的创作，希望以此促使国人的警醒、觉悟和自强。

也正是沿着“思想救国”的道路，鲁迅在写了《呐喊》和《彷徨》中的25篇小说之后，却将这“一发而不可收”的创作停止了，转而从事杂文写作，以“投枪和匕首”般犀利的笔锋解剖吃人的制度和形色各异的丑恶灵魂，以无比的深刻和痛快淋漓，让政治上、思想上和精神上的统治者、压迫者们感到摆脱不了的恐惧。

许多热爱文学的人对鲁迅创作方式的转变感到遗憾，觉得是中国小说事业的一种损失。真正了解鲁迅人生道路方向和目标的人则都清楚：正是这种方向和目标，决定了他体现自我价值的方式，也决定了他作为思想家的学术思维品格。

以上三个方面是从正面分析的。从侧面或反面看，任何一个在学术思维品格上有缺陷的学术工作者，其缺陷的存在也都是同自己在思想、性格和生活价值取向方面的偏差和失当密切相关的。因此，每一个学术爱好者都应当主动地、自觉地以科学的世界观

---

①聂运伟：《爱因斯坦传》，湖北辞书出版社1996年版，第8页。

和方法论指导自己的学术实践，逐步确立积极、健康、进步的学术思维品格，充分展示自己符合时代潮流和现实需求的学术个性特征。

第二节　学术思维的主要模式

一、西方传统学术思维模式

所谓西方传统学术思维模式，是指开始于苏格拉底、成熟于亚里士多德，以形式逻辑为主要推导方法的学术思维方式。这种学术思维方式，在西方古代一直到近代实验科学产生并成熟之前的漫长历史过程中，占据着主导的地位，起着决定性的作用。

西方传统思维模式的基点是从“范畴”开始的。亚里士多德在《范畴篇》中提出了10个基本范畴：实体、数量、关系、性质、地点、时间、姿态、状况、活动、遭受（即“被动的姿态和状况”）。根据这些基本范畴，人们可以对客观存在的各种事物，进行规范的界定（定义）和划分（分类），使之形成准确的、约定俗成的“概念”，例如人们根据研究对象的性质和状态将它们确定为：“物质—精神”“时间—空间”“运动—静止”“自然—社会”“种植—养殖”“战争—和平”“正义—邪恶”等等。

概念定义的精确程度和划分的细密程度，通常标志着人们认识的层次和研究的水平。依照亚里士多德学派的逻辑方法，在把握精确的概念之后，人们要严格按照“同一律”“排中律”和“矛盾律”（即“不矛盾律”）这三个基本的逻辑规律，对事物进行前后一致的、非此即彼的、真实准确的判断。再运用这些正确的判断进行推理，最终得出科学可靠的、具有说服力的结论。

进行推理的模式，就是著名的“亚里士多德三段论式”。三段论式由大前提、小前提和结论三个部分组成，只要大前提和小前提都真实，而小前提和大前提又有直接的联系（具有“同项”），结论必然也是真实的。例如：

（大前提）：凡是人总是要死亡的，
（小前提）：亚里士多德是人，
（结　论）：因此，亚里士多德避免不了死亡。

面对真实是学术推论的基本态度和本质方法。真实是一切科学的出发点，辨别真伪也就成了学术工作者最起码的能力。西方传统逻辑思维方法的开创人苏格拉底同自己的辩手埃弗奇进行的一场“关于正义”的推理论辩，生动地表现了逻辑思维对人类认识和思辨所产生的磨砺功能：

苏格拉底：欺骗属于哪一类？是正义的呢，还是非正义的？
埃弗奇：一切欺骗都是非正义的，即一切欺骗都不是正义的。

苏格拉底：好！照你所说，一切欺骗都是非正义的，那么，两军对战，兵不厌诈，战略家设计骗过自己的敌人是正义的呢，还是非正义的？

埃弗奇：(无言可对。于是他把自己的观点修正为)并非一切欺骗都是非正义的。一切欺骗敌人的行为是正义的，一切欺骗朋友的行为是非正义的。

苏格拉底：照你所说，“一切欺骗朋友的行为都是非正义的”。那么，在战争中，当战略家看到自己的士兵士气低落时，故意说谎，声称即将有大批援军到来，从而鼓舞了士气，战胜了敌人。你认为战略家这种欺骗自己的士兵以及自己的朋友的行为是非正义的吗？

埃弗奇：(无言以对)

这种逻辑推理方式(包括演绎推理和归纳推理)，就是西方传统学术思维中最基本和最主要的思维模式。西方古代和中世纪的哲学、数学、天文学、生物学等学科门类的知识，大多都产生于这种思维模式的逐层推导。

二、国学传统思维模式

国学传统思维模式是服务于汉学传统“考据”的，以注、疏、笺为特征，以“证明”为目标的思维方式。这种学术思维方式，起于西汉，盛于唐宋，大兴于明清，是传统国学研究中一种普遍的思维模式。

这种思维模式的形成，在政治思想上、民族心理上、学问风格上都有着深刻的内在原因：

首先，西汉王朝为巩固自身的统治地位推行了一条“罢黜百家，独尊儒术”的思想统治措施，使“百家争鸣”成了一种历史的记忆。以后的历代王朝对统治思想之外的学说，一概采取封锁、排斥、打击的态度，甚至演化到大兴“文字狱”的地步，使人们失去思想自由的空间。另一方面，科举考试以对“四书五经”注疏的生硬记忆为主要内容，使读书人的思维受到严格局限，久而久之，失去了独立思考的理性光芒。

其次，以汉民族为代表的华夏子孙世代受“中庸之道”和宗法思想的熏陶，善良的本性中潜滋暗长出“崇古”“尚经”“法先王”的民族意识，并在统治者提倡下渐次形成一种规范的社会道德和行为标准。于是，很少有人敢于对社会、政治、自然和人类自身的发展，提出独立的个人见解。“我注六经”便自然而然地成为追求学问的主要潮流。在言说自己对经文内容理解感悟的同时，出现了两种心理畸变的形态：一是按照统治者的心理和意图，穿凿附会地曲解经义；二是以批注经文作为自己成名成家的手段，通过“我注六经”达到“六经注我”的目的。其间虽然也有大胆著述，表现新思想、新方法的有识之士，如王充、李贽、王夫之等，但其思想方法在当时影响并不大。

再次，受“内省”心态的左右，学问界形成了内敛式的思维模式，回避问题，远离是非，成了大多数人处世立身的学问方法和治学风格。连“文起八代之衰”、名高一世的韩愈，也由于提出“从师”“进学”的见解而受到世人嘲笑讥讽①，不得不写《师说》和《进学解》来校正视听，指出那种“位卑则足羞，官盛则近谀”的世俗弊端。一般人想要论及有违世俗的观点，就更不可能了。

国学传统思维模式，在以“宗经”“明道”为主体的释义笺注和阐发中有其积极的作用，因为它重视历史文化的继承性，强调学问的“厚积薄发”，要求每一个做学问的人，从头到尾、脚踏实地地钻研历代经典，对增强人的学养有着极大的好处。但要求人们所做的学问必须“无一字无来处”，处处要引经据典。这样，势必严重束缚人的思维，局限人的创造精神。

钱钟书先生做学问力求摆脱传统国学思维模式。但是纵观其立意深邃、贯通中西古今的《谈艺录》和《管锥编》，许多地方表现出“述而不作”的风貌，再加上作者所用的经典化的文言表述方式，更让人处处感受到国学传统思维模式的束缚。

对国学传统思维模式的突破，历来表现为思想意识的觉醒，如王充的朴素唯物主义思想，王安石的“新故相除”理论，李贽的“童心说”，王夫之的“经世致用”观，鲁迅对封建思想的彻底否定和批判等等，都是对国学传统思维模式的反叛和突破。

三、近代实验科学思维模式

近代实验科学思维模式，是以英国唯物主义经验论为基础，通过近现代自然科学理论不断丰富和完善而逐步趋于成熟的思维模式，它孕育出了整个现代实验科学的思想方法体系。

弗朗西斯·培根是近代实验科学思维模式的开创者，他在《学术的进步》和《新工具》两部重要著作中，阐明了唯物主义经验论的基本观点。培根以“知识价值论”作为唯物经验论的基石，他把人类“经验提纯”式的知识更新，作为推动科学“伟大复兴”的基本动力。为了实现这个目的，培根提出“假相”说，指出人们的主观认识偏离客观事物真实的可能性，以及由此带来的认识的片面性。他还根据语言文字约定俗成的特性，推及语言表层意义和概念本质不相吻合、甚至相互背离的可能性，从而揭示出宗教、神学和一切唯心主义的谬误根源：凭借臆造的虚幻世界来取代客观真实的世界。

培根不仅重视感性经验在认识中不可替代的作用，同时也强调感性认识同理性认识的验证与结合，指出感性与理性二者的背离是人类认识的重大灾祸。培根以创立新的认识方法为己任，积极倡导通过实验手段获取真知的方法。他认为实验比感性更优越、更客观。因为，在实验技术和条件的干预下，人们可以把观察对象从复杂的群体联系中单个地抽取出来，使事物的因果联系更为纯粹地显露出来。所以，“一切比较真实的对于自然的解释，都是由适当的例证和实验得到的。感觉所决定的只接触到实验，而实验所决定的则接触到自然和事物本身”。正是在这个意义上，培根提出了“知识就是力量”的著名论断，只要人们真正认识自己的力量，并且不断通过实验来了解和把握自

①当时的士族文人，引用孟子“人之患，在好为人师”的话语，嘲讽韩愈妄自尊大，好为人师。

然规律，人类就可以获得更多的东西。

对于培根在哲学上和科学史上的贡献，马克思倍加赞扬，认为他所界定的“物质”，“带着诗意的感性光辉对人的全身心发出微笑”；他不愧为“英国唯物主义和整个现代实验科学的真正始祖”。

在具体的实验方法和思路选择上，培根提出了科学而具体的主张。在《新工具》中，他批判了西方传统学术思维模式中以演绎为主体的“三段论式”，认为这种方法只求在争辩中制胜对手，而不注重在行动中征服自然。他强调归纳法的科学意义，认为必须用观察和实验方法最大限度地收集材料（完全归纳），采用三表法（具有表、缺乏表、程度表或比较表）分析实验数据，排除一切非本质的因素，最终得出实验的真实结果，为人们把握自然提供本质的认识。他教导科学实验者，既不要做只会收集材料的蚂蚁，也不要做只从自身吐丝结网的蜘蛛，而要做既采集又加工的蜜蜂。

培根所创立的实验科学思维方法，为近现代实验工作者提供了崭新的思维模式。直到今天，“由实验室中对实验数据的对比分析形成结论⟶通过实验方式和设备功能的逐步放大⟶再按实验放大结果投入工厂生产，使之转化为巨大生产效率”的方式和模块，仍然在现代工业生产中起着核心和支配的作用。

可以说，近代实验科学思维模式对自然科学和生产领域所起到的无可比拟的推动作用，是任何人也否定不了的事实。马克思、恩格斯在《共产党宣言》中曾经说过，“资产阶级在它仅仅百年的阶级统治中，创造了比一切过去各代加起来还要更众多更伟大的生产力”①。从严格意义上讲，这种生产力的飞速发展，正是源于“知识就是力量”的预见，源于实验科学思想对大机器生产的推动。从这个意义上，肯定实验科学思维模式对人类社会生产力的巨大影响，的确是恰如其分的。

以“万有引力定律”的发现为例，我们可以看到西方近代实验科学思维模式的突出特征。按照我国古代“天圆地方”的观念，苹果总是从上往下掉，没有什么可以“发现”的。牛顿则不然，他知道天体运动的基本空间关系，知道大地是个巨大的圆球体。所以当他思考地球上各地区“苹果下落的受力情况”时，就非常自然地想到了“地心引力”（如图 1－1 所示）。如果按照“天圆地方”的思维模式，是永远也得不出这个科学结论来的。

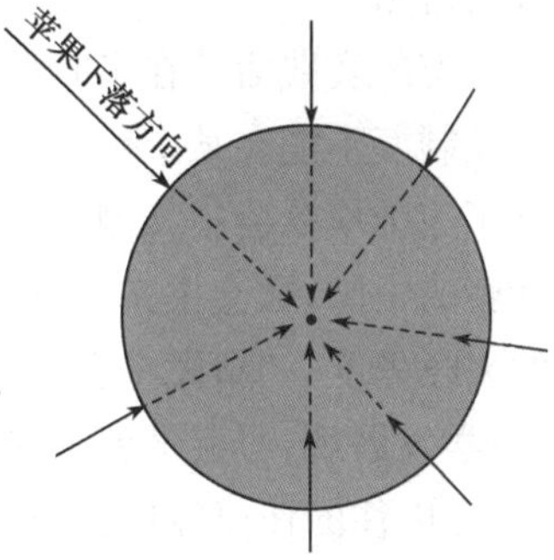

图 1－1 苹果下落示意图

四、辩证逻辑思维模式

辩证逻辑思维模式，是唯物辩证法成熟之后在人文社会科学研究中广泛使用的一种思想方法体系。辩证逻辑思维在严守形式逻辑正确规则的同时，强调运用“实践、发

①［德］马克思、恩格斯：《共产党宣言》，成仿吾、徐冰译，中国出版社 1949 年版，第 20 页。

展和全面的观点"来认识世界的必要性。因此,辩证逻辑思维模式既是人类理论思维高度成熟的产物,又是促进人文社会科学深入发展的有力武器。

同形式逻辑不同的是,辩证逻辑"不是关于思维的外在形式的学说,而是关于'一切物质的、自然和精神的事物'的发展规律的学说,即关于世界的全部具体内容及其对它的认识的发展规律的学说"①。

辩证逻辑思维模式是指导人们正确思维的科学方法,其最核心的原则,是要求人们对客观事物做到"具体问题具体分析"。要真正把握这一原则,必须坚持辩证逻辑的基本观点,即实践的观点、发展的观点和全面的观点。

(一) 辩证逻辑思维模式强调实践的观点

在强调实践对于思维的决定作用方面,辩证逻辑思维模式同唯物辩证法的认识论循着相同的轨迹运行,二者都把实践当作"人的认识发展的基本来源"。因此,强调要"把实践提到第一的地位,认为人的认识一点也不能离开实践,排斥一切否定实践重要性、使认识离开实践的错误理论"②。

正是源于这种认识,毛泽东同志曾经做过这样的总结:"马克思、恩格斯、列宁、斯大林之所以能够作出他们的理论,除了他们的天才条件之外,主要地是他们亲自参加了当时的阶级斗争和科学实验的实践,没有这后一个条件,任何天才也是不能成功的。"③"社会实践中的发生、发展和消灭的过程是无穷的,人的认识的发生、发展和消灭的过程也是无穷的";"客观现实世界的变化运动永远没有完结,人们在实践中对于真理的认识也就永远没有完结。马克思列宁主义并没有结束真理,而是在实践中不断地开辟认识真理的道路。"④

人类的实践活动在不断深化,科学的思想成果也在不断发展。马克思曾经认为社会主义制度不能在某个单一的局部产生,列宁领导的十月革命却在沙皇俄国的废墟上建立了苏维埃社会主义制度;马克思和列宁大概更不会想到,曾经作为半殖民地、半封建社会的中国,社会主义事业也居然以"中国特色"的方式,发展到如今这种令全世界瞩目的兴旺程度。"新民主主义"的理论体系,"一国两制"的成功架构,"三个代表"重要思想,科学发展观,习近平新时代中国特色社会主义思想无一不是社会实践的产物。这些理论,在以往的任何经典著作中都无法查找,是千百万人民群众不屈不挠的社会实践,为它们提供了崭新的立论基础和理性元素。

(二) 辩证逻辑思维模式强调发展的观点

"辩证逻辑要求从事物的发展、'自己运动'(象黑格尔有时所说的)、变化中来观察

---

①[苏]列宁:《哲学笔记》,见《马克思 恩格斯 列宁 斯大林论自然辩证法》,河南师范大学马列主义教研室 1983 年版,第 186 页。

②毛泽东:《实践论》,见《毛泽东选集》(第一卷),人民出版社 1969 年版,第 261 页。

③毛泽东:《实践论》,见《毛泽东选集》(第一卷),人民出版社 1969 年版,第 264 页。

④毛泽东:《实践论》,见《毛泽东选集》(第一卷),人民出版社 1969 年版,第 272 页。

事物。”[①]在形式逻辑推理中，所使用的判断是单一肯定或单一否定的形态，借以达到“非此即彼”的判断效果。而辩证逻辑的推理判断则不同，它强调既要反映矛盾的同一性，又要反映矛盾的差异性，“否定不是简单地说不，或宣布某一事物不存在，或用任何一种方法把它消灭”[②]。任何事物的“真实的具体的同一性包含着差异和变化”，“植物、动物，每一个细胞，在其生存的每一瞬间，都既和自己同一而又和自己相区别”[③]。因此，辩证逻辑要求人们对事物做出这样的判断：

A 亦非 A

或：A 既是 A 又不是 A

其中的道理并不复杂，世界上的任何事物在其发展过程中都在不断变化，或是处于相对匀速的量变，或是在做加速度的质变。物体在运动中自我损耗，植物在生长中细胞不断增长，人在生活中随时都会产生环境、思想、情绪的变化。高与低、大与小、前进与停滞、先进与落后、高尚与卑贱……一切有差别甚至相对立的事物之间，都有着无数游离转化的态势和趋向，于是就产生了诸如“祸中有福”“失败是成功之母”“好事可能变成坏事”一类的认识和观念。可以说，这些实际上都是辩证逻辑思维的一般成果。

辩证逻辑特有的“肯定否定规律”，客观地体现了事物发展到不同阶段的不同特点和不同性质，它要求人们按照客观事物发展变化的线索和状态去思考，去判断，去推论。因为，只有这样的思考，才能抓住事物的真相；只有这样的判断，才能触及事物的本质；只有这样推断出来的结论，才能经得住实践的检验。

准确地把握辩证思维模式的发展观，必须在思维过程中把握好四个主要环节：一要注意程度的变化，二要考虑范围的变化，三要审视对象的变化，四要分析目的的变化。在思辨过程的每一个阶段都坚持运用发展的眼光来看待和分析事物，才能以不变应万变。

（三）辩证逻辑思维模式强调全面的观点

自然界和人类社会的任何事物都不是孤立存在的，任何事物的发展过程，处处离不开同其他事物的联系。而且，事物发展变化的状态、趋向、速度和过程，总是同这些联系的范围和程度有着至关重要的关系。

从人类认识和思维的角度看，片面性是人们认识道路上最容易犯的毛病。我们在观察处理问题时，如果不从总体上去把握事物的总体特征，不注意分析矛盾各方面的性质，就会“见木不见林”，甚至产生“一叶障目，不见泰山”的片面认识。因此，辩证逻辑思维强调全面的观点，要求人们：“要真正地认识事物，就必须把握、研究它的一切方面、一

---

①[苏]列宁：《再论工会、目前局势及托洛茨基和布哈林的错误》，见《列宁选集》（第四卷），人民出版社 1972 年版，第 453 页。

②[德]恩格斯：《反杜林论》，见《马克思恩格斯选集》（第三卷），人民出版社 1972 年版，第 181 页。

③[德]恩格斯：《自然辩证法》，见《马克思恩格斯选集》，人民出版社 1972 年版，第 538、537 页。

切联系和‘中介’。”①

首先，必须保证观察的客观性。认识事物，研究事物，不是凭主观的想象，不是凭一时的热情，不能局限于书本知识，更不能凭借个人的好恶行事。要避免“盲人摸象”的种种片面观念和片面认识，一切从实际出发，以观察的客观性确保实验数据的真实性，最终保证研究结论的准确性和可靠性。

其次，要苦练分析矛盾的“内功”。世间的事物都是对立面的统一体，既要分清对立和统一的关系，也要看到对立双方（或矛盾双方）联系和转化的关键，把握事物发展的本质原因，促进事物的发展和转化，提高研究工作的效率。

再次，要学会“实事求是”的分析方法。毛泽东同志说：“‘实事’就是客观存在着的一切事物，‘是’就是客观事物的内部联系，即规律性，‘求’就是我们去研究……从中引出其固有的而不是臆造的规律性。”②只有做到实事求是，才能既把握事物的内在矛盾，又看清事物外在的一切联系和这些联系的中间环节，真正从整体上全面把握事物运动的规律，从而获得对事物的全面的、完整的印象。

最后，要学会科学研究的系统方法。事物是复杂的，运动的，多侧面的，同其他事物具有普遍联系的。所以，认识事物、研究问题的方法就应当是多角度的、系统化的。

总之，坚持实践的、发展的、全面的观点，是辩证逻辑思维的基本原则，将这三个原则集中起来，就是要求我们对一切事物永恒运动中的确定性和流动性做出客观、全面、正确的把握。正如恩格斯所说：“我们的主观的思维和客观的世界服从于同样的规律，因而两者在自己的结果中不能互相矛盾，而必须彼此一致，这个事实绝对地统治着我们的整个理论思维。它是我们的理论思维的不自觉的和无条件的前提。”③

五、当代科学集成思维模式

当代科学集成思维模式，是集人类科学思维之大成，运用系统观念和方法，将自然与社会、定量和定性、过程与目标、宏观和微观，进行分析与综合，从而提高整体效益的复合思维模式。

当代科学集成思维模式的主要特征，在于突破传统线性思维模式，将“思维→理论→技术→应用→开发→反馈→调节（即技术升级和理论完善）”，结合成一个完整系统，突出系统集成的整合效应，使这种整合效应大于直至远远超过集成系统中各个子系统独立效应的总合。

（一）科学集成思维模式的萌芽

中国先秦哲学中的“混沌”观念、“天人合一”思想、朴素“生态意识”和在这些观念中

①［苏］列宁：《再论工会、目前局势及托洛茨基和布哈林的错误》，见《列宁选集》（第四卷），人民出版社 1972 年版，第 453 页。

②毛泽东：《改造我们的学习》，见《毛泽东选集》（第三卷），人民出版社 1966 年版，第 759 页。

③［德］恩格斯：《自然辩证法》，见《马克思恩格斯选集》（第三卷），人民出版社 1972 年版，第 564 页。

形成的中医辨证理论，是科学集成思维模式的萌芽。《易纬·乾凿度》说：“太易者，未见气也；太初者，气之始也；太始者，形之始也；太素者，质之始也。气形质具而未离，故曰‘浑沦’。”在先秦哲学典籍中，“浑沦（混沌）”是指物质最初产生时模糊不清的状态。对于描述具体事物的清晰图像、特征价值、功能的精确定量来讲，混沌观念有着严格的局限性；但对于表达人与自然、事物与社会间的错综复杂的内在关系讲，混沌观念却有着极大的包容性。因此，当今天的思维科学界把“混沌理论”作为系统科学思维的高级形态加以肯定的时候，中国传统哲学思想的无穷魅力，才被越来越多的人所重视。

“天人合一”的思想是一张无所不包的网。人们在提及“自给自足的自然经济”的时候，似乎从来也没有认真考虑过这种生产关系中客观包含的“人与自然的和谐统一关系”。其实，这正是一种最为本原的“生态意识”。当毫无节制的工业污染和人口膨胀破坏了生态平衡，逐渐危及自然生态并最终威胁到人类生存环境的时候，当资本主义占有方式和各种各样贪得无厌的腐败行为，令世人对未来前途忧心如焚的时候，越来越多的人才开始真正注意到“人与自然的和谐统一”问题，开始注意到人与人之间原本应有的尊重和关爱。而这些问题同人口、资源、市场、占有方式、交易原则以及整个社会和自然的所有方面，都有着错综复杂、若隐若现，甚至今天的人们还无法看清楚的“混沌”关系。

中医讲究辩证理论，把人的所有肢体、器官及其功能作为一个整体来考虑，注重“阴阳调和”的方法，坚持“标本兼治”的原则，反对“头痛医头，脚痛医脚”的实用主义偏向。从思想方法上讲，这也是一种科学、系统地解决问题的方法，这种系统方法其实也是科学集成思维模式的一种萌芽。

（二）当代科学集成思维模式的直接成因

科学集成思维模式是技术工程大型化、超大型化的直接产物。20 世纪 30～40 年代，大型潜水艇、航空母舰问世，50 年代末 60 年代初，诸如洲际导弹、大型电子计算机、通信系统工程等综合工程技术走向成熟，先后产生了运筹学（OR）方法和系统工程（SE）方法。1969 年，系统科学理论的集大成者霍尔（A. D. Hall）提出了“三维（逻辑—工作—知识）矩阵”，运用逻辑思维深化了运筹学的主体模式，通过各种知识的有效应用，把各种超大型工程项目的设计、制造、运行等复杂过程都规范在统一工作维中。苏联载人宇宙空间实验仓、美国阿波罗号载人登月飞船和航天飞机设计制造、运行控制，以及近年来逐步成熟的“卫星定位系统”在战争指挥中的有效运用等等，都是依赖于系统工程方法论走向成功的。

系统工程方法在我国 20 世纪 60 年代起在以核技术为主体的军事工程中已经开始启用，从规划、设计到组织实施各个方面，均形成了卓有成效的运作体系。1978 年以后，随着钱学森教授等一批著名科学家对系统工程方法的宣传和推广，系统工程方法逐步被推广应用。20 世纪 80～90 年代，钱学森、于景元等科学家提出了解决开放的复杂巨系统的新方法——“综合集成方法”（Meta－Synthesis，M－S），极大地拓宽了这一认识领域。随着大规模集成电路技术的日益完善，网络技术成果在发达国家和比较先进的发展中国家遍地开花，构成了跨世纪的现代信息产业。

空前的思维方法革命，反作用于空前规模的应用技术领域和开放的国际市场，终于推动了从系统方法到综合集成的历史进程，使当代科学集成思维方法走向成熟，形成了立体化、复合型、全方位、多层次的科学模式。①（其方法大致可以用图1-2的模型来表示）

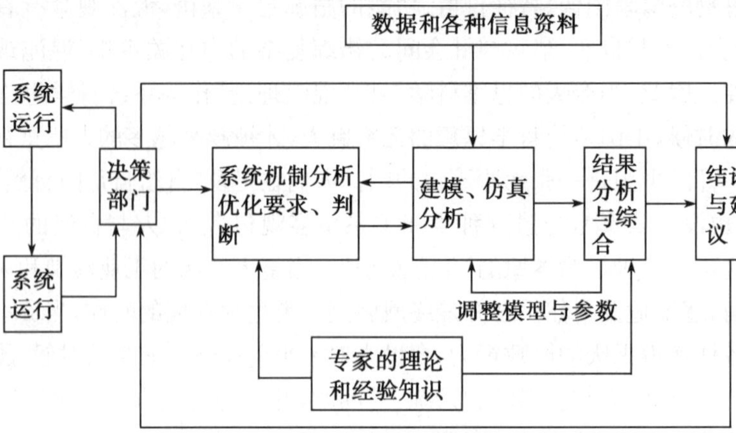

图1-2 综合集成方法模型

（三）当代科学集成思维模式的主要特点

一是以多学科、多领域的成熟技术和系统、有效的方法作为支撑体系。在整个支撑体系中，数以百万计、千万计的技术环节和方法操作，都具有“牵一发而动全身”的作用，谁都不能软，谁都不能错。可以说，在整个开放巨系统中的各个集成部分，只有方向和作用的协调一致性，没有主要矛盾和次要矛盾之分，没有主要作用和次要作用之分。正因为如此，科学集成技术的高起点和全功能，才备受人们重视；科学集成思维模式在知识创新和技术创新中的重要地位，才如此重要。

二是要求自然科学各类学科同人文、社会科学的彼此支持和相互结合。集成技术的有效实施，要求系统工程技术人员和决策部门，在高度统一的目标意志和策略体系中运作，天然地将自然科学和人文、社会科学的思想方法和研究过程，统一在集成思维模式之中，以求得自然和人类、经济和社会、科学和政治的整体效应。跟近代实验科学思维模式主要作用于自然科学、辩证逻辑思维模式主要作用于社会科学所不同的是，当代科学集成思维模式对自然科学和人文、社会科学的各个领域的进步，都产生了巨大的推动作用。

三是更强调宏观研究和微观研究的合作与统一。复杂巨系统是一个结构层次极其丰富的开放系统：复杂巨系统中有若干个巨系统，巨系统中有若干个系统，系统中有若干个子系统，子系统中有若干个微系统，微系统中有若干个超微系统……（事实上复杂巨系统中的层次远比这样的级次划分复杂得多），因此，宏观和微观间的依存作用和影

①顾基发：《系统工程方法论的演变》，见《复杂巨系统理论·方法·应用》，科学技术文献出版社1994年版，第42～53页。

响作用显得十分复杂和微妙。只有把宏观研究和微观研究从思想策略、方法步骤到验证反馈各个环节都高度统一起来，才能确保整个系统综合效应达到设计要求。

四是具有超乎前人想象的广泛应用空间。除了人们熟知的军事工程、航天技术外，在气象、环境、生态、经济运行、社会发展、区域规划等领域的研究，都离不开集成方法的介入。20 世纪 60 年代，美国将用于军事的“规划计划预算系统（PPBS）”用于联邦政府其他部门，随之兴起了一场声势浩大的“把空间技术用于社会”的运动。随着科学集成思维模式在社会领域的广泛应用，管理效率的提高和社会功能的发挥均取得了前所未有的进步。总之，当代科学集成模式具有极其广泛的应用前景，在未来的空间技术、国际市场和人类社会问题自我调节的方方面面，都会有不可估量的作用。

例如，当我们用集成思维方法系统，来思考“学术论文写作”在学科体系中的位置，以及它自身的知识结构体系时，就可以用如下的图示来说明（图 1－3）：

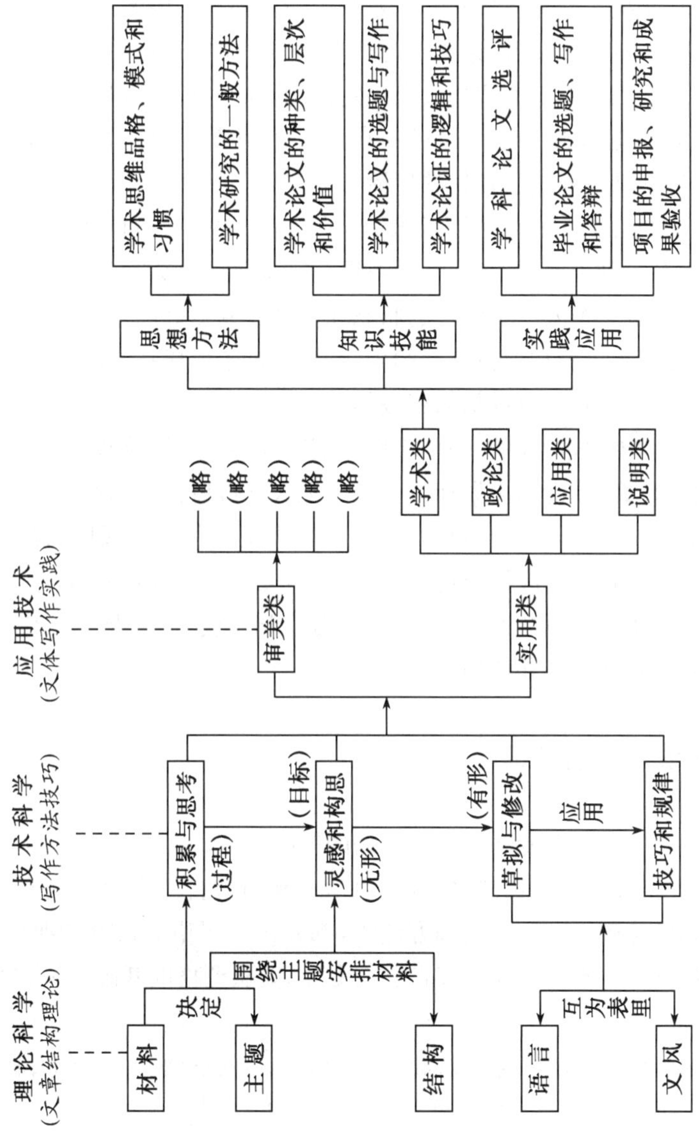

图1-3　“学术论文写作”在学科体系中的位置，以及它自身的知识结构体系

这个图示将学科体系的全部内涵，清晰地呈现在我们眼前，使我们对它产生更全面、更系统、更深刻的认识。从中我们也可以看出集成思维模式的基本特点和应用价值。

第三节 学术思维的习惯

一、学术思维习惯的作用

正如20世纪70年代末80年代初教育科学研究界对“智商”的偏爱和重视一样，80年代末期以后，人们对“非智力因素”的研究投入了大量精力。“习惯”是人类“非智力因素”的核心内容，也是决定教育效率和学术效率的最为根本的因素。

据说，记者在对一位刚刚获得诺贝尔物理学奖的科学家进行采访时，提出了这样一个普通的问题：“什么因素对您的成功具有决定性的影响？”这位科学家不假思索就立刻回答道：“是幼儿园的老师教会我把用过的东西放回到原来的地方。”[①]这句话的意思是：“幼儿园的教师帮助我养成了良好的生活习惯。”

现代人一生的经历包含三个主要阶段：学前阶段、学校教育阶段、社会工作阶段。同理，现代人一生有三种主要的习惯：生活习惯、学习习惯、社会行为习惯。这三种习惯的好与不好，将决定着一个人三个阶段的状态和成就。而良好的生活习惯是最基础、最核心的成才要素，因为，培养和保持良好的生活习惯，对于形成良好的学习习惯，养成良好的社会行为习惯，都有着不可低估的积极作用。

培根在《论习惯》中说过，人的“一切天性与诺言都不如习惯更有力。我们常听到有人起誓说以后要做什么，或者不再做什么……一个人尽可以诅咒、发誓、夸口、保证——到头来还是难以改变一种习惯”。“由此可见，习惯真是一种顽强而巨大的力量。它可以主宰人生。因此，人自幼就应该通过完美的教育，去建立一种好的习惯。”[②]

这充分说明，学术思维习惯的锻炼和形成，对于学术爱好者、学术工作者和教育工作者，都有着极其重要的意义和作用。

二、学术思维习惯的特征

学术思维习惯具有严谨、专注、实在、坚韧的鲜明特征。

“严谨”就是严格谨慎。所谓严格，具有对学术参与者自己和对学问两个方面的意义：对自己做学问的基础、功底、态度和方法等，都要树立严格的尺度和要求，研究学问不要脱离自己的基础，也不要轻易放弃自己的专业，要从严格的基础训练和明确的专业

①方然：《基础教育生态链相关细节的微观思考》，见《教育生态论纲》，云南大学出版社1998年版，第147页。

②培根：《论习惯》，见《人生论》，何新译，湖南人民出版社1987年版，第172～173页。

方向出发。做学问要遵循由浅入深的道理,逐步积累知识、素材和经验,逐步奠定牢固的功底。谨慎,就是做学问的态度,最重要的是谦虚,要真正学会一点东西,必须从不自满开始。人民艺术家老舍认为,"骄傲自满是我们的一座可怕的陷阱;而且,这个陷阱是我们自己亲手挖掘的"。不要说一般的学术爱好者不能自满,学有所成的人也要随时随地保持谦虚的头脑,就是名盖一世的大学问家,也都在警策自己。巴甫洛夫说:"无论什么时候,永远不要以为自己已知道了一切。"卢梭说:"他们的过人之处愈多,他们愈认识到自己的不足。"

"专注"就是专心注目。人的一生,时间和精力都是有限的。现代知识体系越来越细密,分工也越来越专业化。《普通物理学》上有一个"压强定理"——"物体的压力与受力面积成反比,受力面积越小,压力的强度就越大"。这个道理同人"专注程度"的作用是一样的。一个人树立志向,专注学问,要把有限的力量投入无限的学术事业中,就要选择一个尽可能小一点的开掘面,以形成最有效的突破口。不然就会"广种薄收",取不到突出的效果。专注还要讲究科学性,你专注于学问的"点"一定要选择好。在专注于具体的研究课题之前,要做全面的阅读、考察和求教,所选的"点"一定要新,以避免重复劳动;所选的"点"一定要准,以确保研究的目标能"功夫到时自然成"。

"实在"的意思很明白,其实,这正是为人和做学问的根本。一是做学问的态度要诚恳,二是要有实事求是的科学精神。人无诚信则不立,当腐败现象开始侵蚀学术机体并产生种种令人痛心的教训时,讲求诚信的学术观念和道德,就越来越值得强调。孔子没有什么"学术专著",一本薄薄的《论语》,还是他的学生们回忆整理的"语录"。然而,仅仅一句"学而不厌,诲人不倦",就足够世世代代的学问家和教书人领悟一生、实践一生。学术成就的高低,绝不是按字数的多少、著作的厚薄来衡量的;那种一个星期之内可以赶写数篇论文、迅速积累评定职称"资本"的做法,同实事求是的学术精神实在隔得过于遥远。至于剽窃抄袭,更是不值得费时指驳的恶习。

值得一提的是另外一种貌似学术的畸形现象:从外国人的书里抽出几个概念,胡乱组合、渲染,穿凿附会地编造出貌似新颖的所谓"学术专论",这种有哗众取宠之心、无实事求是之意的现象,被学术界斥为"伪学术",这种风气需要学术爱好者倍加警惕。

说到"坚韧"这个词,人们思维的屏幕上一定闪现出两万五千里长征中红军爬雪山、过草地的形象。其实,学术思维的特征和卓有成就的学术工作者的形象,同红军长征的情形是非常相像的。古代的读书人要经历"十年寒窗",著名历史学家范文澜先生给自己的座右铭是"板凳甘坐十年冷,文章不写一句空",《鲁迅全集》中数百万字的小说、杂文和学术著作,是在他 30 多年每一个"风雨如磐"的深更半夜里"挤"出来的……应当说,在繁荣昌盛的社会环境里做学问条件好多了,但好的条件也常会变成不利的因素。因为,爱过舒坦日子的人,很少愿意再下功夫去"苦学问";再说,在可以花钱买文凭、叫秘书代笔写论文以换取学位和职称的环境中,把功夫下在学术事业上的人,难免也会出现犹豫、动摇的现象。但是,每一个新时代的大学生,每一位学术爱好者和学术工作者都必须深信:未来社会一定是科学、民主与正义主宰的社会,只有以坚韧不拔的精神所换取的货真价实的学术收获,才是促进社会进步的杠杆,才是我们立身处世的"有价凭证”。所以，不管现实生活中遇到何种阻力与困难，都不能削弱我们为学术事业而奋发图强的坚韧意志。

三、学术思维习惯的养成

学术思维习惯的养成是要下苦功夫的，是要遵循科学规律循序渐进的。除了要在谦虚、专注、实在、坚韧四个方面下功夫长期磨炼之外，还应当在以下三个方面注重学术习惯的自我养成：

（一）要自觉养成“干一行爱一行，学一行专一行，研究一行精通一行”的习惯

学用结合，供需对接，立足本职工作成才，这是将理想和现实紧密结合的学问之道。但人们选择专业、职业和学术的方向时，常常有这样那样的顾忌、困惑、短视和盲目。单说高考和考研的专业选择，就有许多贻误前途的盲目行为：听说银行奖金高就一窝蜂地选择金融学，毕业后却要面对银行商业化大幅度裁员的现实；看到法律专业的毕业生一时不好就业，就随意放弃自己本来喜欢的这个专业，忽略了市场经济就是法制经济、未来社会是法制化社会的必然趋势；明明喜爱哲学，却觉得它无用（没有实利），全然不领悟理论思维对于民族和国家的重要意义等等。凡此种种，不胜枚举。事实上，选择什么都避不开“有利亦有弊”的二律背反，关键的问题是要能“趋利避害”，变不利因素为有利因素。

其实，确立专业学习和研究方向的根本要求，是应当尽量符合自我爱好和自我发展的要求。从事任何专业的学习和研究，都要以科学思想为指导，“入门既不难，深造也是办得到的，只要有心，只要善于学习罢了”。事实上，社会需求总是客观存在的，关键是你的努力要力求达到这种高标准和高层次的需求。14 亿人口的大国，就业竞争肯定会越来越激烈，但只要你的专业知识能够满足社会需求，你就会是竞争中的胜利者。这种竞争的态势和取向，正好证明着学术的重要性，因为任何专业人才向高层次、高标准努力和提升的过程中，都要借助于学术思维的帮助，都必须受益于良好的学术思维习惯。这也是学术思维优秀习惯，在人才学上的客观价值所在。

（二）要自觉养成从“问题”出发的良好习惯

时下有两个很时髦、很热门的词汇，一是“素质”，二是“创新”。可惜，越炒得沸沸扬扬，却越显得枯燥无味。其实，归根到底，“素质”和“创新”就是认识问题和解决问题的能力。看不出问题存在的原因，认不清问题的本质，找不到解决问题的办法，不能身体力行、实实在在地下功夫解决眼前的问题，而一味妄谈“素质”和“创新”，那是毫无价值的。

研究学问，必须面对问题和解决问题，这正是学术生命的实质所在。培根对自己从事学术工作的目的直言不讳：“我写书不是为了消度空闲时间和供人娱乐消遣”，“我所关心的是人类生活中的各种问题和困难。这是我愿意借助正确和健全的理智思考来加

以改进的。”毛泽东同志则把做学问的思想方法和行为准则，精辟地概括为“发现问题，分析问题和解决问题”。严格按照这一思想方法和行为准则来反复训练，逐步养成良好的学术思维习惯，对每个学术爱好者来说，都是可以受益终身的。

要养成“从问题出发”的良好学术思维习惯，就要坚持“带着问题学习和研究”的思想方法。问题要选好，要密切结合社会现实改革的实际需求；问题要选准，确保其按照科学方法可以得出预期的目标。还需要提倡“百花齐放、百家争鸣”的学术精神，以积极的心态介入有价值的争论和探讨，在学术争鸣中锻炼自己的睿智，学习别人的长处，集中大家的经验，以求得科学的共识，实实在在地提高分析问题和解决问题的能力。

（三）要自觉养成尊重事实的习惯

学术研究是从基本事实开始的认真、细致的工作，要充分尊重事实，要从事实表面形态和复杂关系中去伪存真，抓住事实的本质，这是学术研究者最基本的态度和功夫。

鸭嘴兽是一种靠产卵繁殖后代的动物，但其喂养幼雏又靠哺乳的方法，这就给动物分类带来了特殊的复杂性。恩格斯青年时代曾经认为卵生的鸭嘴兽不是哺乳动物，但随着自己的深入了解，他觉得自己过去对事实的判断是“愚蠢之见”，并常常以此劝诫朋友要谨慎思索，尊重事实，“不要做我事后不得不请求鸭嘴兽原谅的那种事情”①。

对别人学术工作的方法、结论要尊重，一知半解就妄加评论，不弄清含义就盲目引用，都是很容易犯错误的。例如，人们很喜欢引用阿基米德的那句关于“方法和结论”的至理名言：“给我一个可依靠的支点，我就可以撬动地球。”尊重事实的人都明白，科学家这句话的限定是十分严格的：一是有“可依靠的支点”，二是“可以撬动”（哪怕只撬动一点点）。在这里，方法和结论（或者“条件和结果”）都有可靠的事实依据。每个认真的人都明白，阿基米德这句话的本质在于强调“可依靠的支点”在力学原理中的重要作用。（这个“可依靠的支点”上哪里去找呀？）但有的人望文生义、大而化之地改为“给我一个杠杆，我就能把地球翻转过来！”②任何人都可以轻而易举地给你“一个杠杆”，但你真的“能把地球翻转过来”吗？如此一个不经意的小小改动，却完全背离了科学的事实，把真理推进谬误的泥沼。

强调对事实的尊重，还包含对历史事实的尊重，因为对历史事实哪怕有一丝一毫的忽略和轻视，都可能产生背离学术思维规律的错误。一位历史学家写了一篇《谈读书》的论文，其中除论述“刻苦读书的意义和方法”之外，还强调要注重实践，不要盲目相信书本中的一切内容，这个观点无疑是正确的。但是，作者引用古人的一句话作为佐证，却冷不防将自己推到了自相矛盾的悖论境地。作者引用的那句古语就是孟子的名言：“尽信书不如无书。”学识渊博的作者竟没有仔细地想一想：要是“无书”，你还怎么“谈读书”呢？再说，秦始皇“焚书坑儒”也还要保留下医书和农书，我们怎么可以说“不如无书”呢？这是忙中出错，“大意失荆州”。用哲学中的话讲，就叫作“一种矛盾掩盖了另一

①[德]恩格斯：《致康·施米特》，见《马克思恩格斯选集》（第四卷），人民出版社1972年版，第518页。
②阳作华：《哲理与情趣》，湖北人民出版社1983年版，第115页。

种矛盾”。其实，问题就出在引用古文的一个小小的错误上，保留历史风貌的准确引文应当是：“尽信《书》，则不如无《书》。”孟子原话中的“《书》”专指《尚书》，《尚书》中对“武王伐纣”这场正义战争的记述，有偏离事实的倾向，用“血流漂杵”一词夸大了战争的残酷性。孟子觉得《尚书》中的这句话不可信，因此说“尽信《书》，不如无《书》”。《谈读书》一文的作者，没有仔细想清楚孟子原话的语境，因此，在引证时少用了一个小小的书名号，最终产生了与作者论点相左的悖论。平心而论，只要略微细致一点，这样的失误是完全可以避免的。

思考与练习

认真阅读季羡林先生《关于当前学风的一些看法》，联系实际讨论问题：怎样锻炼学术思维品格？怎样养成良好的学术思维习惯？并针对其中的一个问题，分组总结和交流。

对于当前学风的一些看法

季羡林

什么叫“学风”？根据《现代汉语词典》的解释是：“学校的、学术界的或一般学习方面的风气。”根据我个人的语感，指学术界的风气的占大多数。

那么，我们当前学术界的风气怎样呢？我们大家都常常听到一些怨声：风气不好。其表现是比较明显的，比如急功近利，急于求成，草率从事，好寻捷径。古人说：“十年磨一剑”，范老（文澜）说：“板凳甘坐十年冷，文章不写一句空”，这些至理名言，现在有一些人不遵守了。其下焉者则抄袭剽窃，明目张胆，不知天下尚有“羞耻”二字。

这些都是令人忧虑的现象，我自己也在忧虑。但是，我认为，更令人忧虑的还不在这里，而在不学。有学才能成学风，学风的好坏且不去论。不学则连“风”都没有。

环观我们当前的大学和学术界，一出大学的门，或者已经出了大学的门而在学术界有了一个席位的人中，下海者有之，出洋者有之，当官者有之，这是平常而合理的现象。下海和当官，都是社会上不可或缺的。我们不能要求每一个大学毕业生都留在学术界或教育界；如果中国十二亿人都成为学者，我们将无饭可吃，无房可住。那是根本不可能的。

可是，话又说了回来，那些决心或者半决心留在教育界和学术界的学士们、硕士们和博士们，总应该“学”了吧，总应该读书了吧。然而，据我的观察，殊不尽然。我无法计算出一个百分比来，至少有一部分是不学的。在他们身上是不存在学风问题的。风是有的，东、西、南、北风都有，只是没有学风。有些教外语的教员，外语水平是极能令人满意的。但是，除此以外，却不知道他们是什么家。这样的人，在德国只能终身是外语教员，与副教授和教授无缘。

在我们国内，有一极小部分“学者”，头顶高级职称，却是述而不作，一篇像样的论文也不写。至于与他有关的专著和论文则视若路人，有关的中外学术杂志则更是陌生。

我所忧虑的正是这种不学的现象。特别是在一个新世纪和一个新千纪就要来到我们眼前的关键时刻——用一句旧话来说，也许可以称之为“危急存亡之秋”——全世界范围内的“知识爆炸”，人文社会科学和自然科学一日千里地在向前飞奔。稍一疏忽，立即落伍。有一些本来应该学的学者，却把枕头垫得高高地酣睡。“大梦谁先觉？平生我自知。”诸葛亮知道，这些人并不知道。看了这种现象，我有了“盲人骑瞎马，夜半临深池”的感觉，难说我是杞人忧天吧？

（原载 1998 年 1 月 15 日《文学报》，1998 年第 3 期《新华文摘》转载）

第二章　学术研究的一般方法

现代科学技术发展的时代特点对学术研究方法产生的深刻影响，主要表现在以下几方面：

(1) 科学对自然和社会的研究越来越广泛、深入，科学研究中直观性成分的减少，抽象化程度的提高，逻辑思维方法的高度发展已成为必要。

(2) 不同学科的相互渗透。应用一门学科的方法去研究另一门学科的现象，使不同的科学方法和不同的科学对象有机地结合起来，在原有学科的邻近领域产生了新学科的生长点，一些新兴学科和边缘学科相继诞生，科学研究的整体性和综合性增强，产生了系统理论等具有方法论意义的新学科，促进了综合思维方式的发展。

(3) 现代科学发现了一系列原有科学理论体系不能解释和说明的新事实，出现了一些悖谬，破坏了科学体系原有的原则和思维前后一贯的逻辑严密性，产生了现代科学范畴体系的许多根本性的变化，同时也促使逻辑方法向前发展。

(4) 科学研究课题的复杂性、综合性在日益加强，随之而来的科学研究手段日益复杂、精密，科学研究日益成为集体的、综合的事业。由此产生了科研课题的各个不同方面、不同层次的相互配合、相互协调的必要性，也产生了协调科学研究的不同层次和不同方面的方法论。

本章将结合现代科学发展的时代特点，从“逻辑方法”“实验方法”“教育科研方法”“系统科学理论借鉴”等四个方面，为学术爱好者提供值得借鉴的研究方法。

第一节　学术研究的逻辑方法

学术研究的过程离不开科学方法的指导，只有科学的思维方法，才能训练出科学规范的写作思路，才能提高学术论文的写作质量。这里简要地介绍一下逻辑思维方法，特别是辩证逻辑的特征和作用。

一、归纳和演绎

在辩证的逻辑思维过程中，归纳和演绎是统一认识过程中相互独立又相互联系的两种认识方法。归纳就是通过对若干个别事实的分析与研究，概括出其共同的本质属性，得出一个带有普遍性结论的方法，即从个别事物的性质、特点和关系中概括出一类事物的性质、特点和关系的方法；演绎是以已知的一般原理、原则作为论据来证明个别性论点的方法，即从一类事物都具有的一般属性、关系、本质来推断该类中个别事物所具有的属性、关系和本质的方法。也可以说，归纳是从特殊到一般，从个性到共性，从具体到抽象，从经验到理论，而演绎则相反。

归纳和演绎都是科学研究过程中重要的推理形式，例如推测出哈雷彗星出现的周期约为 76 年用的是归纳的方法，而哈维发现血液循环的过程则用了演绎的方法。又如俄国化学家门捷列夫，从人们认识的大量个别元素的基础上，概括出化学元素周期律，主要就是使用了归纳法。后来，他又从所概括的元素周期律出发，预言了当时尚未被发现的若干元素的化学性质，使用的则是演绎的方法。

归纳的前提是个别性的知识和材料，但经科学的归纳后，再形成新的一般性的结论，这时就远远超出了前提的知识范畴，从而比较接近普遍意义。归纳的思维运动方向是从个别上升到一般，从感性的具体上升为理性的抽象。如在调查研究总结经验时，从一个个具体的事实出发，从具体的个别事物出发，概括出对某一事物的一般性的结论，以指导和推动创新工作，归纳法是由归纳的前提材料多与少，来决定结论的可靠程度的。归纳的前提越多、越充分，结论的可靠性程度就越高。反之，归纳的前提少，考察的范围小，结论的可靠性程度就差。

演绎的前提是一般知识和个别结论的凝聚。演绎的结论蕴含在前提之中，它不能超出前提的范围。它只是把前提中的知识和结论加以具体化。演绎的思维方向是从一般到个别，由抽象到具体的运动。即它的前提是抽象的一般性知识，而它据此得出的结论是个别的具体，是对具体事物的科学思维的具体。演绎的结论正确与否，既取决于作为出发点的一般性知识和结论是否正确，又取决于所选取的前提和结论之间的必然联系是否正确。如果前提与我们所遵循的演绎过程都是正确可靠的，那么结论就一定正确。

一般来说，归纳是演绎的基础。没有归纳就不可能有演绎。关于这一点，王力先生把道理讲得很透彻，他说："我们搞科研，要先用归纳，再用演绎，不能反过来，一反过来就坏了。比如逻辑上的三段论法，大前提、小前提、结论。'凡人皆有死，你是人，你也有死。'这是演绎法，从大前提推出结论。结论对不对，关键在于大前提对不对，主要是'凡'字。'凡'是归纳出来的，我们做研究工作，就是要研究这个'凡'字。怎么研究呢？就要从大量具体的材料中去归纳，从个别到一般，结论是在归纳的末尾，而不是在它的开头。所谓分析，是要以归纳为基础的，如果没有归纳就作分析，那么结论常常是错误的。凡是先立结论，然后去找例证，往往都靠不住。因为你往往是主观的，找一些为你所用的例证，不为你所用就不要，那自然就错误了。归纳的重要也就证明充分占有材料的重要。因为归纳是从个别到一般，个别的东西越多，越能证明你的结论是可靠的。也会有例外，例外少倒不怕，多了就不行了。例外多了，你的结论就得推翻。"①

这段论述中的"先用归纳，再用演绎，不能反过来"，说的就是归纳的基础作用。但是，演绎又是归纳的前导。因为在实践基础上进行的归纳是有目的的，必须有一个原则

①王力：《谈谈写论文》，见《怎样写学术论文》，北京大学出版社 1981 年版，第 5～6 页。

作为依据，那么这个原则，就是已被演绎出来的结论。可见归纳和演绎是互为前提，互相促进的。

在运用归纳与演绎思维方法分析问题时，首先要对工作中的具体事物的简单性和复杂性进行综合分析，既要坚持从简单入手，又要解剖复杂性，以求全面准确地认识事物的本质。其次要将对象中的矛盾普遍性与特殊性的分析结合起来，既要运用归纳法抓住矛盾的特殊性、个性；又要运用演绎法，把握矛盾的普遍性、共性。真正做到从个别到一般，再从一般到个别，较深刻地揭示事物的本质和规律。

在运用归纳与演绎思维方法获得科学判断时，首先要求人们进行充分的调查研究，坚持把来自各方面的、分散的、不系统的个别事实和意见加以归纳整理，然后采用演绎方法进行推理判断，得出一般结论。其次要求把这一般性结论拿到群众实践中进行检验，在实践中修正、丰富、升华。做到从实践中来，到实践中去，经过几次反复，获得科学判断。

要充分发挥这两种思想方法的功能，还要注意单纯的归纳或单纯的演绎都具有局限性。

归纳逻辑的局限在于：①由一些个别事例概括出的一般性结论并非是可靠的，它有可能被其他未观察到的事例所推翻。②由归纳不可能逻辑地推论出一般原理，因为归纳得到的结论只是对一些具体的、个别的经验现象的概括，它只适合于一定的时间、地点、场合、范围，它仍停留在经验层次。由感性上升到理性，即由观察结论上升到理论命题，实际上是经历了认识上的一个“飞跃”，这一过程要依靠猜测、现象、洞察或思辨，而并非单靠归纳完成的。可以说，归纳逻辑的主要作用是发现事实经验之间的联系，而不是发现一般原理。也就是说，当我们考察有限的事物的时候，归纳法可以起到良好的作用，但是当涉及无数对象时，归纳法就显出它的局限性了。而科学研究如果同无限多的对象打交道，则无论用简单枚举的归纳法，还是用科学归纳法来认识因果关系，都会存在一定的局限。从个性中概括出来的结论可能不是或不完全是事物的共性、本质，因而归纳总是不完全的，具有或然性。此外，归纳包含不了新事物的萌芽，也包含不了事物内部的矛盾和差别。因此，不能把归纳的方法绝对化。

演绎的弱点在前提上。由于演绎的大前提，即一般原理或公理有可能是错的，因此，由它推演出的命题也可能是错的，这样的命题不可能有效地解释具体现象。此外，单纯靠演绎也不可能发现理论上的错误。因为一般只能大致包括个别，正确的理论也只能是近似地反映了客观规律，所以，演绎也不是万能的。它本身不能保证前提正确，因而也就难保所有演绎推理的结论都是正确的。退一步讲，即使前提正确，结论的正确性有了保证，但如果只停留在演绎推理本身的范围之内，不对新事物做具体的研究，那么，结论的意义也还是极有限的。

鉴于归纳和演绎的上述弱点，我们在研究掌握思维方法时，就不能单靠归纳和演绎，要获得深刻的科学认识，要提高学术论文的价值，还必须在归纳和演绎的基础上，掌握和运用其他的思维方法。

二、分析与综合

分析与综合相结合在思维活动中意义重大。它可以使人抓住事物的主要矛盾和矛盾的主要方面,把握具体事物运动的客观规律性,使学术研究更加符合实际。

分析,是在思维中把事物分解为各个属性、部分、方面分别加以认识和研究,即把复杂事物的整体分为若干简单的要素进行认识的一种思维方法。分析从根本上说是一个从现象到本质一层层深入的过程;综合,是在已经认识到本质的基础上,将对象各方面的本质有机地联合成一个整体,即把对事物各个部分的认识有机结合,形成对事物整体认识和思维的方法。分析思维方法和综合思维方法,是统一思维过程的两个侧面。它们在思维过程中各自发挥其独特的思维功能。

分析是人们达到对事物本质认识的必经步骤和必要手段,许多理论都是用这种逻辑思维的方法去分析而得出的结果。但是,分析并不是随意地将联系着的事物加以机械分割,而是从整体的联系中去认识部分。它只是暂时地割断某一事物与其他事物,或整体事物内部各方面的联系,使之暂时孤立起来,然后好进入事物的内部去了解它的细节,逐一进行研究,搞清它的内部结构及其联系,目的是抓住最本质的东西。一般来说,分析是以具体材料和事实为基础的,是从思维的具体到思维的抽象。由于所分析的内容丰富、形式多样,有时需要借助定性和定量分析法、因果分析法和过程分析法,以达到对事物本质的揭示。

要想科学地、准确地分析事物,就必须做到以下几点:

(1) 对事物做全面的分析。就是说,要正确全面地分析事物,就不能只分析事物的一个方面而忽视另一个方面,而要看到该事物的多个方面,正面与反面、肯定方面与否定方面、主要方面与次要方面都要顾及,否则就会出现片面性。

(2) 对事物做历史的分析。考察事物,应该着重于对它们的过去、现在、将来的状态分析。因为只有从事物的产生、发展和灭亡的过程中,找出它们的变化规律,才能揭示事物的本质,并预见未来的发展趋势。

(3) 对事物做具体的分析。科学的分析法在不同的科学领域,必须根据所研究的对象的性质而具体化,即不同的研究对象采用不同的分析方法,要具体地分析具体问题。

(4) 必须坚持从实际出发的原则,进行认真的调查,掌握有关对象的丰富的真实材料,并要掌握有关的知识。这样,对事物进行的分析、得出的结论才是真实的、可靠的。

任何科学研究都离不开分析的方法,但在使用时必须注意到它的局限性。因为分析着眼的是事物的局部,这样就可能会出现以偏概全、以点概面,把相互联系的东西割裂开来,只见树木不见森林的现象。为了克服这些缺点,就必须运用综合的方法,把分析与综合结合起来,全面把握事物的辩证发展过程。

综合是在分析的基础上,把分解开来的各个属性、部分、方面再综合起来加以研究的思维方法,是把一般与个别、本质与现象、规律与外部形态相结合,从思维的抽象达到思维的具体，从思维事物的内部本质出发，去认识事物的外部表现及其整体的思维运动。综合借助的材料，可以是感性的具体材料，而主要的是抽象的材料，可以说是以经过分析加工之后的间接材料为依据而进行的思维活动。分析以后的综合，可以形成对研究对象的统一认识，从而把握研究对象的有机联系及其规律性。综合，不是组合，不是简单地相加和随意地凑合，而是在对客观事实进行周密分析的基础上，按照研究对象各部分之间的有机联系，从整体上把握事物的本质和整体特征。综合得出的思维结论比分析提供的认识成果更加深刻。因为它是在分析的基础上，恢复了事物的本质联系，达到了对事物的全面的、整体的认识，从而克服了分析的局限性，揭示了分析时所不曾显示出来的事物的本质。

分析和综合是互为前提、互相补充、互相渗透、互相转化的。其思维运行规律是："分析—综合—再分析—再综合"，构成一个互为条件的思维过程。分析是综合的基础，综合是分析的完成。分析与综合的思维过程，是思维方法与艺术相结合的过程。创新者善于分析具体事物的现象与本质，善于综合从现象和个别主要事物中得出一般结论。其中"善于"就含有思维艺术因素，这种思维艺术是融于分析与综合过程之中的技巧。总之，分析和综合是一个辩证的统一体，二者的有机结合构成了一种既相反又相成、既科学又完整的逻辑思维方法。

三、具体与抽象

具体和抽象在人们的思维过程中是不可分割的两个阶段，先是由具体到抽象，然后再由抽象上升到高级的理性的具体认识。抽象与具体相统一的思维方式是认识事物深层次本质属性的思维方法，是以对具体事物的具体认识，达到具体真理的最佳思维方法。

具体，是指客观存在着的或在认识中反映出来的事物的整体，是多方面属性、特点、关系的统一，即通过对客观事物多样规定性的统一思维，达到理性具体的思维方法与艺术。而理性具体是对于事物内在规定性的本质联系的反映，是在感性认识基础上理解到的。思维的目的就在于达到理性具体。抽象，是指从具体事物中被抽取出来的、相对独立的各个方面、属性、关系等，即指把客观事物的某一方面的特性与其他特性分离开来，给予单独考虑的思维方法。

具体和抽象的思维方法作为辩证思维方法与艺术的一对范畴，是密不可分的，二者相互对立，相互依存，相互转化。在人们的认识过程中是不可分割的两个方面。人们认识事物，必须从客观的具体实际出发，搜集丰富的材料，获得感性的具体认识。但这个具体是低级的、表象的具体，还必须运用思维的抽象力，把它的各个方面的属性、特点、关系分解开来，单独地考察，这就形成了各种简单的概念、判断。这时，认识就从具体到了抽象。

但是，由于各个抽象是对事物的各部分及各方面所做的单独考察，不可避免地具有相对的片面性和孤立性。所以，在抽象分析的基础上，还必须采取由抽象上升到高级的理性的具体认识的方法——要把抽象获得的简单概念，结合具体条件，做系统而周密的综合考察，寻找出事物各方面之间的内在联系，达到具有多样性、统一性的具体。这个具体是综合了各方面的统一体，它是高级的理性的具体认识。抽象是客体某一种规定性在思维中的再现，而具体又是客观多样规定性的统一在思维中的再现。抽象与具体统一于领导者的一个完整的思维运动周期之中，同时也处于不断发展之中，因此，具体—抽象—具体，就反映了人们思维活动的实践过程。

运用抽象与具体思维方法首先要把握抽象和具体的完整思维过程。抽象和具体作为思维的不同阶段而统一于思维活动之中，成为思维方法不可缺少的两个方面，离开任何一个方面都不会得到完整的思维结果。研究者要充分意识到无论从具体到抽象，还是从抽象到具体，都不是一次完成的，而是一个反复发展的循环过程。

在具体运用的过程中，一方面要认识到从具体到抽象的思维方法其实质是要坚持实践第一的观点，这就是要坚持从工作的实际出发。在实际工作中运用此方法，应做到先获取第一手材料，再进行充分的分析研究，最后形成思维抽象，这是一个实践过程。另一方面要遵循“实践—认识—再实践—再认识”的总的规律，避免实践的盲目性。还要努力寻求从抽象规定性到具体规定性的出发点，即客体中那种最普遍、最一般、最基本的规定性。也就是说，运用抽象和具体思维方法一定要站在哲学高度，真正掌握从具体到抽象，然后再从抽象到具体过程的实质，从而获得对事物本质和规律的正确认识。

第二节 学术研究主要的几种实验方法

实验研究原来是在自然科学的领域内广泛采用的一种方法，近代以来逐步推广到社会科学的领域里，实验法在教育研究和心理研究中都有很重要的作用，教育学说的创建、心理学派的形成或者某种新的教学方法的提倡等，一般都以长期的实验作为其立论的依据。

一、观 察

观察是人们在日常生活中广泛采用的一种活动方式，观察法是科学研究的基本方法之一，是指人们根据研究课题，利用眼睛、耳朵等感觉器官，或通过辅助仪器及其他科学手段，有目的、有计划地对处于自然状态下的客观事物进行系统考察，以取得研究所需资料的一种科学研究方法。

作为科学研究的方法之一，观察法是一种有目的、有计划、有控制的科学观察过程，具有客观性和系统性等特点，从而区别于日常生活的观察。一般来说，应用观察法时要注意以下特点：

(1) 观察者必须根据研究目的或假设去收集资料。也就是说，科学的观察是在研究目的和假设的指导下进行的观察，是为科学研究服务的。离开了研究目的和假设，观察就会陷入盲目之中。在日常生活中,观察虽然也有一定的目的,但很多是一种无意识或潜意识的活动。在科学观察中,研究者往往具有自觉性、主动性和选择性。

(2) 科学的观察必须有系统、有组织地进行。它要求在实地观察前,要根据研究的任务来确定观察对象、观察项目、观察范围和方法,并且制定详细的计划,进行系统的设计,保证观察有目的、有系统、有组织地进行。因此,观察员要经过系统的训练,掌握对社会现象进行系统观察的科学方法。这与日常生活中那种无系统、无组织的一般观察是有所不同的。

(3) 科学的观察除了利用人的感觉器官如眼睛、耳朵以外,还经常借用科学的观察仪器或装置等工具将观察的结果正确地、详细地记录下来。这些工具除在观察中使用的观察表以外,还包括照相机、摄像机、录像机、显微镜等。借助这些观察仪器,可以克服人感官的生理局限,扩大观察范围,提高观察的精确度和感官的反应速度,消除感官的某些错觉。

(4) 观察结果必须是客观的,能被检验的。也就是说,观察要在自然发生的条件下,在对观察对象不加任何干预和控制的状况下进行,这样才能使研究者能够考察观察者在现实生活中真实的、典型的和一般的心理与行为表现。在科学研究中,常常采用反复观察,或采用其他收集资料的方法,对观察结果加以对照或检验。

观察按情景条件可分为自然情景中的观察与实验中的观察;按观察方式分为直接观察与间接观察;按观察者是否直接参与被观察者所从事的活动分为参与性观察与非参与性观察;按实施的方法则可分为结构式观察与非结构式观察。进行观察首先要明确目的和意义,确定观察对象、时间、地点、内容和方法;还要注意搜集有关观察对象的文献资料,并进行阅读分析,对所要求的观察条件有一定的认识,为观察做好充分准备;然后要在编制观察提纲的基础上实施观察,收集资料并及时做好记录;最后才是进一步地分析资料,得出结论。

总之,观察既是一个感知过程,又是一个思维过程,在日常生活经验中,观察主要被理解为“看”,而在科学研究中,观察还包括理解或从理性上把握的意思。在心理与教育科学研究中,一个研究者能不能观察到或理解眼前的现象,取决于他应用什么样的理论,也就是说,研究者的理论决定着他到底能够观察到什么。由于不同的研究者具有不同的经验,有着不同的背景知识和科学训练,因而不同的研究者会从同一对象中观察出不同的东西,得出的结论也因此不同甚至相反。

一般来说,观察法具有以下优点:

(1) 可以在现象或行为发生的当时进行观察、记录,以收集研究资料。现场观察既可以把握全盘现象,又能注意到特殊气氛和情景。显然,这些都不是事件发生以后,用访谈法、问卷法所能得到的资料。

(2) 能够得到不能直接报告或报告困难失实的材料。例如,婴儿、哑巴不能直接报告他们的思想、情感,疾患或精神异常人员的报告可能不可靠。有时候,用其他研究方法难以收集到的资料,采用观察法则相对容易获取。

(3) 在研究对象不配合的情况下,访谈、问卷法等的实施有很大困难,这时可以用观察法收集资料。

(4) 采用特殊设计(如单向透视玻璃),或在特别情景(如参与观察情景)中,观察者的隐蔽性可使其在最自然的状态下观察被试行为与活动,并由此得到其他方法不能得到的真实资料。

(5) 其他研究方法多以被研究者自陈的方式进行,所收集的资料可能会因被研究者本身的偏见、观察错误或期待效应而影响信度,而观察法则可在一定程度上避免这些偏差。

需要注意的是,和任何研究方法一样,观察法也具有自身的局限性。例如,观察资料的质量在很大程度上受到观察者本身能力水平、心理因素的影响;许多心理与教育科学方面的研究所希望的观察行为经常是不能预先测知的,因此采用现场观察有时难以奏效;有些观察活动可能会影响被观察者的正常行为,导致观察结果失真;观察法的应用,包括训练观察人员、添置观察仪器等,需要花费较大的人力、物力和较多的时间,由于观察时间和观察情境的限制,在研究对象人数多且分散的情况下应用较困难;观察设计的要求较高,观察研究往往取样小,观察的资料琐碎,不易系统化,普遍性程度不高,观察的信度和效度比较难以保证。

二、测　量

测量就是根据某种规则把所观察的对象的属性予以数值化的过程,表明被测对象通过作业和活动所达到的程度或量的多少。测量一般借助测验或量表进行,只对个体的行为做数量的描述。

测验是通过心理与教育测验来研究心理与教育活动规律的一种方法,即用一套标准化题目,按规定程序,通过测量的方法来收集数据资料。与问卷法相比较,测验也是通过事先设计的问题来研究被试,但不同的是,测验法是一种更加标准化的问卷形式,同时它不再局限于文字形式,还可采用非文字形式即操作形式来进行研究。

心理和教育测验是通过观察少数有代表性的行为或现象,来推论和量化分析心理与教育活动总体规律的一种科学手段。首先,测验是遵循一定的标准和程序进行的,而不是凭主观经验来进行。例如测验人的智力,就应当根据智力理论特别是智力结构理论来编制测验,根据被试在测验上的得分来判断其智力水平。因此,心理和教育科学研究中的测验无论是编制、施测,还是评分、解释,都依据一套系统的程序。目前国内外常用的心理、教育测验都是依据一套系统的程序去编制和使用的。其次,测验测量的是人的行为,即根据客观的标准化了的程序来测量个体的某种行为。因此,各种测验都是由一系列能引起个体反应的项目所组成,只有测量出一个人对测验题目所进行的反应,才达到了测验的目的。再次,一个测验所测量的一般只是人的一部分行为,而不能测量出人的全部行为。因此测验题目的取样必须有代表性,并且与其他样本有等值。

在心理和教育科学研究中,以测验作为工具的测量一般都必须要具备两个要素,一个是参照点,一个是单位。参照点是计算事物量的起点,心理和教育测验中的参照点都是人为标定的，例如智商为0，并不是说没有智力。单位也是测量的基本要求，没有单位，数量的多少、大小就无法表示。通常，心理和教育测量所用的单位都是不等值的，即每两个单位之间是不相等的。

心理和教育测验一般是以不同量表方式进行的，根据测量的精确程度，常用的量表有四种方式，也就是测验由低到高有四种水平，即类别量表、顺序量表、等距量表和等比量表。

(1) 类别量表。又叫称名量表，只是用数字来代表事物或把事物归类，如学生的学号，某项研究中男性用K代表，女性用I代表等。

(2) 顺序量表。它是按照类别的大小或某种属性的重要性把一些项目排出等第次序。例如，根据学生考试成绩排出名次。

(3) 等距量表。等距量表是用间距相等的分数点对行为或心理特征进行测量。例如，用5级反应或7级反应方式研究被试即是如此。

(4) 等比量表。等比量表不仅可以测量某些事物之间相差多少，而且还可以知道它们之间的比例，很多物理测量都是如此。

上述四种量表中，通常类别量表和顺序量表取得的数据，只能采用非参数统计方法进行分析和结果处理。而等距量表获得的数值则可进一步计算平均数、标准差、积差相关、阶层相关，并做T检验和F检验，等比量表除此之外还可以计算几何均数和变异系数等。

一般地说，心理与教育测验都具有间接性、相对性、客观性等特征，测验的类型则很多，可以按不同的标准来进行分类：

(1) 按测验目的分为描述性测验、诊断性测验和预测性测验。描述性测验的目的在于描述个人或团体的能力、人格等；诊断性测验的目的在于对个人或团体的某种行为问题加以诊断；预测性测验的目的在于预测个人将来的表现和所能达到的水平。

(2) 按测验方式分为个别测验和团体测验。个别测验指在一定时间内由主试单独测量每一被试，它专用于年龄较小的学龄前儿童或某些特殊被试，或某些特殊性质的测验。个别测验有许多优点，在测试过程中，主试可以观察被试的言语和情绪状态，能有效地控制被试的言语、情绪状态、行为反映。其不足是费时、费力，要求对主试进行严格的训练；团体测验指在一定时间内由各主试同时对多个被试施测，如"中小学生团体智力筛选测验"即为典型的团体测验。团体测验省时、省力，在短时间内可以收集到大量资料，它的缺点是不易控制被试的行为，容易产生测量误差。

(3) 按测验材料分为文字测验和非文字测验。文字测验又称纸笔测验，指测验内容是文字材料，引用文字回答。文字测验实施方便，便于回答和统计分析，但它容易受到被试文化程度和不同文化背景的影响；非文字测验又称操作测验，指测验内容不涉及文字，而是以实物、模型、图形和工具呈现，被试只需动手操作即可完成测验。因此它对幼儿或文盲十分适用，适合不同文化背景人群。

(4) 按测验的功能分为能力测验、学绩测验和人格测验。因为能力通常分为实际能力和潜在能力两种，关于实际能力的测验通常被称为能力测验，而关于潜在能力的测验则通常被称为能力倾向测验。能力测验又分为一般能力测验和特殊能力测验。一般能力测验即通常所说的智力测验，特殊能力测验多用于测量一个人在音乐、美术、体育、飞行等方面的特殊才能；学绩测验主要用于测试个人经过某种正式教育或训练之后对知识和技能掌握的程度。由于所测得的结果主要是学习成绩，所以称作学绩测验；人格测验主要用于测量个性中除能力以外的性格、气质、兴趣、态度等心理特征，目前人格测验中既有关于单个人格特征的测验，如性格测验、气质类型测验等，也有包括多个或全部人格特征的测验。

(5) 按测验的运用分为教育测验、职业测验和临床测验。教育测验指在教育部门所进行的学生能力测验和人格测验；企事业部门的人员选拔和安置经常进行职业测验、能力测验、人格测验，也有专门的特殊能力测验或能力倾向测验；在临床诊断和心理咨询工作中，常以应用能力和人格测验来检查智力障碍或精神疾病，这些都属临床测验。

除了上述各种类型之外，我们还可以按测验的难度和时限把心理与教育测验分为速度测验和难度测验；根据受测者的年龄特征把心理与教育测验分为婴幼儿测验、成人和老年人测验；按测验的性质将心理与教育测验分为构造性测验和投射性测验等。

测验具有两种基本功能：一是预测，即通过测验以了解个体间的某些差异，并由此预测不同的人在将来的活动中可能出现的差别。二是诊断，它把重点放在测量同一个人的不同特征间的差异上，例如通过测验以诊断某人是言语能力强还是操作能力强。测验的这两种基本功能在实际中则有更广泛的体现，下面我们将对此做稍详细的分析。

(1) 选材。随着现代科学的发展，对各种行业的人的心理适应性和操作准确性的要求越来越高，仅凭借个人经验来选拔人才已经不能满足实际的需要。因此，客观的、全面的、科学的、定量化的选拔人才已成为人力资源开发与管理的起点和基础。测验作为一种科学地选拔人才的方法在人事管理中可以得到广泛的应用，它可以预测一个人从事各种活动的适当性，确定出最有成功可能的方向，提高人才选拔的效率与正确性。

(2) 安置。测验可以了解一个人的能力、性格等特点，从而为因材施教或人尽其才等决策提供科学依据，学校可以对学生按能力分班，工厂也可将新工人安置到与其能力、性格相匹配的工作岗位上。

(3) 诊断。测验能够将一个人的行为在许多方面进行比较，从而确定他的相对长处和短处，找到行为变化的原因。例如在教育实践领域，测验可用于对学生进行诊断，用于发现差生学习困难的原因，为学生、家长和教师提供科学的指导。测验的诊断功能还包括在临床和咨询过程中的诊断和鉴别，如智力测验的最初目的就是鉴别智力落后儿童。

(4) 咨询。测验还可以为学校教育咨询、心理健康咨询、职业咨询等各种咨询工作提供参考或指导。

总之，在实际工作中，测验可以发挥很重要的作用。当然，测验所获得的数据资料只是做决策时的一个重要的参考因素，而不是唯一的依据，这是我们在应用测验时需要注意的。

三、统计分析

统计分析是心理与教育科学研究的重要工具。心理与教育科学发展的早期阶段，定量分析很少被运用于研究中，许多研究者仅仅是从个人经验出发，用哲学、逻辑思辨的方法获得研究结论。现代的心理与教育科学研究一般是在一定范围内进行的，如何设计心理或教育科学研究、取多大的被试量才能使收集到的数据最能全面反映所研究的问题，如何对研究结果进行整理、分析才能从杂乱无章的数据中寻找出潜在的统计规律性，如何从样本的性质推论总体的性质才能避免犯错误，凡此种种，仅依靠个人或少数人的主观经验是不可能完成的，只有借助于统计分析方法，才有可能解决这些问题。

目前，统计分析已成为心理与教育科学研究的一个重要工具。首先，统计分析可以为心理与教育科学研究提供一种清晰的形式化的描述。例如，某班在语文测验后知道某一学生的成绩为 85 分，大约是较优秀的成绩。如果用统计分析方法，可以计算出全班语文平均成绩为 75 分，标准差为 5 分。这样就可知该学生的成绩高于平均分数 2 个标准差，其成绩高于全班 86.4%的学生。可见，统计分析可以使问题分析清晰而准确。

其次，统计分析是进行解释和科学预测的重要方法。统计分析对数据进行整理描述、分析，寻找变量之间的关系或规律性，确定变量之间关系的类型，如相关关系或因果关系，这就是对心理现象的解释。研究者根据数据、统计资料，运用逻辑思维方法，可对心理现象今后的发展趋势做出估计和判断，使研究者发现直觉难以悟察的规律，这就是科学的预测。对心理现象的描述、解释、预测和控制是心理教育科学的目的，而这必须借助定量的统计分析方法才能完成。

最后，统计分析可以训练科学思维方法，使研究者学会科学地进行推理，掌握抽象的思维方法。心理与教育科学研究的结果通常以统计分析的方式呈现出来，不懂得统计分析就难以了解他人的研究进展，也就难以确定自己的研究方向并进行深入的研究。此外，近年来兴起的定性研究方法，如深度访谈法、参与观察法等方法也要求对收集来的数据资料进行深入的统计分析。

虽然统计分析方法是心理与教育科学研究的重要工具，但是不能以工具代替研究，那种以为“统计万能”的思想是片面的、错误的。统计分析必须要以定性分析为基础，以心理与教育科学的科学理论为基础，只有在正确的观点和思想方法指导下的统计分析才是有用的。因为统计分析是为了揭示数据的特征和规律性，这种定量分析的方向、范围必须要由定性分析来规定，而不是由研究者随意确定的。脱离了定性分析的统计分析只是“无本之木”“无源之水”。再者，统计分析的进行需依据一定的方法和公式，这些方法和公式的选择需要研究者具备一定的心理与教育科学的专业知识。否则，统计分析就只是在数据上绕圈子，只是数学游戏，而不具有任何意义。此外，统计分析得出的规律或特征也需要借助于心理与教育科学的理论才能科学地解释。可见，对心理与教育研究的结果必须进行定性与定量两方面的分析，才能揭示心理与教育现象的本质和规律。定性分析与定量分析（主要是统计分析）应该是相互补充、相辅相成的。

当然，作为心理与教育科学研究的重要工具，统计分析本身并不决定研究的科学价值。高水平的有创意的研究如果没有适当的统计分析方法的辅助，就不能显示其高水平、创造性。但好的统计分析方法不可能提高低劣的研究水平。心理与教育科学研究的重点在于问题的提出和实验的设计，统计分析方法只是为了更好地实现研究者的构想，分析、总结研究的结果，帮助研究者揭示规律和关系。在统计分析时，要在定性分析指导下认真整理，分析研究数据，选择正确的统计分析方法，防止统计的“乱用”和“滥用”。违背统计分析的原则，为了说明自己臆测的规律而伪造数据或选用能证明自己的假设的数据的做法，是违反科研道德的行为。

心理与教育研究中的统计分析，可以依据不同的标准划分为不同的类别。其中，最常见的是按照统计分析方法的功能进行分类，分为描述统计、推论统计和实验设计辅助统计三大类。

(1) 描述统计。主要是对资料进行整理、分类和简化，描述数据的全貌以表明研究对象的某些性质。描述统计包括数据的初步整理、数据集中趋势和离散趋势的度量以及相关关系的度量等几方面，其目的在于使纷繁的数据清晰直观地显示研究对象的特征，以利于进一步的分析。

(2) 推论统计。主要讨论通过局部(样本)数据推论全局(总体)的情况。推论统计包括总体参数特征值的估计方法和假设检验方法两大类。假设检验方法中又分参数假设检验方法、非参数假设检验方法。

(3) 实验设计辅助统计。包括被试的取样方法和样本容量确定、实验条件的控制以及结果统计方法的选择和设计等内容，一般是在实际研究开始之前进行的，目的在于使研究者能科学地、经济地、更有效地进行实验。

上述三个方面之间是密切联系的。描述统计是推论统计的基础，推论统计是带有预测性质的统计分析方法，描述统计只对数据进行一般特征的描述分析，若不进行进一步的推论统计分析，就不能深刻地揭示统计结果的意义。描述与推论统计都是在良好的实验设计下获得的数据的基础上进行的，因此，实验设计的优劣是决定统计分析成功与否的关键。当然，一个好的实验设计也必须符合统计分析方法的要求。

四、经验与推广

从人类认识发展的过程来说，先进经验的推广，是一个再认识、再实践的过程，先进的教育教学经验的推广，是一个有目的、有组织、有计划的实践活动过程，是现代教育信息交流与传播的一种方式，也是经验总结接受实践检验、取得反馈信息的一种有效途径。

我们都知道，教育教学经验的总结包括成功的经验和失败的教训，先进经验主要指成功因素占主导地位的有实际效果的经验，就广义的先进教育教学经验而言，其主要的标准是典型性、效益性、稳定性、现实性、适用性和创造性。典型性强调这种先进经验要能体现教育教学的客观规律，在一定范围内具有普遍的代表性，对于教育教学实践活动有指导意义；效益性强调先进经验已经在实际工作中引起了较强烈的反响，取得了一定的效果和良好的社会效益；稳定性要求这些先进经验要经得起实践上的检验和理论上的辩驳，处在相对稳定的状态；现实性是指教育教学经验具有迫切的现实意义，对于提高教育教学质量或推动教育教学改革有积极的促进作用，或对教育教学领域内长期难以解决的重大问题有所突破，提供了具体途径和方法；适用性指教育教学经验具有广泛的群众基础，在一定范围内已被教育教学实际工作者普遍接受或采用，学之可得，用之有效，有公认的实践效果；创造性强调教育教学经验具有革新创造的活力，或独树一帜或另辟蹊径，对于开创教育工作的新局面，在理论与实践上有重大的贡献。

推广先进经验的目的在于：①以先进经验为榜样，促进教育教学质量的提高。这是总结经验的基本出发点，也是推广先进经验的直接目的。例如，某位教师通过课堂教学方式的改革使该学科的教学质量有显著提高，就可以动员、组织同学科的其他教师吸取这位教师的先进经验，改进教学内容与方法，共同提高教学质量。②以先进经验为典型，推进教育教学改革的实施。这是教育行政部门常用的一种工作方式或领导艺术。为了贯彻教育方针政策，实施教育教学改革方案和规定，以及教育工作的重大决策，教育行政领导部门就得树立先进典型，以点带面，推动全局工作的开展。所谓“胸中有全局，手中有典型”也正说明了推广先进经验的主要目的在于它对指导实践活动具有重大作用，能够形成强大的教育力量，动员和激励广大教育工作者参与教育教学改革活动。如果教育行政领导部门忽视先进经验的推广，不去树立先进典型，单纯使用行政命令的办法，那就不仅会削弱自己本身的指挥能力，而且会造成先进经验的自生自灭，挫伤教育工作者的积极创造性。③以先进经验为依据，丰富教育科学研究的内容。先进的教育教学经验，是教育科学研究的源泉之一。在推广先进经验的过程中，要注意既不要把经验程式化、固定化，生搬硬套，不切实际；也不要赶时髦，图形式，搞花架子，乱提口号。为此，教育科学研究工作者应深入实际，一方面参与先进经验的实践检验，从理论与实践的结合上提炼具有规律性的成果；另一方面要善于发现新问题，研究新情况，促使先进经验的推广，从中进一步提高鉴别能力，有所发现，有所创造，增强教育科学发展的活力。

先进教育教学经验的推广形式多种多样，主要有直接推广与间接推广两种基本类型。

直接推广是指由教育行政部门、各专业研究会和学校主办或参与，有目的地组织经验总结者和被总结对象，采取大小型会议形式直接交流或传播教育教学经验，并以主管部门名义正式行文批转经验总结报告，要求所属各单位或学校参照实施。主要的方式有由各级教育行政部门主持召开教育教学经验交流会议；由各级教育学术团体主持，举办学术年会或专题讨论会；由教育行政部门或学校主办先进教育教学展览会；由特级或优秀教师进行先进教育教学演示活动，课堂教学或课外指导等；开展先进教育教学传、帮、带活动，由优秀教师直接传授教学经验，通过听课、讨论教案和批改作业等各个教学环节，具体传授、帮助、带动全体教师改进教学方法，提高教学质量。

间接推广是指把先进教育教学经验总结，写成书面报告或录制成磁带、电视片，由教育行政部门、专业研究会、学校等组织，向教育报刊社、出版社、广播电视台推荐，广泛宣传，扩大影响，促进先进经验的传播与实施。主要的方式有：将先进经验汇集成册或写成单项报告，经公开发表或由教育专业学会编印，进行书面经验交流；利用电化教育手段，进行录音录像播放，通过广播电视台或学校电教室录制先进教学片、总结报告和现场教学；为了使先进经验取得成效，还可以组织同行专家或教师有目的、有计划地组织先进教育教学专题研讨会，通过进行广泛的讨论及研究后再付诸实施。这是克服和避免盲目性、提高推广先进经验有效性的重要方法。

第三节　现代教育科研的常用方法

教育科学方法是指为了研究教育现象及其规律而采取的以探求教育内部各因素之间、教育和其他事物之间的关系，以及教育的质与量的变化和规律的方法。

教育研究方法伴随着教育特别是学校教育的产生而产生，并逐渐发展起来。随着社会的发展，社会科学和自然科学的研究方法先后进入教育科学的研究领域，教育科学开始逐步形成一套完整的科学研究方法体系。目前教育科学常用的研究方法有：观察法、文献法、调查法、统计法、行为研究法、历史研究法、比较法、实验法、个案研究法等。本节从简明、实用的角度出发，介绍几种较常见、使用较广泛的教育科研方法。

一、教育科学的历史研究法

（一）教育科学历史研究法概述

历史研究法是借助对相关社会历史过程的史料进行分析、破译和整理，以认识研究对象的过去，研究现在和预测未来的一种研究方法。教育科学的历史研究法是通过搜集某种教育现象发生、发展和演变的历史事实，加以系统客观地分析研究，从而揭示其发展规律的一种研究方法。

历史研究法的基本原则是从事实出发，用发展的观点看待研究对象。一般来说，历史研究法具有以下基本特点：①历史性。首先表现在研究对象上，是过去发生的教育事件，目的是通过对教育事件的历史发展过程及具体内容的考察，探求教育发生、发展、演变的历史规律，并对它未来发展的基本趋势做出科学预言。其次表现在研究过程上，按照历史的时间顺序和空间范围再现历史的全过程，包括它的每个发展阶段。②具体性。历史研究是在丰富而具体的文献资料的基础上，揭示研究对象发展过程中的一切历史形式、全部丰富的内容以及各种相关因素，所以必须把握最能说明问题的史料。③以逻辑分析方法为主。用逻辑分析方法对历史事实进行理论概括，能更深刻地认识事物演变的历史规律，认识那些还处于萌芽状态、表现模糊不清的东西。

历史研究法的作用在于通过历史研究揭示教育发展的规律和特点，帮助人们认识现代教育的实质，借鉴历史经验预测未来教育发展的方向，促进教育发展并提高科学化水平；此外，通过历史研究还能开拓新的教育研究领域和研究课题，不断提高研究人员的评判分析能力。

历史研究法在教育科学研究中适用于以下范围：

(1) 对各个时期教育发展情况的研究。以历史发展的逻辑顺序完整地认识教育发展史的基本脉络，包括对中外教育从古代、近代到现代的教育实践与理论发展的研究。

(2) 对历史上教育家们的教育思想、理论观点的研究。中外许多重要的教育家在各自教育实践的基础上，创造性地继承和发展了前人的思想成果，建立起自己的思想体系，形成不同的学术观点，集中反映了一定时期教育理论与实践发展的轨迹和规律，也代表着教育发展演变的各个阶段。

(3) 对一个时期教育流派、教育思潮的分析研究，以及对不同教育流派理论的比较研究。侧重于教育思想的研究，重点在于揭示各历史阶段不同思潮和流派的特点，对教育实践的作用和对以后教育的影响，并探讨不同思潮和流派的论争、融合和演化的规律。

(4) 对一定时期教育制度，如法令、计划、政策等的评判分析。

(5) 对外国教育发展状况的分析。侧重对国际教育的比较研究，内容十分广泛。

(二) 历史研究法的一般步骤及注意事项

首先，分析研究课题的性质、所要达到的目标以及有关的资料条件，权衡使用历史研究法的必要性和可能性。其次，史料的搜集与鉴别。要用多种方法尽可能地搜集有关史料，并对史料进行鉴别、辨伪和校勘，为下一步研究提供确凿可信的历史事实。再次，对史料的分析研究。要用历史唯物主义观点分析史料，通过分析、综合、比较等形式完成从事实材料到理性认识，又使理性认识在事实材料中得到检验这样一个认识过程，才能进一步深入考察教育演进的内在成因和机理。

应用历史研究法应注意以下几个问题：

1. 注意历史研究中资料的来源及对资料的分析鉴别

历史研究的资料可以是第一手信息资料（即原始资料），也可以是第二手信息资料（即间接来源），无论是哪一种资料，研究者都必须对其真实性进行探究和考证。对史料的考证和评价过程分为外部评论和内部评论两种。外部评论主要确定资料的真伪或真实性，考证的内容包括作者的身份及其资格，可能影响文献的因素和条件，如写文章的时间、地点、宗旨和环境等；内部评论主要确定史料的客观性和可靠性，一般在校勘的形式中运用内部考证的方法，同时对文献作者的能力、立场和诚信度等因素进行调查。

教育史料的鉴别考证内容和基本方式有辨伪考证、年代考证、地点考证、作者考证、文献考证等。对史料的鉴别是一项十分艰巨复杂的工作，需要有客观的态度、科学的方法和严谨细致的工作作风。

2. 坚持唯物史观，正确处理历史研究中古与今，史与论，批判、继承与创新的关系

(1) 古与今的关系，即研究历史与研究现实的关系。要正确对待古与今，通古今之

变，尊重历史，古为今用，使教育研究为促进我国教育事业发展服务。

(2) 史与论的关系，即史料与史学的关系。任何历史史料的搜集，都必须在一定理论指导下进行(包括一定的教育理论及方法论的指导)，以明确史料的性质、范围和种类，并伴随初步的鉴别、审定。理论在历史研究中的渗透性和决定性，能弥补由于客观条件和主体价值标准制约所带来的偏颇，避免仅限于现象的描述和史料的堆积，从形式到内容真正把握历史事实的发展演变并揭示其发展规律。

(3) 批判、继承与创新的关系。应继承丰富的历史遗产，但不是全盘照搬或全盘否定，而是在选择、批判基础上的继承。批判中包含着继承，而继承是包含在否定中的肯定，批判、继承的最终目的在于创新。

3. 研究者应具有历史感和现实感

历史感，是一种以历史事实为前提，以尊重历史的价值为基础，以历史主义精神为核心，以创造性转化历史为目的的主体意识。现实感，则表现为研究者对所处时代教育发展的高度责任感和参与意识，对反映时代发展的重大课题的高度敏感性及对发展变化特点、趋势的深刻洞察和认识，也表现在借助当代认识工具和思维方式，不断提高对历史问题研究的水平上。

二、教育科学的比较研究法

(一) 教育科学比较研究法概述

教育科学的比较研究是对某类教育现象在不同时期、不同地点、不同情况下的不同表现进行比较分析，以揭示教育发展普遍规律及其特殊表现，从而得出符合客观实际的结论。比较研究的实质在于从事物的相互联系和差异的比较中观察事物、认识事物并探索规律。

比较教育存在于人类漫长的发展历史之中，为人类教育活动所必需，对推动人类教育的发展有重要作用。据国外学者的考察，一般将教育比较研究的发展分为四个阶段：①"旅游者的传说"阶段(古希腊、古罗马及后来的马可·波罗)。②纪实研究阶段(19世纪)。研究者通过实地考察访问，搜集不同国家的教育制度和教授法资料并做简单类比，以为借鉴，但还不能解释现象的种种内在原因。如英国的马瑟·阿诺德、美国的亨利·巴纳德、法国的维克托·库森等。③分析研究阶段(20 世纪前 60 年间)。受社会学发展的影响，一批学者逐渐采用分析教育现象因素的方法，探究导致各国教育体制差异的根本原因，特别是对社会与教育之间的关系进行了深刻的分析，代表人物是美国的阿萨克·康德尔。但由于过分强调析因比较分析而陷入割裂的、非此即彼的形式主义误区，不能真正把握事物的本质属性。④多样、综合的系统比较研究阶段(20 世纪 60 年代以后)。运用社会科学的、准自然科学的方法，利用定量定性资料深入分析变革中的教育结构，确定各种因素在教育发展中所起的作用，寻求更科学、更精密的方法。

在教育科学发展中比较研究具有以下作用：与历史研究法结合，帮助我们从现实问题入手,追溯事物发展的历史渊源并研究事物发展的过程和规律;运用比较方法,分析教育发展过程中的本质联系,有利于深化教育科学理论的研究;通过对教育现象问题的比较研究,为制定正确的教育政策提供科学依据。

作为人们认识客观事物的重要方法之一,比较法是教育科学研究的基本方法。比较教育这种方法广泛应用于对教育的研究活动之中,是进行教育研究活动的一个必要阶段或程序。所以,比较教育既是人类教育活动中的一个研究领域,也是一种独特的研究方法,同时,也是一门或必将成为一门有独特学术地位的学科。作为一个重要的教育研究领域,比较教育不仅开展了独特的研究活动,开辟了其他学科所无法达到的研究范围,而且提供了认识教育的独特视野和洞察力,它表现为一种拓展、一种相互交流和借鉴的工作,体现出一种改革,一种纳新去旧、集益创新的作用,是一种符合人类发展趋向的研究活动。作为一种独特的研究方法,比较教育提供的不仅是把两种教育事实做简单对照,或限于对多种教育事实做多寡厚薄的评价,据此做分类和分析的那种数理统计上的研究。比较教育的研究方法不仅关注对具体教育事实进行统计上的比较,也应用多学科的方法对各种教育实践和教育事实进行分析研究,从而对教育的发展做出评价。

(二)教育比较研究方法的种类

(1)根据事物之间存在的差异和同一性,分为同类比较研究与差异比较研究。同类比较研究是比较两种或两种以上同类事物而认识异同的方法。异类比较研究是比较两种或两种以上性质相反的事物或一个事物的正反两方面,以发现异中之同,找出共同的规律。

(2)根据比较对象的历史发展和相互联系,分为纵向比较研究与横向比较研究。纵向比较研究是比较同一事物在不同时期内的发展变化。横向比较研究是对同时存在的教育现象进行比较,在相互关系的比较中认识事物的本质。

(3)根据所有事物都是质和量的统一的观点,分为定性分析比较研究与定量分析比较研究。定性比较研究是通过事物间本质属性的比较来确定事物的性质,例如应试教育与素质教育在目的、方法、内容和效果等方面的比较。定量比较研究是对事物属性进行量的分析以判断事物的发展变化,如对初等教育与高等教育投入及效益的比较。

(三)教育比较研究方法的基本步骤及注意事项

一要明确比较目的,选定比较主题。这是进行比较研究的前提,其基本含义是:第一,根据研究的主题,确定比较的内容,限定比较的范围,从而使比较目标明确而集中。第二,按比较主题统一比较标准。比较标准既有可比性又有稳定性,这是比较的依据和基础。

二要广泛搜集、整理资料。通过查阅文献,做调查、做实验等多种方法,尽可能客观地收集所要研究对象的有关资料。

三要对材料进行比较分析。这是比较研究的重要环节,从初步分析到深入分析,要对收集的资料进行解释、分析、评价。分析时要注意事物间的因果性和全面性。

四要通过理论与实践论证得出比较分析的结论。运用比较研究法时要注意：首先要保证可比性。比较对象之间的现实性必须属于同一范畴，有一定的内在联系，并能用同一标准衡量和评价。用于比较的资料要具有准确性、真实可靠性和典型性。还要坚持进行全面本质的比较，克服主观片面性。要透过现象分析原因，从共性中揭示矛盾的普遍性，从差异中阐明矛盾的特殊性。

三、教育科学的调查研究法

（一）教育科学调查研究法概述

教育科学的调查研究法是指在教育理论的指导下，通过观察、列表、问卷、访谈、个案研究以及测验等科学方法，搜集研究资料，从而对教育的现状做出科学的分析和认识，并提出具体工作建议的一套实践活动。

作为一种研究方法，调查法源于 17 世纪下半叶的英国，19 世纪成为社会学研究的主要方法，流行于欧美和日本。教育史上最早的教育调查是 1897 年在美国进行的关于拼写成绩与练习时间的调查研究。教育调查研究法的主要功能在于揭露问题，暴露矛盾，通过不断解决教育内外部的各种矛盾促进教育的发展；发现、总结和推广先进教育思想和经验，改进工作，提高教育质量，为不同层次和不同要求的教育管理和预测工作服务。

教育调查研究法有多种分类方式，按调查的目的，分为了解一般情况的常模调查（如了解 15 岁学生的体质情况）和了解两个对象的比较调查（如甲、乙两校的语文教学质量）；按调查对象的选择范围，分为典型调查、普遍调查、抽样调查、个案调查和专家调查（德尔菲法）；按调查的内容，分为学科性的典型调查、反馈性的普遍调查和预测性的抽样调查；按调查的形式分为问卷调查、访问调查、电话调查、实地调查等；按综合性程度分为一般调查研究（包括学校调查、社会调查及公意调查），溯因调查研究（包括个案研究、因果比较研究、相关研究），发展调查研究（包括儿童发展研究、趋势研究）。

教育调查研究法的一般步骤如下：①根据研究课题的性质、目的、任务，确定调查对象、调查地点，选择相应的调查类型和调查方式；②拟订调查计划，做好准备工作；③进行试探性调查，得到被调查对象的一般认识，修改调查提纲及工作方案，在此基础上进一步制定调查表格、观察问卷、访谈提纲及编制测验题目；④实施调查；⑤整理并分析调查资料，得出调查结论；⑥ 写出调查报告，即用文字表述出研究的过程与研究的成果。

（二）教育调查的一般方法

1. 使用调查表

在教育调查研究中，调查对象多是某一教育群体或某一地区教育现状，范围较广；调查表偏重事实资料的搜集，一般由被调查群体有关承办人依据实际情况填写，具有一定的可靠性；调查表简单明了，便于统计。

编制科学适用的调查表，不仅要掌握编制的基本技术要求，而且要抓住两个关键环节：一是根据研究课题拟订研究的具体问题，从而界定表格涉及的内容范围；二是要对每一基本项的具体内容有准确的把握，客观地反映事物的全貌及蕴含的特性，以便分析和比较。

编制调查表的要求：表的标题应简明醒目；表的大小能容纳所有研究项目，便于携带保管；表中各项目有系统地排列，简明清晰；为防止答案有误，要有相互参证的项目；表尾应注明调查单位，调查员或填表人的姓名，填表日期；表内数字的上下位置要对齐，相同数字须全部写出。暂未获得的数字用删节号表示，不可能获得数字的用短线标明，推算得出的数字应在表下注明。

2. 进行问卷调查

问卷调查方便、省时、花钱少，可以不署名，某种情况下能得出较客观的结论，通过问卷调查能搜集大样本信息，同时便于整理归类，进行量的统计。

问卷的使用一般偏重于意见、态度或看法的调查，并往往以个人或一群人为对象。使用问卷时要注意，若问卷设计不当，或被调查者不合作，就会影响结论的代表性；所搜集的资料往往是表面的，不能深入了解深层次的真实情况；若调查对象不做回答且难以知道不回答的原因，就会影响问卷的效度。

编制调查问卷首先要明确研究目的，根据研究目的和假设范围收集资料，并确定调查对象；然后列出问卷调查所需研究问题的纲要，确定所要搜集的信息和问卷类型；再围绕主题草拟问题，列出标题和各部分具体项目；编制调查问卷时还应征求有关人员、专家的意见，修订项目；抽取试验样本进行试测，再根据试测的结果进行修订，只有完成修订工作后才能用该问卷进行正式的调查。

设计问卷问题时，首先要明确问题的范围，问题的内容要符合课题研究目的和假设的需要，所列项目具有较广的覆盖面，且不交叉重叠，问题数量要适度；问题的文字表达要简明扼要，通俗易懂，易于回答；措辞要讲求礼貌，避免冷僻或专业性太强的术语；问题的分类要清楚、层次分明、合乎逻辑；还要注意问题中隐含的心理因素，问题不应具有暗示倾向性，不要涉及个人隐私以免填写者不愿直接回答该问题。

调查问卷的发放形式主要有邮寄、有组织地分配和当面填写三种。问卷回收时在剔除废卷的同时要统计有效问卷的回收率。作为研究结论依据的问卷，回收率一般不应低于70%。提高回收率要注意使回答人感到回答问卷的花费（时间和精力等）相对于报酬来说是低的；尽可能地设计富有吸引力的、看上去很专业的问卷，并注意问卷外观；邮寄问卷前告诉答卷人将会与他保持联系并适时跟踪发送的问卷。

研究者对问卷回答要做出偏斜估计。答案中的偏斜指被调查者未真实反映事情的客观情况。引起偏斜的主要原因有对事实的回答错误、装假倾向、默认倾向、道义理论与事实相悖或无回答等。就敏感性问题进行调查时，回答者可能会有不诚实的动机。常有一些回答者不回答某些问题，这就可能使结论出现偏差，因此要对问卷做一些核实。研究者应根据回答者的特征鉴别不回答的原因，判断是否某个亚群体有较高的不回答率。为获得不返回问卷者的特征及不返回问卷的原因，可以对不答卷的样本进行访谈。

3. 进行访谈

访谈是一种研究性的交谈，是以口头形式，根据被询问者的答复搜集客观的、不带偏见的事实材料，以准确地说明样本所要代表的总体的一种方式。

访谈方便易行，经深入的交谈可获得可靠有效的资料；团体访谈节省时间，与会者可以在做出较周密的思考后回答问题，相互间的启发和影响往往还有利于促进问题的深入；不过访谈的样本一般不大，需较多的人力、物力和时间，因此在应用上受到一定限制。

访谈的题目分为选择回答型和结果开放型两种，它们都应完全以问题的形式，用富有意义的、清楚的术语向访谈对象陈述，且术语对所有的访谈对象都应有一致的含义。

对访谈者要进行必要的培训；要选择对访谈对象与访谈者都方便的时间；访谈前应准备好框架性提纲，并使谈话在友好和实事求是的气氛中进行；对两名或更多的人进行访谈时，一定要在访谈中核对他们之间的一致性；任何访谈中，访谈者都不应影响被访谈者；在访谈时间安排好或访谈工作开始后，访谈人员和被访谈者要建立良好的关系；如可能，对被访者所做回答的精确性应予以核实。

访谈需要一定的技巧：首先，谈话要遵循共同的标准程序，关键是准备好谈话计划，避免谈话者和调查对象之间毫无目的、漫无边际的交谈；访谈前尽可能收集有关被访者的材料，对其经历、个性、地位、职业、专长、兴趣等有所了解，要分析被访者能否提供有价值的材料，考虑如何取得被访者的信任和合作；其次，访谈中所提出的问题，要简单明白，易于回答；访谈时掌握好发问的技术，提问的方式、用词的选择，问题的范围要适合被访者的知识水平和习惯；再次，谈话内容要用采访机或其他录音设备及时记录；最后，研究者不但要做好访谈过程中的心理调控，善于洞察被访者的心理变化，随机应变，还要注意自己的行为举止，以诚相待，热情、谦虚有礼貌。

四、教育科学的实验研究法

（一）教育科学实验研究法概述

教育实验研究法是研究者为了解决某一问题，按照研究目的，根据一定的教育理论或设想，合理地控制或创设一定的条件，人为地影响研究对象，从而验证假设，探讨教育现象因果关系的一种研究方法。它是一种特殊的科学实验活动。

教育实验研究法本身经历了一个历史发展的过程，这一过程有两条基本线索：

一是从自然科学实验经由心理学而引进教育领域。科学实验法最早用于物理学的研究，后引入生物学和医学领域，再通过实验生物学和实验心理学，以人作为研究对象并扩展到教育领域，在20世纪初形成对教育问题进行研究的一种潮流，从而产生了实验教育学派。

二是从一般教育活动的本身分化发展而形成的教育实验。文艺复兴时期以后，裴斯泰洛齐创办孤儿学校，并进行教学制度、初等教育新方法的研究与实验；福禄培尔、蒙台梭利等教育家们按照自己的设想和理论，长期从事教育实验活动。这其中，美国教育哲学家杜威创办的芝加哥实验学校可称为典范，基于对旧教育、旧学校的批判，在实用主义教育理论的指导下，杜威着手对课程、教材和教法进行改革，并将学校作为社会生活的形式，立足于教育的现场情景，虽然没有像在实验室进行的实验那样对无关因素进行严格控制，但它体现了实验最重要的特征，即对自变量的操作，力图探讨教育发展内在的因果关系。在当时的这股教育实验的潮流中，主流是一批与杜威所做的实验相类似的教育实验。如课程的分科研究(1907)，设计教学法(1911)，道尔顿制(1917)，文纳卡制(1920)等；在中国，陶行知先生于 1927 年在晓庄进行的乡村师范教育实验，晏阳初先生于 1929 年开始在河北定县进行的为时 7 年的平民教育运动实验，梁漱溟先生于 1931 年在山东邹平进行的乡村教育改革实验等，把教育研究方法的理论与实践相结合，这些均属于宏观意义上的教育实验。

由此形成了目前两种各具特点的教育实验的基本模式，一种是模仿自然科学，强调数学工具的运用和严格控制实验条件，将事实与价值分开以追求结论的客观性；另一种是选择教育自然环境，强调研究目的的应用性、对象的整体性以及定性说明方法。

教育实验研究首先是一种科学实验活动，从而区别于教育研究的其他方法，并具有因果关系的推论、自变量的操作、控制无关变量等科学实验的基本特征。教育实验研究又是一种特殊的实验活动。由于教育现象和对象的独特性，教育实验又具有与自然科学实验相区别的特征。从总体上分析，教育实验基本上属于社会科学实验范畴，以人和人所从事的教育活动为研究对象；在实验物质手段上，教育实验主要在教育和教学的自然环境中进行；在研究方法上，教育实验更强调定量研究与定性研究相结合。当代教育实验随教育改革的进行而广泛开展，日益重视哲学方法论对教育实验的理论指导，重视研究教育理论与解决教育实践问题；教育实验的类型更加丰富多样，而教育实验技术手段也在不断变革。

我国教育实验的类型丰富多样，按教育实验研究的内容分为教育体制改革实验(如高校招生体制改革实验)，课程内容与结构的改革实验(如天津市上海道小学“大课程论”的实验研究)，教育教学模式与教法实验(如江苏南通师范附小李吉林的“小学语文情境教学”实验)，儿童青少年发展的实验(如北师大教育系“少年儿童主题性发展”实验)；按教育实验的目的功能分为确认性实验，探索性实验，推广验证性实验；按教育实验的基本方法分为仿效自然科学的方法和人文科学的方法。前者强调定量研究，后者强调对象的整体性和定性研究。

实验研究在教育科学发展中的局限性体现在以下几个方面：①实验研究一般只适合于研究自变量数目较少且清晰、可以分解并可以操作的问题；②教育研究的对象是人，研究中涉及的价值判断将对实验的客观性产生积极的或消极的影响；③实验设计离不开现有分析手段所达到的水平，当现有的测量工具还不能十分正确恰当地测量教育情景下的复杂行为时，对实验结果的分析也必然会受到一定的限制。

（二）教育实验研究的一般程序

教育实验研究法包括准备、实施和总结三个基本阶段，一般需经过以下几个简单程序：①选定研究问题，形成实验假设。②进行实验设计：决定实验目的，构建实验的理论框架；选择被试及形成被试组；确定实验处理及测量方法；判定需要控制的无关变量和控制方法；区分实验设计的类型并形成实验方案。③实验程序的执行。包括分析实验所得的资料数据，进行统计处理；形成结论并撰写实验报告；进行重复实验或扩大实验。其中，实验设计是教育实验的重要环节。

实验设计是指指导实验的计划构架和策略，是确定安排在实验中建立某些变量所用的结构。实验设计在很大程度上制约着实验结果的处理，是影响一个实验是否有效及有效程度的关键因素。教育实验设计一般要经过以下几个基本步骤：①陈述研究的问题并提出研究假设；②确定实验处理；③列举群体、样本、实验单位、抽样方法及样本大小；④选择因变量及适当的测量手段；⑤判定该实验需要控制的无关因素，选择控制方法，设计控制过程和预测控制的程度；⑥选择合适的实验设计并提出伴随这个设计的统计假设。

教育实验分组设计的基本类型有以下三种：

1. 前实验设计

前实验设计也称非实验设计，通常是一种自然描述，用来识别自然存在的临界变量及其关系。就其设计的实际情况而言，不合乎真正的、正规的实验设计的要求，对无关变量不能控制，但可以操纵变化自变量，因此，不是严格意义上的实验，它是真实实验设计的组成部分或重要元素。前实验设计的表现形式有单组后测设计、单组前后测设计、整组比较设计和固定组比较设计。

2. 准实验设计

准实验设计是指运用原始群体，而不是随机地安排被试进行的实验处理。用于在真实的教育情境中不能用真正的实验设计来控制无关变量，不能采用随机方法分派被试的情况。准实验设计的特点是：不按照随机抽样原则抽取被试和随机分配被试于各实验处理，一般是以原自然教学班为实验单位，故有一定的外部效度，强调对自变量进行控制操作，但对无关变量控制较差。准实验设计的主要类型有不等控制组设计、时间序列设计和平衡设计。

3. 真实实验设计

真实实验设计中的自变量、因变量、无关变量都能得到比较严格的控制，能较好地控制内外部无效因素，并有效地操纵研究变量。这类设计一般都有一个控制组，被试随机选择并随机分派。真实实验设计包括实验组、控制组前后测设计和实验组、控制组后测设计。

实验组、控制组前后测设计是一种最基本、最典型的实验设计，被试随机分组；实验组接受实验处理，控制组则不给予实验处理；两组均进行前后测。这种设计的优点是，由于利用随机分派方法分出两个等组，就可以控制“偶然事件”“被试缺失”等因素对实验结果的干扰；都进行了前后测，便于做对照比较。局限在于可能产生前测与实验处理的交互作用而影响外在效度。

实验组、控制组后测设计是随机选择被试并分组，仅实验组接受实验处理，实验组与控制组均只有后测，没有前测。实验结束时，测量两个组并以此作为研究的因变量。这种设计的优点在于能消除前测与后测、前测与自变量的交互影响，内在效度较高，节省人力和物力。局限在于不能对被试的缺失加以控制。例如20世纪70年代奇斯德斯和黑斯(Childers & Haas)为研究大学生写作效率进行的设计。该研究以美国威斯康新大学一年级两个班的学生为被试，研究者对学生的注册做了详细的检查，确信在两个班里的学生是随机安排的，在此基础上，采用实验组与控制组后测设计，对其中一组预先给予广泛的指导，周期检查，并对论文的展开进行详细的校正和评论，而对另一组相同论文的写作与展开则不给予特殊的帮助和反馈。

4. 因素设计

因素设计是指在同一实验研究中，操纵两个或多个变量(因素)的设计，也称析因设计，它是对真实实验设计的修改。因素设计的特点是将实验中每个变量的各个水平都结合起来进行实验，设计至少需要两个自变量，每一自变量至少有两种层次。这种设计不是单因素设计的简单组合，而是更真切地表现教育实际现象和过程中各种因素之间的复杂关系，有更好的外在效度。

进行教育实验设计主要应考虑的是该种设计是否能证明研究假设，能否较好地控制外来变量，能否有助于研究结果的鉴定和推广且经济有效。

五、教育科学的行动研究法

(一) 教育科学行动研究法概述

行动研究法是中小学教师在日常实践工作中发现教育问题，依靠教育专家、学者的帮助，在教育过程中展开研究，并以研究成果指导自身实践的一种研究方法。行动研究的目的不在于建立理论或归纳规律，而在于系统地、科学地解决实际问题。尤其在展开研究阶段，需要应用其他的研究方法，如观察法、实验法、统计法等，是一种综合性强、适用范围广的研究方法。同时，它致力于实际问题的解决，因而颇受教育工作者的青睐与欢迎。

行动研究(Action Research)起源于第二次世界大战后的美国，最早由社会心理学家库尔特·勒温(Kurt Lewin)于1948年提出。教育活动的复杂性给教育研究和实际工作带来了很大困难，世界各国都强调教育科学研究为改革实践服务，在方法上提倡思辨型、经验型和实证型综合互补的倾向，采用行动研究法来研究教育改革问题已为越来越多的人所接受。行动研究凭借它的实践性和系统性等特点，能较好地适应教育领域的复杂性，它是教育改革和改进教育管理的一个有效方法。近年来，我国教育界与心理学界也开始注意引进并运用行动研究法。行动研究法与教育实践的具体行动息息相关,研究内容针对实际教育活动,不断提出改革意见或方案,因此,研究是行动的指南;教育实践的动态流程又不断提出新的问题,使研究者不断得到启示,再充实或修正方案,提出新的更具体的目标,因而行动又是研究的向导。有人认为,行动研究是在教育科学研究和教育实践之间架起的一座桥梁,它能增进二者的相互反馈功能,从而使研究的价值提升。行动研究法把行动和研究结合起来,重在为改革服务,此法要求对有关的情况和问题具有充分的了解,认真地思考,按计划谨慎地一步步行动,以达到对某个目标的系统研究。同时,在这个系统的研究过程中,研究者又可以发挥一定程度的灵活性,以变化和调整去适应实践中不断变化的情景。行动研究法有下列特点:

1. 实践性与参与性相结合

行动研究的问题来自中小学教师的教育实践,针对性强,是在具体的教育实践中进行的,通过实践搜集相关信息资料,论证假设,并以研究成果指导实践,始终是对行动的诊断和干预,研究者(包括专职研究人员与教师)直接或间接地参与实施新方案,实践性强,现实意义大。

2. 合作性与渗透性相结合

行动研究以中小学教师为研究主题,以教育专家、学者及教育行政领导做后援,科研队伍结构合理;成员互相取长补短,发挥各自的优势,使研究效益落实到不同的研究者和研究对象身上。

3. 持续评价性与即时反馈性相结合

研究者根据研究课题提出的目标或标准,可以在不断进行的情景中对改革效果进行持续性评价。一旦发现较为肯定的结果出现,便立即反馈到教育体系中去,从而影响教育实际过程。

4. 可变性与适应性相结合

在统一的理论思想和总目标的指引下,行动的过程中允许调整方案,提倡针对某种不同的教育对象或现象采取相适应的改革研究手段。此外,诊断问题之后常可进行一些小实验以探索新的教育行动方式。在行动研究中的此类实验往往比较切实可行,对实验条件的控制比较松缓,统计分析时常用简单易行且不受各种假设条件约束的非参数分析方法,注重实际的教育意义而不是纯粹的统计上的显著意义。

(二) 行动研究方法的一般程序与层次

一是提出问题:教师在日常教育环境中,通过长期的观察与思考,会发现学生的某一变化可能与某些因素相关。那么,这种变化与这一因素之间到底有无关系,有怎样的关系,这就提出了研究的问题。

二是展开研究:中小学教师与教育专家共同分析问题,提出假设。教师在教育实践中采用多种方法搜集该问题的信息资料,并对资料进行科学的分析与处理,从而得出结论,验证假设是否成立。

三是应用成果。通过研究获得关于某问题的结论还不是研究的终结，关键在于要以研究成果指导实践。它要求教师以研究成果为依托，在教育实践中积极控制影响学生成长的相关因素，以提高教育质量，并在这个过程中不断发现新问题，进行新一轮的研究与实践，推动教育实践积极向前发展。

根据参与者的不同，行动研究可分为不同的层次：

一是由教师单独进行，或将自己的新观点转变为行动。研究者与实践者统一于一人，可调动教师改进教育工作的积极性。由于规模小，研究的问题范围窄而具体，故易于实施，但因力量单薄，很难从事深入的、细致的、说服力较强的研究。

二是由若干教师组成研究小组。可请外来研究者进行指导，也可自行开展研究。这一层次的研究可发挥多个教师的集体智慧和力量，但可能在理论的指导方面仍较为欠缺。

三是由专家、研究人员、教师、政府（或主管部门）、资助者、学校或幼儿园的行政领导人员等组成较为成熟的研究队伍，从而可以得到多方支持。这是行动研究的典型层次，也是最高层次。理想的行动研究法应体现在这一层次。

不同的理论背景使得行动研究有很多的模式，但在基本的操作过程方面，行动研究基本上遵循了勒温确立的基本思想，即行动研究的起点应该是对问题的勘察（界定与分析），应该包含对计划及其实施情况的评价并在此基础上加以改进等。整齐划一的行动研究模式是既没有必要，也不可能的，但作为一个完整的单元而言，无论哪种对行动研究过程的理解，都包括"计划""实施"和"反思"三个环节。"计划"阶段主要在于明确问题、分析问题和制定计划。遇到一些需要解决的问题或难题后，先要对问题本身进行确认，要尽可能地明确这个问题的种类、范围、性质、形成过程及可能产生的影响。对问题做了界定与分析之后，接下来要考虑的问题是如何解决这一问题，提出一个总体的计划。"实施"是行动研究的核心步骤，它主要包括两个方面，即行动及对行动的观察。行动的过程应当尽量严格地按照原定的计划进行实践，也应当充分考虑到现实因素的变化，根据实际情况做出必要的调整。在实施计划的过程中，另一个重要的任务是对行动情况进行观察和记录，收集有关资料，以便及时地对计划实施情况有一个大致的了解，并最终对本研究的过程做出比较全面透彻的分析。"反思"的主要任务在于经过一段时间的实验，收集了相关数据之后，对原先的"计划"和"实施"进行必要的调整。

（三）运用行动研究法要注意的问题

行动研究法在教育科学研究中有其优点，但也存在不足，因此在运用时要注意以下问题：①行动研究在千变万化的教育实际中进行，有时不可能在一开始便把所有问题预想好，把整个研究方案设计周密，只能根据实际需要边研究边修改具体方案。②行动研究不仅利用观察手段去诊断现状，发现问题，还要利用实验的手段去改进现状。尽管教育科学实验的特点使研究无法完全置于计划控制之内，还需要进行大量的随机控制，从形式上看，它对实验法的严格要求有所松缓。但作为教育科学研究的方法之一，对研究成果科学性的追求是不容异议的。所以，研究者必须有意识地创造实验条件，不但要善于控制实验的客观过程，也要时时控制研究者自己的主观过程，使研究始终能够处于可能范围内的最佳控制状态。

行动研究法的特点或优点，均针对较为理想的行动研究模式而言。在实际运行中，往往因为研究或实际教育工作者较强调该方法简单易行、要求松缓的一面，而忽视了其计划性、系统性和潜在的控制性，使得某些行动研究显得缺乏起码的可靠性和说服力，为此，有人认为，行动研究因其内外效度脆弱尚不符合科学上的严格要求。此外，行动研究以具体情境为限，研究的样本受到限制，不具代表性，对自变量的控制成分少，故这种研究的发现具有较大局限性，缺乏推广价值。因此，严格地说，行动研究并不是一种独立的研究方法，而是教育研究活动，是一种教师和教育管理人员密切结合本职工作，综合运用各种有效的研究方法，以直接推动教育工作的改进为目的的教育研究活动。

第四节　系统科学理论为教育科学研究提供的借鉴

随着科学技术的飞速发展，出现了各门学科相互渗透、彼此交叉、综合发展的趋势。系统科学把复杂的系统作为一个整体去研究，从结构、功能、过程、层次等方面去探求规律，沟通了自然科学、社会科学和思维科学之间的联系，成功地把定量分析的方法引进了各门学科，从而使教育科学研究的方法产生了新的飞跃。系统科学所提供的动态系统分析方法，为研究一切动态现象开辟了新的途径，也使教育研究方法论实现了新的突破，它使教育科学由经验描述性的研究进入系统分析的控制研究阶段。

一、控制论与教育科学研究

控制论作为一门学科和一种方法产生于 20 世纪 40 年代。1948 年，美国数学家维纳(N. Wiener)出版了《控制论》一书，正式宣告了控制论的诞生。控制论方法就是从整体、相互关系、运动变迁的角度来研究问题，目前，人们用控制论的方法来控制教育系统、教育过程及研究教育现象已十分普遍。

教育系统是一个控制系统。在教育系统中产生和发出控制信号的人或机构叫作教育控制者，控制对象和与之相连的控制者一起构成了教育控制系统。在学校，教育控制系统是由学校管理部门(或有关机构)和与其相联系的控制对象构成的。学校的校长—教务处—班主任(教师)所构成的管理系统(学校的各级管理机构)就是学校的控制系统。由教师与学生构成的教育系统，同时也是教育控制系统，因为由教师与学生构成的教育系统要实现其教育功能也要实行控制。运用控制论的观点去考察教育控制系统的结构，可以帮助我们研究教育控制系统中各要素的功能，以及它们之间的关系，进而探索教育机构改革的最佳方案。

研究教育控制的结构，目的是探索教育控制的最优化。我们都知道，教育成就由单位时间内的教学量、负担量、教育成本和教育成绩(包括德、智、体诸方面)构成。单纯用分数说明教育成就是不科学的，在教学时间、教学量、负担量、成本等条件相同的情况下比较成绩的高低才是合理的。要实现教育控制最优化，必须对与教育成就有关的各种条件实行最优化的控制，即对教学过程的诸因素实行最优化控制，使花的时间尽可能短，在同等时间内教学量尽可能多，负担最轻，成本最低，而成绩则最好。为了使各种教育控制的结果接近于控制目标，以达到教育控制的最优化，可采用反馈控制、预先控制、模式控制、随即控制等方法。

控制论的方法已经被引进了教育科学研究方法学领域，在很多具体的教育科学研究方法中都渗入了控制论的思想和方法。例如，在实验研究中操纵实验变量，控制无关变量，以探索教育现象中的某些因果关系。又如运用问卷法来研究教育现象，事先规定了问卷的项目，对回答者选择的答案有一定的限制。在正式实施问卷调查之前，先将编制好的问卷在小范围内预试，以检验问卷的可行性。预试后根据预试过程中的反馈信息进行修改和补充，然后正式实施。这实际上也是一种反馈控制。总而言之，在教育研究中，研究的客体就是被控系统，研究的主体就是施控系统，因而教育研究过程就是控制过程。教育研究者利用具体的研究方法和技术，从教育研究的客体(被控系统)中获得种种信息，取得种种研究成果，用来制订一系列的教育政策、方针、计划，而后再贯彻到(即应用到)被控对象中去。这是一个最简单的教育研究的反馈控制过程。控制论方法对于教育研究来说，是一种十分普遍而且极其有效的科学方法。它能够充分发挥教育研究主体的主观能动性，提高教育研究的信度和效度。

二、信息论与教育科学研究

1948 年美国贝尔电话公司的申农(C. E. Shannon)博士发表《通讯的数学理论》，这篇著名的论文标志着信息论的产生。

从一般意义上来说，信息是指系统(事物)运动的状态，它反映了系统的组织程度、有序程度、复杂程度等重要属性，而信息研究法就是运用信息论的观点，把系统(整体)的运动过程看作信息的输入、传递和转换过程来研究的一种方法。它是通过信息输入、信息加工处理、信息输出和信息反馈等主要步骤，构成一个有秩序的科学研究过程的信息流程。通过对信息流程的分析和处理，来揭示研究对象的性质和规律。教育研究的过程是一个信息传递和转换的过程，在教育研究过程中，信息的传递和转换通常分为三个阶段，具体分述如下：

第一阶段是教育研究中的信息输入，也叫收集资料阶段。这一阶段是根据客观对象确定研究课题，提出假设，规定步骤、内容、方法、对象和范围，制定研究计划，编制有关的统计表格和问卷，查阅收集各种有关的情报资料，筹集调查经费等等。接着利用种种有效的工具，采取文献、观察、调查、实验、个案、追踪等方法广泛收集资料，获得大量的信息。这个阶段要求信息输入量大、不失真、价值大、速度快，同时还要及时进行过滤，实现信息的最优化，达到质量和数量的统一。

第二阶段是信息加工，也称对资料加工提出结论阶段。这个阶段的工作可分为四步:①对信息资料进行整理,包括对信息资料的审核、评价和分类;②对已有信息资料进行分析,包括价值分析、逻辑分析和数据统计等;③通过信息加工,用深刻的定性分析和精确的定量分析得出科学的结论,形成理论;④根据所得到的科学理论,解释结果和教育现象,为解决问题提供新的情报信息。这个阶段要求进行系统分析,把定量方法和定性方法结合起来。

第三阶段是教育研究中信息的输出和反馈,也称指导实践阶段。解决问题是教育研究的最终目的。取得的研究成果可发表,解决理论上或实践中的问题,对从事教育理论工作者和教育实践工作者具有指导意义;或将研究成果提交教育行政管理部门和科研机关,作为制订教育决策和预测未来的依据。在解决实际问题的过程中,要求信息得到及时快速的反馈并在实践中及时检验。一些信息还可以再次得到充实、修改和完善,并对再输入进行控制调解,从而形成教育研究的闭环系统。

信息论方法应用于教育研究之中,显示了强大的威力和无比的优越性。

首先,运用信息论方法研究教育,能科学地揭示教育的一般规律。根据信息论的观点,在教育系统中,管理过程、教育过程都是一个信息传递过程。在教育群体与群体,群体与个体,个体与个体之间也必然存在着某种联系方式,这种联系方式实质上就是一个信息接收和传递的过程。信息过程存在于一切教育系统之中。运用信息论方法研究教育问题时,不是割裂系统的联系,用孤立的、局部的、静止的方法去研究教育现象,而是用联系的、转化的观点来研究信息的输入、加工处理、转换、传递等整个系统运动的过程,通过信息量质的变化来全面考察教育系统的目标和功能。这种研究方法,对于揭示各教育要素之间以及各教育环节之间的联系及相互影响、相互转化的一般规律都有着十分重要的意义。

其次,信息论方法能提高教育研究的精确性和可靠性。信息论方法具有形式化的特点,它完全撇开了研究对象的物质和能量的具体形态,而把研究对象抽象为信息及其变换的过程。虽然信息必须借助于物质载体及其能量才能传递,但信息不是物质,也不是能量,而是事物交换过程中一种特有的物质运动形式。信息论方法撇开研究对象的物质和能量,在单纯的形式和关系上,定量地研究和描述事物的运动。这样就可以使教育研究定量化,变得更为精确。同时,信息论方法也具有综合性的特点。它自始至终着眼于社会系统的信息变换过程,注意综合考察社会系统,研究整体与要素、要素与要素、系统与环境的联系。它不但在系统内部研究个别因果对应关系,而且研究整个系统的所有的因果关系。因此,信息论方法一旦找到教育系统的总的信息联系,就可以通过信息的交换处理,全面地研究问题并给予形式化的表述。

再次,运用信息论方法可以促进情报资料管理和教育管理等工作的现代化。信息论方法为使用机器来模拟人的智能提供了可能,而人工智能在情报资料管理中作用甚大。目前,情报资料浩如烟海,若依靠人力去查找有关某个问题的资料,将会需要很多时间,耗费很大的人力。但是运用信息方法,采用电子通信技术,就可以很快地搜集到有关某个问题的资料,大大提高工作效率。在教育管理工作中,也可以运用信息方法进行研究。例如,上级的指示是“信息输入”,向下级人员宣布工作是“传递信息”,了解各方面的执行情况是"信息反馈",如果没有畅通的信息渠道,信息反馈失灵,管理工作必然难以进行,因此,教育管理要建立完善的信息渠道和信息反馈制度。

最后,运用信息论方法研究教育过程,提高教育质量。教育内容就是教育者要输入给受教育者的信息。输入信息的方式就是教育方法。教育者在输入信息时,不但要考虑怎样才能使信息较容易地为受教育者所接受,即受教育者容易感知、理解、记忆等,而且还必须考虑受教育者是怎样接收信息的,即受教育者的学习方法和学习能力的培养。所有感知、理解、记忆、学习方法与能力的培养等,都属于信息加工活动。受教育者回答、做作业以及在行为上的表现就是信息输出。受教育者这些输出的信息反馈给教育者,教育者对受教育者的反馈信息进行评价,然后根据反馈再调节自己的教育活动。像这样按信息流程来组织、分析、检查并不断改进教育教学,就可以不断提高教育质量。

三、系统论与教育科学研究

现代系统论是与控制论、信息论一起发展起来的,它产生于 20 世纪 30 年代。系统论的主要创立者是美籍奥地利生物学家贝塔朗菲。他强调把有机体当作一个整体或系统来研究。贝塔朗菲于 1937 年在一次哲学讨论会上第一次提出了一般系统论的概念,但并未发表文章。1945 年他在《德国哲学周刊》第 18 期上发表了《关于普通系统论》,但毁于战火,几乎未被人们所知。直到 1948 年他在美国讲课和专题讨论中,才又重新发表和阐述了他多年倡导的系统论思想。从此以后,系统论得到了广泛的研究和应用。

系统论方法就是从全局出发,对系统内外的各种联系和相互作用进行考察和分析,从而达到最佳地处理问题的科学方法。系统论方法强调整体性、联系性、有序性、动态性和最优化五个基本原则:

1. 整体性原则

整体性原则是把由各个要素联系组成的有机整体作为对象,研究整体的结构及其发展规律。这个原则强调,任何系统虽然由若干部分(要素)所构成,但在功能上,各部分功能的总和不等于整体的功能。例如教育者对受教育者的"合力"作用,不能简单地理解为各方面教育影响力量的机械相加,而应该看到各方面教育力量的单独作用及各方面教育力量相互联系所产生的作用。

整体性原则对教育研究的启示:教育系统是社会系统中的一个子系统,教育系统内部还可分为许多子系统,如普教系统、高教系统;一所中学和一所大学又分别是普教系统和高教系统的子系统。一所学校内部又可分为教学、政工、后勤等子系统。这些子系统还可以再细分为若干子系统(每一子系统均可看作更高一层系统的一个元素,教育系统也可看作社会系统的子系统)。整体性原则使我们树立全局观念,从整体上考察教育问题,使我们更好地认识教育系统内部各层次、各方面工作的地位和作用,以及整个教育工作在社会发展中的地位和作用,使学校全体成员树立整体性目的的观念,强调整体效应,着眼于系统的整体功能。例如,教育是否适应社会的要求,应以教育系统的整体功能是否适应社会发展的需要为标准,而不能以其要素的功能(如教师的水平)为标准。

又如，学校中的教学、思想政治工作、财务、人事、总务等系统的工作都应统观全局，围绕着统一的教育目标，协调一致地工作，不能各自只强调自己的重要性，只顾发挥自己的作用而忽视整体的效应。

2. 联系性原则

联系性原则是辩证的、普遍联系的观点的具体体现和实际运用。联系性原则包含两方面的意思：一是说系统与外部环境的联系和制约，一是讲系统内部各要素之间的相互联系和制约。

联系性原则对教育研究的启示：教育系统是由各种因素组成的相互联系相互作用的总体。联系性的观点对于我们认识和处理教育研究过程中诸因素的关系，揭示各种教育教学的规律十分重要。例如，教育系统与社会系统的联系性，使我们认识了社会的发展制约着教育的发展，而教育的发展对社会发展有巨大的反作用的规律；学校教育与家庭教育、社会环境的联系性，使我们认识到对学生各方面教育影响一致性的规律；在教育过程中，德育、智育和体育的联系性，使我们认识到它们之间相辅相成、相互制约的规律；在教学过程中，教师与学生的联系性，间接经验与直接经验的联系性，知识与能力的联系性，使我们认识到教学过程中诸因素之间的辩证统一规律；在学科知识体系中，各章节之间的联系性，使教师注意指导学生把学科的基本概念、基本理论、基本知识互相联系地学习，了解学科的基本结构，掌握学习规律。

3. 有序性原则

有序性原则要求人们在研究和处理问题时，除对构成系统的要素加以注意和选择外，必须重视合理安排系统内部各要素排列组合的顺序和层次，使其更具有有序性。系统的有序程度愈高，其结构就愈严密愈合理，其功能的发挥就愈大。例如，班级教学和个别教学，两者的要素都是教师和学生，但由于两种教学的结构不同，两者发挥的功能就不同。由此可见，在要素确定后，环境影响不变的情况下，科学地安排系统的空间结构和时间结构，是发挥系统功能的关键。

有序性原则对教育研究的启示：学校工作千头万绪，但有序可循。有序性原则可以使我们分清各种工作的主次、轻重、缓急，从而使各项工作有条不紊，秩序井然。教学过程也存在序列性和阶段性。如教学过程一般要经过引起动机、感知教材、理解教材、巩固知识、运用知识、检查效果等步骤和阶段；教学工作有备课、上课、作业、辅导、考查考试等基本环节。教学工作遵循一定的步骤和顺序，才能顺利地完成教学任务，提高教学质量。德育的内容也是有序列有层次的结构系统，它是由生活准则、职业道德、政治思想等要素组成的。人的思想品德的发展总是遵循着从无到有，从不成熟到成熟的顺序发展的。因此，德育的内容也应序列化，德育的工作也应有步骤地进行。总之，我们可根据有序性原则，合理地安排教育系统的顺序结构，从而有效地发挥教育系统（或教育因素）的功能。

4. 动态原则

动态原则强调两个方面：一是系统的开放性，即任何系统都与环境之间存在着物质、能量和信息的流动。任何系统都不是绝对的、静止的和封闭的，它总是存在于特定的环境之中，与外界进行能量、物质、信息的交换，受到环境的影响，具有开放性，随环境的变化而发生变化。二是任何系统都是一个“活”的机体，一个运动过程。元素之间，元素与系统之间存在着物质、能量、信息的流动。例如教学系统，以教师的教和学生的学的双边协同活动来表明它的运动过程。教学过程自始至终都形成了一个动态平衡模式。教学系统的根本动力，就是教与学的矛盾运动。系统论、控制论和信息论都十分重视动态原则。这一原则要求我们研究和处理问题时要注意系统的运动状态，考察研究系统的各种运动过程。

动态原则对教育研究的启示：教育是培养人的活动，随着社会的发展变化，教育目标和任务随之而发生不同程度的变化，教育目标和任务的变化，引起教育系统的诸因素的变化。动是绝对的，静是相对的。各种教育教学模式永远都是一种动态平衡的模式。动态原则使我们善于发现和处理教育教学上的新情况新问题，灵活主动地解决新的矛盾。例如随着学校任务和条件的变化，不断地调整和改革学校内部系统，在动态过程中实现教育管理的最优化。再如，以动态的观点考察学生的发展，根据不同情况，不断向学生恰当地提出新的要求，促进学生“新的需要”与“原有水平”之间的内部矛盾的运动，从而不断提高教学效果。

5. 最优化原则

最优化的现象和趋势是复杂系统存在的一条规律。如生物物种的最优化在自然界则是“自然选择”的结果（优胜劣汰，适者生存）。我们研究系统的最终目的，是使系统发挥最优化的功能。一个系统可能有多种组成方案，我们要确定最优目标，选择最优方案，使最优状态的系统达到最优的效果。最优化之所以被提出，最优化的实现之所以可能，最根本的原因在于系统的复杂性和多样性。任何一个系统都会有多种多样的具体存在形式。存在形式多，存在有差别，其中就必然有可比性，必然有最优的存在。因此我们要用最优化的观点去探索系统最优化的规律和途径。

最优化原则对教育研究的启示：最优化是教育研究的出发点和归宿。最优化的观点在教育研究中的意义，主要在于教育目标最优化的确定，教育过程最优化的选择，教育管理最优化的决策等方面。例如在教育决策过程中，可能影响决策的客观因素很多，可供选择的对策方案往往有几个，系统分析的方法可以迅速地、科学地决定最优化的方案。

总而言之，系统论方法就是从整体着眼，局部着手，统筹考虑，各方协调从而达到整体的最优化的科学方法。系统论方法以整体性原则为依据和着眼点，以实现最优化原则为目的，整体性原则、联系性原则、有序性原则、动态原则和最优化原则是达到这个目的的手段和途径。这五个基本原则，从不同的方面表现了系统方法的本质特征。

思考与练习

选择自己近期所读或所写的一篇学术论文，仔细分析一下其中所用的研究方法，看看使用方法是否得当，哪些方面需要改进。

知识技能篇

第三章　学术论文的种类、层次和价值

第一节　学术论文的种类

依据不同的标准，学术论文有诸种不同的分类。从选题的属性分，可分为基础理论研究论文与应用研究论文；从学科内容分，可分为一般性学术论文与规范性学术论文（学位论文）；从写作方法、表述特点分，还可分为“评论型论文”“述评型论文”“论述型论文”。以下从师范院校的特点出发，分别对“科学论文”“调研报告”“实验报告”“学位论文”“教研论文”五个基本类型做系统介绍。

一、科学论文

科学论文又称一般性学术论文、研究论文，是对科学领域中的问题进行探讨研究、表达科研成果的文章，既有“工具性”（即可以依据它进行科学研究的一般工具），又有“成果性”（即它本身就是科研成果的载体）。

科学论文又可划分为“理论专题型”“系统综述型”“描述说明型”“实验观测型”四种。“理论专题型”论文是针对某一学科领域内某个问题，运用有关原理、方法，进行逻辑的、历史的分析，树立自己的观点。如著名古典文学专家郭预衡的《论欧阳修》①一文，针对某些人以王安石变法为标尺，评论欧阳修是保守派的观点，从四个方面对欧阳修其人进行逻辑的历史的分析：①政治态度上不是保守派，而是改革家；②人品修养上“蓄道德而能文章”；③学识上“博通古今之学”；④诗词成就上“余事作诗人”。四个部分既各自相对独立，又紧密联系，浑然一体。“系统综述型”论文则要求针对学术界尚未解决的某一课题，通过系统综述前人研究情况，分析问题症结所在，提出进一步的研究方

①郭预衡：《论欧阳修》，见《郭预衡自选集》，山东文艺出版社 2007 年版，第 303～338 页。

向。如《五四时期及二十年代中国文艺思想家与西方文学理论》一文[①]，对中国五四时期及20世纪20年代中国文艺界发生的思潮进行系统深入的梳理和评述；对诸如现实主义、自然主义、浪漫主义、现代主义等西方文学理论思潮在中国的传播、影响，进行系统综述性分析评论。并指出它们对中国现代文学发展趋势带来的深层次作用。“描述说明型”论文主要运用描述的方法，对研究对象抓住特征进行比较、确证。常见于生物、地质等学科研究领域，文字表述要求朴实精确。“实验观测型”论文主要是对实验过程、数据进行观测、分析，以实验成果作为论文的主要内容，常见于自然学科。它有相对固定的结构格式，既有过程、成果的描述，又有理论的提炼分析。

科学论文代表着论文的主体，它的基本特点是必须具有普遍性意义，具有科学性、创造性、实践性和平易性。

1. 科学性

首先，表现为论文内容的科学性，必须正确反映客观规律，明确表现科研成果，实事求是，论证充分。其次，表现为论文形式、表达的科学性；一方面，论文的结构形式应当是严谨富于逻辑性的；另一方面，论文的语言运用应当是规范、准确、严谨、客观的。包括语言的准确、简明、精当，各种科技术语、符号、图形、计量单位，也应当符合国际标准。最后，表现为论文所采用的研究方法、手段的科学性，论文本身就是一种科研工具、方式，采用的研究方法、手段越科学，获得的科研成果就越准确可靠。

2. 创造性

论文贵在创新，创新是论文的生命，科研的目的就是要提出新的观点，探讨新的方法。创造性一般有四种情况，第一种是“创立新说”，即在自己研究的课题范围内，发现前人未曾发现的问题，经过研究探索，提出新的看法、观点。第二种是“否定旧说”，即在论文中针对前人旧说，发现问题，勇于剖析，指出谬误，提出己说。在“否定旧说”中创新。第三种是“旧说新证”，即针对某个领域的传统观点，择其一个角度，对它进行分析、证明，既丰富了传统观点的内涵，也蕴涵着自己的创见。第四种是“发展新说”，即自己研究的课题，在充分吸收前人成果基础上，发现和占有新的材料，从新的角度进行探索，以新的成果发展前人的观点。

3. 实践性

科学论文的实践性，指它在社会实践活动中的意义和可行性。尤其是自然科学的论文，应当对生产技术有改进、对生产力有促进的作用，直接转化为经济效益。社会科学论文，也同样应当对先进文化建设，精神文明的创建有推动作用，产生良好的社会效益。写论文不应当是“纸上谈兵”，必须立足于社会实践需要，从内容到形式都要服从实践性要求。

---

①罗纲：《五四时期及二十年代中国文艺思想家与西方文学理论》，见《中国人文社会科学博士硕士文库·文学卷》，浙江教育出版社1998年版，第795～875页。

4. 平易性

也称可读性，指的是论文要求语言通俗易懂，行文简洁严谨。表述的平易性与内容的专业化实现有机统一，使论文不仅让本学科的人能看懂，而且让广大读者读了也能有一定理解，有利于科学的普及和发展。

二、调研报告

调研报告是“科研报告”中的一类，不同的是它不是重点写实验过程及结果，而是把调查情况，研究问题取得的材料，提炼出规律性认识，我们把它称为“表述调查研究结果”的文章。一般来说，实验报告多用于自然科学领域研究，调查报告则多用于社会科学领域中的课题研究，用来描述、阐明某个课题的调查材料和分析结论。

调研报告没有固定写作模式，一般要求具备以下内容：①前言：交代调研目的、调查的对象和方法；②主体：归纳调研状况，分析出结论性认识；③结语：解决问题的意见、建议。调研报告可分为以下几种类型：

1. 经验调研报告

也称“典型调研”，是指深入考察某一新生事物或先进典型，在充分占有材料的基础上，分析、论证它在理论上的意义，总结出具有典型意义的经验。如《首都钢铁公司是怎样实行经济责任制的？》①，虽然调研于改革开放初期，但由于它全面归纳了“责任制”带来的变化，并提炼出层层“落实责任制”等五个方面的经验，具有丰富的实践指导意义。

2. 课题调研报告

它是针对具体科研课题所做的专题研究，其特点是有既定的目标性。侧重于报告“调研内容”“调研过程、方法和结果”，以及调研的社会、经济效益。《试论思想政治课实施素质教育的困扰与对策》，副标题为“对黄冈市400余所中学素质教育状况的调查分析”②。围绕当前困扰政治课素质教育实施的“五个问题”逐项表述调研内容：“观念滞后，毕业生出路困难，教材内容陈旧，督导评估无力，资金投入少。”在调研对策分析中，作者列出了“六条对策”，使文章在实践指导性与理论学术性上紧密结合起来。

3. 情况调研报告

也称“观察分析报告”，是对某一阶段出现的带有普遍意义的情况，进行系统深入的调查研究，寻找出带有普遍性规律的问题，提出相关解决办法。因为侧重于“面上”情况和主要事实，所以写法上以叙述、说明为主。并结合数据、图表来表述调研内容。《高中

---

①国务院体制改革办公室、国务院经济研究中心联合调查组：《首都钢铁公司是怎样实行经济责任制的？》，《红旗》1982年第6期，第14～20页。

②余仲文：《试论思想政治课实施素质教育的困扰与对策——对黄冈市400余所中学素质教育状况的调查分析》，《思想政治课教学》2000年第2期，第3～4页、51页。

数学学业负担的调查及对策》[1]一文就运用了对学生负担的统计分析方法，包括数据采集、统计、分析、理论说明，直至对产生“过重负担”的成因进行揭示，从而提出了相应对策。《中学生心理障碍透析》[2]一文是典型的“观察分析”型调研报告，从占有、分析中学生心理不健康的统计数据出发，展开系统观察、考察，从“走出早恋”“成长的烦恼”“化解自卑”三个层面对心理障碍的成因进行探索揭示。最后分五点提出建议，富有细致深入的心理分析特征。

4. 科技调研报告

是指科技课题承担者对课题研究领域的发展状况及现有水平、前沿动态或市场行情等，进行深入细致的调查、分析而写成的研究报告，属“调查类科研报告”范畴。调研内容一般可分为技术发展水平调研与市场调研两个方面，调研方法手段主要是深入各有关情报信息网络查问有关资料。写出有翔实资料、有明确观点、有科学设想的学术性强的调研报告。《庐州大学图书馆期刊阅览室利用率的调查》[3]一文，从“期刊阅览室利用率”的“相对量”分析入手，运用“利用率定义”的几个公式，进行运算推导，汇成若干相关图表，在科学量化数据统计基础上，提出四条建议。使报告具有很强的指导借鉴意义。

科研型的“调研报告”，不同于新闻型的“调查报告”。表现在文体特点上，具有以下要求：

(1) 以事实为基础，以科学分析为手段。事实性与理论性相结合。调研报告必须建立在客观事实基础之上，离不开周密、详尽的调研过程，要求有调查的课题、目的、对象、范围、手段、方法、步骤、安排。对调查事实要依照科学手段进行分析，不可罗列现象、淹没观点。要分析、归纳，善于寻找事物规律，从“是什么”中寻找到“为什么”，上升到理论高度。

(2) 夹叙夹议方法，数字图表与文字并重。叙述性与议论性相结合。调研报告一般有两大块，一块是调研情况，一块是调研结果分析。往往形成“先叙后议”的模式。而行文中常用数字图表，文字高度简化，有很鲜明的量化分析特征。

三、实验报告

实验报告是指描述、记录某一实验过程和结果的报告。科研人员为了检验某种理论或假说的实在性，往往进行实验活动，即创造出所需要的条件，控制研究对象，分析研究对象在实验活动中的状态、变化，从中找到规律，得出结论。实验过程和情况、实验结果及分析，构成了实验报告的两个主体部分。

---

①徐德雄：《高中数学学业负担的调查及对策》，见《中学理科教师科研论文导写》，湖南师范大学出版社 2000 年版，第 112～120 页。

②李冬、靳泉、单玉劳：《中学理科教师科研论文导写》，湖南师范大学出版社 2000 年版，第 122～129 页。

③穆子林：《庐州大学图书馆期刊阅览室利用率的调查》，见《现代科技写作》，蓝天出版社 1996 年版，第 199～202 页。

实验报告主要有两种类型，第一种是理工科大学生在教师指导下的"作业型实验报告"，其实验步骤、方法由教师拟定，目的是通过验证某一学科的公式、定律、结论，训练学生的动手能力和分析能力，一般有固定的表格，实验者逐项填写。第二种是"创新型实验报告"，是指科研工作者自己设计，自己进行创造性实验过程、结果的记录。如《探索高中语文教改之路——高密一中"语文实验室计划"的实施与成效》[①]一文，分为"由来""实验""收获"三个部分，突出了高中阶段"语文实验室"计划带来的可喜变化，即让学生独立学习与自由发展，发挥他们进行创新思维的主动性，拓宽了语文教育空间。当前，教育行业像这一类型的实验报告较为流行。它们常见的结构模式是：

①标题。一般以课题名称作为标题，如"关于×××的实验报告"。②引言。简明阐述几个问题：研究对象、实验理论假设及根据、实验价值和意义。③实验方法与过程。它是比较重要的一环。应该主要说明：怎样选择被试的条件、数量、取样方式，实验时间及结果的适应范围；实验的组织类型、方法及依据；实验具体步骤；因果共变关系的验证；对无关因子的控制情况。④实验结果。这是实验报告的主体，结果中最重要的是提出数据与典型事例。要求做出相关表格，分类安排好数据、图表，在典型事例的表述上要实事求是。⑤分析讨论。主要是运用实验结果来回答实验目的，运用相关理论分析实验结果，把实验结果与同类研究结果相比较，分析优劣与得失。⑥结论。逐条列出结果，对整个实验进行总结，应运用准确肯定的表述说明语言，不再采用图表。

实验报告写作特点综合起来有以下四点：

1. 材料客观，分析科学

实验报告使用的材料，都应该是通过实验获取的数据和事例，它们的来源应该是客观真实的，又经过实验验证，因而是客观、真实、确切的。在此基础上进行科学的分析，寻找材料中的联系，进而发现某种规律性、某种本质，达到实验目的。没有科学分析，报告就是一堆枯燥罗列的现象、数据，毫无生命。

2. 重在纪实和证明

实验报告的材料都是通过实验获得的数据，观察到的现象，必须客观如实记录，不夸大，不缩小，不编造。表达方法上以说明为主，以简洁为要，应减少描写叙述，更不可联想、抒情。

3. 图解辅助，文字注解

实验过程有时不是单一、单向的，实验的装置、设施常常比较复杂，实验状态变化也呈现复杂状态。写作中必须要有图解、图示进行辅助说明，再加文字注解，生动直观，让人一目了然。

4. 格式固定，条理分明

实验报告在长期实践中已形成了比较固定的格式，有的形成固定表格项目，如名

---

①李希贵、王存敬、张作栋、吴金晶：《探索高中语文教改之路——高密一中"语文实验室计划"的实施与成效》，《教育研究》2000年第1期，第62～67页。

称、目的、器材、方法、步骤、装置、结果、结论等。较大型实验也有相对稳定的写作格式：名称、摘要、引言、原理、方法、结果、结论等。在写作实践中，采取的表现方法一般也较固定，如在说明“器材”时，按器材性质分类介绍；在说明“装置”时，按空间顺序介绍；在说明“步骤”时，按时间顺序介绍；在说明“结果”时，按照实验“结果”的内部联系介绍等等。

四、学位论文

学位论文是学位申请者为获得学位而提交的学术论文，又被称为“规范性学术论文”，是学术论文的基本形式之一。国家明确规定：“学位论文是表明作者从事科学研究取得创造性结果或有了新的见解，并以此为内容撰写而成，作为提出申请授予相应的学位时评审用的学术论文。”①

学位论文集中地反映了学位申请者的学识、能力和所做的学术贡献，是考核其能否毕业和授予相应学位的基本依据。从当前我国学位制度规定来看，1981 年国务院颁布的《中华人民共和国学位条例暂行实施办法》，规定我国学位分为学士、硕士、博士三级。而本科生、硕士研究生、博士研究生的毕业论文与学位论文是合二为一的。通过审核和答辩，即可授予相应学位。

学位论文体式不同于一般学术论文，它有固定的完整体式。一般应包括十项基本结构要素，即标题、作者及其所在单位(院、系)、目录和摘要、关键词、序论、本论、结论、致谢、参考文献、附录等。自然科学学位论文则就具体情况增加“插图”“附表清单”“符号、标志、缩略词、首字母缩写、单位、术语、名词注释表”等。而工科大学的学位论文一般是以“毕业设计说明书”形式出现，是相应的学位申请者，围绕着毕业设计任务书进行毕业设计，包括调查研究、查阅文献、收集资料、理论分析、制定方案、设计计算、绘图、技术经济分析等工作内容，使之获得相关级别工程师工作的基本训练，毕业设计又可分“工程类”“单位设备类”“零部件类”三大项，其格式要素稍有不同，即“前导”部分，包括封面、封二、扉页、摘要、前言、目录；“主体”部分，包括正文、图纸；“附录”部分，有文件、附表等；“结尾”部分，包括参考文献、索引、后记等等。

自然科学学位论文如《海洋锰结核与铁矾渣同时硫酸化焙烧研究》②一文，标题文意简练，准确适度，不可更换一字。摘要部分高度浓缩了文章主要内容，自成一篇独立的短文。关键词是“海洋锰结核、铁矾渣、同时硫酸硬化、焙烧、回收效果”，将最能代表论文主题内容信息的实质性单词选出，以便供情报信息检索。主体部分包括了引言、正文、结论三大段。运用了三图七表，及各种公式、数据。突出了论文内容的科学性、专业性。

---

①国家标准局：《科学技术报告、学位论文和学术论文的编写格式》，见《论文写作与答辩》，江西高校出版社 1997 年版，第 2 页。

②石更强：《海洋锰结核与铁矾渣同时硫酸化焙烧研究》，见《毕业论文和毕业设计说明书写作指南》，中南工业大学出版社 1996 年版，第 279～290 页。

社会科学学位论文如《试论元代科技高峰形成的原因》[①]一文，按提出问题—分析问题—结论三块有序展开，开篇即提出“中国自然科学研究在元朝卷起高潮，诞生了中国历史上第三次科技高峰……数学、天文学、地理学、医学、农学、交通水利、纺织机械等领域都不约而同地展开了大规模的科学总结和开创，令人遗憾的是，尚未引起学术界足够的重视”。接下来，论文分从四个方面系统阐述“本论”：①繁荣昌盛的封建经济，为元代科技的鼎盛奠定了雄厚的物质基础。②元代统治者有利于科技发展的开放政策是元代科技繁荣的重要条件，其中把“以功利诱天下”定为国策尤为重要，故而元代科技迅猛发展。③元代科技摄取外来科技优秀成分，滋养、充实、发展民族科技。如阿拉伯数学、天文学、建筑学广泛深入传进我国等。④元代科技高峰的形成是总结、继承并发展了秦汉以来特别是唐宋科技成就的结果。最后得出结论：“元代科技高峰的形成是由多种因素综合而成，体现在经济、政治、历史、中外科技交流等各方面，应该加以全面、系统的考察和论述。”

广义地看，学位论文的特点也要求科学性、创造性、实践性和平易性。但作为一种特定的“规范性学术论文”，学位论文毕竟是根据专业培养目标而设立的，因此有它的独特性。

1. 教学专业性

这是学位论文的出发点和基础。由于大学生、研究生在校学习的专业不同，掌握的基础理论、专业知识、基本技能有差异，反映到选择科研课题，撰写相关学位论文(含毕业设计)时，明显具有教学专业性和指导教师设定的特点，表现在主旨、选材、结构、语言、表达方式、读者对象(评卷教师)诸方面，都应符合指导限定的专业学科，都必须符合或突出教学计划、大纲规定的专业知识考核环节和目标要求。

2. 学术理论性

学位论文，是学生系统规范地学习后，在老师严格指导下撰写的学术论文，学术理论性是它的核心。只能以学术问题作为论题，以学术研究成果作为表述对象，以创新的学术见解、观点作为立论目标。不能停留在客观事物外部直观形态及过程的表面介绍上，要深入事物对象内在规律，展开理论论证，形成严谨的理论体系，达到一定的理论高度和深度。

3. 格式规范性

学位论文是高校教育的教学成果，是在严谨的教学科研实践中，已经形成的约定俗成的规范格式。而且，这些基本格式已经列入国家标准，“国际标准化组织”也对学位论文制定了一系列的国际标准。在文面行款、基本格式等要素上，正日益趋于规范化、标准化，这是我们撰写学位论文时所必须清楚了解、严格遵守、熟练运用的。

①陈文联：《试论元代科技高峰形成的原因》，《江西大学研究生学刊》第2期。

五、教研论文

教研论文，即教育科研论文，是教育工作者对教育科学领域中的理论问题和实际问题进行探讨、研究，表述教育科研成果的文章。

教研论文是教师从事教育科研工作最常用的学术性文体，又是推进教改的重要手段和工具，按内容划分，有理论性研究论文、实践性研究论文；按对象层次分，可分为学前教育论文、普通教育论文、职业教育论文等；按论文性质分，有基础理论性论文、经验总结性论文、分析调查论文；按工作环节分，可分为学生心理研究、教材研究、教法研究等等。当然，要以教育科研教改活动实践成果为基础，紧扣当今教育科研发展趋向，有学术理论价值意义的选题，即有利于推进教育科研与教改实践。

例如《提高德育实效的方法论思考》①一文，开头一自然段开宗明义提出论题“优化德育的方法”，共三句话：第一句指出当前德育工作存在的一个问题，即德育效果不理想。原因之一是方法不当。第二句紧接着推出判断：“德育所面临的矛盾，也可以说是德育方法上的矛盾。”第三句水到渠成，提出论题，这是一个极其简洁准确、观点鲜明的“序论”。“本论”部分两大段，作者从理论与实践两大方面展开，并加上醒目的小标题。即分论点，第一分论点是“良好德育方法基本要素”，下面再展开四个方面：①有效实现德育目标的方法；②与德育内容相匹配的方法；③同德育条件相协调的方法；④与受教育者和教育者的个性特点相适应的方法。而后适当小结：“德育方法应是一个完整、科学的体系，处理好各种方法之间的关系进行优化组合，发挥德育方法的整体作用。”第二分论点统率“本论”第二大部分“关于德育方法改革的思考”。展开三个层面：①民主化，学生参与；②隐性化，不喊空洞口号，“不说而教”；③开放化，体现道德实践性。这两大分论点在内容上一是务“虚”，二是务“实”，体现了从理论到实践的逻辑思考序列。在论文的结构上，则体现了一种平行层次，各说一个方面，互不包容。最后在“结论”部分，也是两句话两个意思。一是照应“序论”，重申德育方法研究的重要性；二是总结“本论”，强调必须从德育实践中积累、发展先进的德育方法，提高德育实效。这样，从理论和实践结合的意义上圆满地结束了全篇。

教研论文属于广义的学术论文范畴，在学术论文的基本特点上是一致的。但从教育战线广大教师的实际来看，教师去写一种纯学术性的论文是不现实的。按教师们的理解，教研论文是包括“教改经验总结”“优秀教法交流”“思想教育方法”等类型的文章。从教学教法实践上去看教研论文，应当具备以下几个特点：

1. 科学性

教研论文的科学性，要求正确反映学科教育规律，体现当代的先进教育思想，教研论文在不同教学科目中有不同文体，但其科学性内涵都离不开两点：一是“学科观”的阐

---

①韩凤鸣：《提高德育实效的方法论思考》，《上海教育》1999 年第 8 期，第 33～34 页。

述，即对本学科特点、规律的认识；二是“学科教学观”，即对本学科的教学规律性的认识。在这两点上钻研探索，能代表当代较先进的教学方法、教育理念，有很强的实践指导意义，也是把教研论文科学性推向前沿的表现。

2. 教学创新性

创新性是教育科研论文的生命。从教研论文创新的层次来看，可以是理论创新的，如教育新观点、新理论等；也可以是方法创新的，如教法改革、技能创新及一些新经验、新体会。教研论文的创新在于探索出能适应并促进社会发展、人的发展的新的教育思想、教学途径、教学方法。

3. 操作实践性

教育教学本身就是一种社会实践性很强的活动，教研论文理论的生命活力在于它对教育教学工作具有普遍指导意义。而那些从丰富生动教学实践中总结提炼出来的教研总结、经验体会、实验体会、实验方案、报告一类的论文，更应当把自己的计划设想、观点思路、过程方法、效果反馈等表述清楚，给人们以示范、推广、可操作之便。

4. 平易可读性

教研论文是先进教育思想、经验的载体，只有为广大教师所接受、掌握，才能转化为教育生产力，产生社会效益。要读者喜闻乐“读”，就要在形式表达、语言推敲上下功夫，形式方面，做到逻辑程序简明而不烦琐，概念内涵准确而不晦涩；语言方面，做到通俗易懂、不生造词语，不生搬“舶来概念术语”，理论要素应从教研教改的鲜活经验中提炼。

第二节　学术论文的层次

一、科学论文的层次

科学论文即一般性学术论文，按大的学科范围划分，有社会科学论文与自然科学论文。从文献学的意义上划分，有一次文献（原型论文）、二次文献（文摘、索引、书目）、三次文献（动态、述评、综述）。我们这里侧重从理论层次、技术层次、应用层次三方面划分：

1. 理论层次的科学论文

这一层次的论文主要指“基础理论研究型”论文，它的研究对象在自然科学领域是广泛的自然现象，以及这些现象之间的关系，研究方法主要是理论证明、综合考察、数学推理等。或推导一个公式，或提出一个概念、定义，或考察事物的结构、原理等等。而在社会科学领域，它的对象是某个理论问题，研究方法是哲学方法、逻辑学方法及其他学科理论方法，主要依靠逻辑推理、理论论证来证明自己的观点。

理论层次的论文特点可以归纳为：

(1) 内容上的高度概括性。这是理论型论文最本质的特点。概括，就是要对表述内容进行高度理论概括，即把抽象出来的某一事物本质属性推广到具体相同属性的一切事物，从而形成关于这类事物的普遍概念，是一种逻辑的方法。上引“市场规划法研究”一文，就是把市场秩序中经济运行、调控的特点抽象出来，进行严谨的逻辑推导，从“体系要素”“制度要素”两个层面来剖析，直至达成普遍概念。即形成对“市场规制法基本理论”的共识。使得市场秩序规范化建立在有效法理基础上。

(2) 结构上的严密逻辑性。理论性论文主要通过概念、判断的逻辑思维形式来展开论证，就要善于把握事物的内部规律及相互关系，展开辩证的分析与综合。安排好中心论点与各个分论点之间、部分与整体之间、部分与部分之间的逻辑关系。上文围绕中心展开五个层面(分论点)，呈现一种层递推进的逻辑关系：①市场规划的法律界定；②市场规划的调查对象；③市场规划的地位；④市场规划法的体系；⑤市场规划法的制度要素。这样，文章以理论概念的内涵阐释为论证的逻辑起点，通过“对象”“地位”的基础理论分析，形成“体系”“制度”两大分析板块。文章理论脉络十分清楚、严谨。

(3) 表述上的规范化、数学化、公理化。理论型论文，十分强调表达准确、规范、简洁。“数学化”，就是尽可能地从研究对象实际出发，建立数学模型，使它在电脑中可以储存、转换、检验、核算。“公理化”，就是要运用公式、表格、图像等方式。增强理论气息，强化论证力量。

2. 技术层次的科学论文

这一层次的论文从广义上看，是指那些运用基础理论知识联系具体问题进行技术层次探索研究的论文。广义的技术层次，实际上指的是理论联系实际，解决某些实际运用、操作上的问题，一般不涉及重大、全局性理论的层面。如社会科学论文中的考证型论文、诠释型论文等，自然科学论文中的技术学科论文如观测型论文、评述型论文等。另外，从狭义上看，技术层面的论文，包括一些设计说明类技术文件(科研计划任务书、工程、产品技术设计任务书、技术鉴定书等)；专利类技术文件(专利请求书、说明书、发明申报书等)。前者如《蒋光慈早期史实三题》《我国官私学设置考辨》等；后者如《杂交水稻制种喷施激素的效果观测》《自动周日观测与高精度测距实验自动周日观测》等。

3. 应用层次的科学论文

这一层次的论文有很强的实践性、应用性，社会科学范畴的常见的评论型论文、争辩型论文，自然科学范畴的常见的实验型论文、观测型论文等。还包括理工科大学生的毕业设计说明书(含“工艺流程”“矿山开采”“产品类”等毕业设计说明书)。由于“应用层次”的要求，这类论文的特点很鲜明：

(1) 内容上的针对性。都是针对特定的研究对象，围绕并突出某个研究重点(考察对象、辩解焦点、实验对象、设计目标等)。一般不扩大涉及其他范围。

(2) 事实上的完整性。即围绕特定对象的描述说明、材料的安排、过程的介绍等。注重系统完整，自成一体。如果材料单薄，会直接削弱论文“应用”的论证力、说服力，与“理论型”论文比较，它更注重材料的力量而不是逻辑推导性。

(3) 格式上的规范性。这类论文在应用过程中大致形成了自己独特的格式规范。

实验型论文有引言、正文(原理、材料、方法、经过、结果、分析)、结论等规定要素。毕业设计说明书更有通用格式,如前导、主体、附录、结尾四大部分。

二、调研报告的层次

作为科研报告类论文的调研报告,其层次划分一般从内容特点入手,可分成理论层次与实践层次两大类。

1. 理论层次的调研报告

理论性较强的调研报告一般有两类,一是科研考察报告,二是科技调研报告。二者在对象上,都是特定的科研课题项目,在内容上都有特定专业学术性价值,不同的是科研考察报告侧重于对"面上"材料的考察、调研、分析,得出思考性理论结论;科技调研报告侧重于"点上"材料的具体深入分析,得出情况实录性结论。

(1) 科研考察报告。这一类又因具体考察对象不同而分为学科研究考察报告、技术情况考察报告、科技会议考察报告。都是描述、记录某个课题的观察或调查材料并分析其结果的文体。它们的专业化程度较高,内容要求详尽具体,很有学术价值。在写作形式上一般都分为前言、主体、结论三大块:①前言,主要有考察人员、地点、时间、考察对象、过程的概况等。②主体,详细论述考察过程、方法和考察内容。主体部分有两种写法,一是按考察性质分类叙述,称"空间结构";二是按考察时间顺序叙述,称"时间结构"。空间结构的优点是突出重点,时间结构的优点是一览全貌。③结论,对考察的全部内容做出结论,并对结论的意义做出评价,提出专业性较强的建议、意见。

无论是学科实地考察报告、学术会议考察报告,还是技术考察报告,在写作表达手法上都较灵活,不需要非常系统、严密的逻辑推理与概念体系的建立。重在叙述、描述,以事实说话;重在资料翔实、具体,收集到的各种资料、数据、图表、公式等,不一定列入正文主体,可压缩主体分量,增加附录、附件内容,以适应不同读者的需要,非专业人员只需看正文,了解结果;专业人员则可以从"附录"中查阅详尽资料。

(2) 专题调研报告。是科研课题承担者,对于本课题发展状况及现有水平,市场动态进行调查研究后写出的学术性、专业性较强的书面报告。其中自然科学范围的专题调研报告占多数,如"开发可行性调研报告""环保生态状况调研报告"等。社会科学范围的"专题调研报告"发展也较迅速,由于近年来各高校都规定文科毕业生论文可采用调研报告形式,这种学术性较强的"专题调研报告"在社会科学研究范围内运用较广泛。例如《我国当前房地产发展情况的考察》《当前青少年犯罪调查》《大学生阅读需求的调查》等等。

2. 实践层次的调研报告

实践层次的调研报告一般指那些内容相对集中,课题紧密联系实践,篇幅结构又相对短小精悍的调研报告。如自然科学范围内的产品与市场调研报告,社会科学范围内的社区教育调查报告。

(1) 新产品调研报告。这是围绕新产品开发中的某一问题，进行调研考察，得出结论，表明观点，以统一认识和指导新产品开发的一种文体。根据调研性质和目的，它可分为三种类型：

一是“探测性调研报告”。探测性调研的作用是发现问题，查明问题产生原因，找出问题的关键所在，探索解决问题的方法。包括新产品投入市场后，它的运行状态、性能参数、营销指数、社会反响等等。

二是“因果关系调研报告”。是针对新产品开发中出现的各种现象之间或问题之间的因果关系，找出原因，寻求规律，进一步预测新产品的发展变化趋势。

三是“描述性调研报告”。是对于新产品开发研制过程有关的各种情况进行如实的调查、描述、反映，包括相关的背景材料、社会反响、客观条件(有利、不利)、主观指导思想等，为开发新产品提供可靠资料。

《辽宁发展新产品调查》[①]一文即是这种短小精悍、重点突出的实践层次的调研报告。全文围绕“发展新产品，搞活经济”为中心，分别从三个方面表述调研情况，总结富于理论指导性的经验：①开发新产品，经济谱新篇；②发挥重工业优势，形成“五个新习惯”的经营思想；③依靠联合，实行资源互补、互利双赢。这三条具有普遍指导意义的经验，正是经济工作实践中迫切需要的。

(2) 社会专题调研报告。是对现实生活中存在的各种现象、问题，进行深入细致调研后，做出判断，提出相应对策、建议的一种论文形式。具有实践性与理论性高度统一的特征：①强烈的现实针对性。调研的对象、目的、要求，都来自人们所关心和迫切要求解决的问题，而调研的结果一定要符合客观对象规律，从现实出发，进行理论提炼和升华。针对性越强，学术价值就越高。②高度的事理统一性。大量占有事实材料，从事实基础出发，上升到某种规律性认识，达到“事”“理”统一，是它的一大特色。③鲜明的“叙”“议”合一手法。这种文体应以“叙”“议”结合表达手法为主，形成边叙边议、夹叙夹议的格局，要求“叙”中带“议”，“事”中出“理”，以精干的观点统率丰富的材料。

《学龄前儿童读物调查小记》[②]一文是这样对“家长和孩子们的要求”夹叙夹议的：对幼儿读物，当前有以下几方面的要求——从内容上说，要注重发展孩子的语言，启发他们的智能，训练他们的思维，让他们认识生活，认识世界……从对象讲，主要是学龄前儿童，因此，它必须适合幼儿年龄特点，情节简单、内容浅显、文字通俗精练，富有儿童情趣”等等。这样，既叙述了人们对幼儿读物的多方面需求，又穿插分析了与幼儿年龄特点相符的图书的特征。“理”从“事”生，“事”因“理”明，二者浑然一体。

三、实验报告的层次

实验报告原属于自然科学领域中实践性很强的文体，是在科学实验中描述、记录某

①初保泰：《辽宁发展新产品调查》，见《现代科技写作》，蓝天出版社 1996 年版，第 209～210 页。

②冯幽君：《学龄前儿童读物调查小记》，见《编辑应用文选》，山西人民出版社 1984 年版，第 10～14 页。

一课题的实验过程和结果的研究文章，在技术学科中广泛运用。随着科学发展，社会科学领域中某些学科也借助实验手段，出现了大量的学科性实验报告，在当前教育、教学改革试验中尤为常见。这样就形成了实践层次与理论层次各有所侧重的两种实验报告系列：

1. 实践层次的实验报告

这一层次应当是实验报告的主体，也称“校验型实验报告”，在定性实验、定量实验、结构分析实验等实验活动中，均可进行校验型实验，即重复别人已做过的实验，再进行一次校验。它有固定表格、项目，包括实验名称、实验者署名、摘要、目的，设备与方法、结果、结论。它的重点在具体介绍实验过程、状态，不要求在理论上做深入细致的论证、表述，但要求说明物质性状时定性、定量要准，说明实验设备、步骤、方法时要条理分明。在社会科学领域，语言学、心理学、教育学等学科有关实验活动，也常运用此类实验报告文体。

2. 理论层次的实验报告

这一层次应当是学术论文范畴内的文体，又称“创新型实验报告”。是科研工作者进行一项新研究工作所写的实验报告，也包括大学理工科专业毕业生所常写的实验型毕业论文。故重点分述如下：

(1) 实验型毕业论文。理工科专业毕业生，为检验某一科学理论、假说或为创造发明和解决实际问题，有计划、有目的地进行科学实验，对人为特定条件下获得的事实或现象，进行观察、分析、综合、判断，得出科学结论。对实验过程和创造性成果加以归纳、总结，最终写出实验型毕业论文。

实验型毕业论文的特点是：

一是确证性。这是它最本质的特点。实验过程中必须是客观冷静、实事求是的态度，各种实验数据、实验现象与结论要反复核实、验证。确证它是必然的而非偶然的，经得起任何人在任何时间、地点进行相同条件下的实验验证，才能进入实验论文。

二是纪实性。对实验过程与结果，必须如实记录，真实表述。一是全程各环节、细节现象的如实记录；二是分析各种现象时，对其原因的如实记录。尤其是数据，一般论文可以四舍五入，实验型论文不行，必须要运算到小数点之后四五位数甚至更多。严禁随意更改、编造实验数据、现象与结论。

三是创见性。所有的实验工作的过程和结果都可写成实验报告，但不是都可以写成实验型论文的。因为论文必须具有创见性，它不必有烦琐的实验过程叙述，却要有个人的独到创见、观点，它的其他部分可以简略，而结论部分则是全篇论文的精髓，其创见通过充分、合理的逻辑推理表述，实验报告才会从一般实践层次上升到理论层次。

实验型论文的结构一般是引言、正文、结论三段式。写作中要注意：①引言的概括性。即概括实验的缘由、目的、学术价值，实验的范围、设备、方法以及最终结果。②正文的丰富性。实验型论文的正文一般有原理介绍、材料方法、实验经过和结果与分析。其中结果与分析是最难写的，学术性应充分体现在原理、概念的阐述上，实验条件因果关系的分析，说明其必然性与偶然性，突出分析的逻辑层次，为结论做准备。③结论的逻辑性。结论要回答实验提出的问题，就必须从实验结果本身概括归纳出判断、评价。要抓住本质，突出中心，提示事物内存在有机联系，增强学术色彩。

（2）创新型实验报告。在当前的教育教学改革大潮中，各式各样的教改实验报告、教改课题实验方案层出不穷，硕果累累，它们都是教改实验成果的表现形式。与写总结、调研报告是"由果到因"的方法相反，它是"由因到果"。即先有理论假设，再进行实验验证。最后总结规律，形成新的理论。它的写法较之格式固定化的"实验报告"更灵活自由，大体上是：研究工作概述；本实验的研究范围、目的；实验方法、程序、手段；阐述结果、讨论总结。

例如刊登于《光明日报》的《"小学生最佳作业量"实验报告》一文，在"概述"中对减轻少年儿童课业负担的研究做了简要介绍；然后阐明了研究范围：决定把"小学最佳作业量实验"列入新乡市教育科研重点选题，确定新乡市一师附小二年级为实验重点。文章在"主体"部分详尽介绍了"小学最佳作业量"实验的方法、措施、过程及对照效果。即"精选作业题""改革课堂教学"，提高了课堂教与学的效率，作业量减下来了，成绩却上去了，丰富的课外活动，促进了每一个学生的个性发展和素质的养成。"结尾"部分讨论了实验结果：学生从作业重压下解脱出来了，教师也从繁重的作业批改任务中解放出来，在社会上获得了广大家长一致的肯定和赞扬。

还有一类研究实验性很强的"教育教改实验方案"常用于课题研究中，也应属于科研理论层次的"实验报告"型文体。它的内容包括：实验课题名称，理论假设、依据，变量控制与样本选择，实验过程、内容，实验方法、措施、步骤等。如《"运用现代教育媒体，提高学生综合素质"实验课题方案》[①]一文，从"问题的提出""指导思想"到"实验假设""实验目标"进行系统论述，显示出专业学术价值倾向，然后重点突出"研究的内容""实验变量""实验方法"几项；在"实验步骤""实验检测""实验措施"之后，列出"成果形式"，包括"阶段成果"与"最终成果"。全文设计科学、严谨，具有一定的教育科学理论内涵。

四、学位论文的层次

学位论文是一种特定的"规范性学术论文"，由通行的三级学位制度限定为三种层次：学士学位论文、硕士学位论文、博士学位论文。

1. 学士学位论文

它是各高校本科毕业生为获得学士学位而写的学术论文。就是本科毕业生写的符合要求的毕业论文或毕业设计说明书。《中华人民共和国学位条例》第四条规定："高等学校本科毕业生、成绩优良，达到下述学术水平者，授予学士学位：(一)较好地掌握本门学科的基础理论、专门知识和基本技能；(二)具有从事科学研究工作或担负专门技术工

①李再湘：《"运用现代教育媒体，提高学生综合素质"实验课题方案》，见《现代教育技术实践与探索》，湖南教育出版社 2000 年版，第 11～18 页。

作的初步能力。”由此，可得出学士论文的两个特点：

(1) 内容。侧重于科学研究规范的基本训练，综合考查学生运用所学本专业理论、知识、技能分析和解决实际问题的能力。表现为选题的专业导向性和内容的专业针对性。对学术性、独创性要求不可过高，应当在指导教师的具体指导下，在规定的时限内(一般 3～5 个月)完成。题目不必过大，内容不必求全，在综合运用本专业知识理论指导下，对本学科某方向的一些或某个具体问题进行系统阐释、论证。学士论文可称学术论文的“初级形式”。

(2) 形式规范。要求严格按照程序撰写，让学生通过实践了解、掌握科学研究的基本程序和方法、技巧。打好基础，培养锻炼自己独立的科研能力，形成自己今后从事科研的主要方向，在体式乃至装订顺序上都必须有规范的要求。

以学士论文的选题为例，如《〈阿 Q 正传〉的悲喜剧特色与外国文学的影响》《元杂剧的悲剧精神》《生产力范畴新探》等，我们可以看到，本科毕业生写的学士论文题目范围相对集中，是“小题大做”“小题细做”。其中当然也会有相当优秀的论文，但一般来说，学士论文作为初级学术论文，要求不能很高。它的内容体系展开还是“三段式”的，“本论”中的分论点不可能太多，逻辑层次不可能复杂化，全篇成文不超过 1 万字，一般是 6 千字左右。例如《对文艺评论家成才条件的思考》①，这篇学士论文，它的观点框架是典型的。

论文的“绪论”部分开宗明义提出“文艺评论家有着与作家不同的独特的知识、智能结构”这个中心论点，然后“本论”部分一分为二，从“知识结构”与“智能结构”两大方面展开分论点。其中“知识”方面依次阐述了“科学哲学”“专业理论”“文艺修养”“社会阅历”等知识要素形态与作用；“智能”方面则重点阐述了“独特鉴赏力”与“辩证思辨力”两个要点，“结论”部分则简略用“愿作引玉之砖”等文字作结。全文思路清晰、逻辑严谨、篇幅适中、层次有序。“题”虽小而论述透，“体”不宏而观点精。体现了学士学位论文这个层次的典型特征。

2. 硕士学位论文

它是攻读硕士学位的研究生所写的毕业论文。《中华人民共和国学位条例》规定，硕士学术水平要达到这两条：(一)在本门学科上掌握坚实的基础理论和系统的专门知识；(二)具有从事科学研究工作或独立担负专门技术工作的能力。可见，相对于学士学位的“初级水平”，它无疑高出一个档次。硕士学位论文表现出的特点是：

(1) 内容。要求学生对本专业学科基本理论问题和重要疑难问题有个人独立见解，具备独创性内容，表现为：①运用已有理论、方法解决本专业领域内有理论意义的问题，有分析，有成果。②将其他学科领域中的理论、方法引入本学科，解决了有意义的问题，并有实际作用、效果。③采用了新理论、方法来解决本学科前人未能解决的问题，或完善、扩充了前人成果，能够对本学科学术水平的提高，本专业的发展起到推动作用。

---

①方玲：《对文艺评论家成才条件的思考》，见《怎样撰写学术论文》，中国展望出版社 1985 年版，第 164～170 页。

（2）形式结构。要求研究生独立完成具有一定工作量的论文任务，一般为一年时间。因而论文的篇幅结构上不受太大限制，可达5万字左右。允许在论文中简要复述一些前人工作、成果，作为自己论点的逻辑基础。较之学士论文的“三段式”，它的形式结构要繁复得多，一般有“八段式”：①题目；②目录（提纲）；③摘要；④引言，说明主题及选题原因；对本论文研究主题范围内已有文献的评述；说明本论文要解决的问题，明确研究界限规模；⑤正文，即理论逻辑层次系统展开；⑥结论；⑦参考文献；⑧附录。

因此，有几种内容可以作为其他论文，却不可作为硕士学位论文：①只有实际意义而欠缺系统理论分析的；②方法上无创新或重复前人经验的；③资料综述性与总结评述性的文章。如硕士论文《构建话语语言学的翻译理论》[①]一文，仅从观点构架上就足以窥其丰富内容之一斑：

一、词、句、话语：当代翻译的语言学走向。

1.1 词层翻译； 1.2 句层翻译； 1.3 话语层解评。

二、小句：话语翻译的基本转换单位。

2.1 两类翻译单位的区分与界定； 2.2 主语和小句功能； 2.3 英汉小句的转换形式； 2.4 小句的补充理论。

三、话语层翻译的建构标准初探。

3.1 意图性和可接受性； 3.2 信息度； 3.3 形式连接； 3.4 意义通贯； 3.5 互文性； 3.6 场合性。

仅仅在其中例如“3.5 互文性”小标题下，我们就读到了严谨的语言理论引述、阐释；大量的英汉俚俗词汇互译，海明威《老人与海》英汉互译分析；法语诗歌《在那边屋顶上》法汉互译分析等等。内容之丰富，结构跨度之大，文字数量之多，都显示出硕士论文是一种规范化的、较高学术层次的论文。

3. 博士学位论文

攻读博士学位的研究生写的毕业论文，应当是学位论文中层次最高的，也是广义论文中最具理论性、代表性的论文。较之硕士水平的“坚实的基础理论”“系统的专门知识”，对博士论文的要求加强为“坚实宽广的基础理论”“系统深入的专门知识”；较之硕士生的“从事科学研究工作的能力”，博士生加强为“独立从事科学研究工作的能力”，并新加一条：“在科学或专门技术上做出创造性的成果。”因此，博士学位论文的特点是：

（1）内容上的高度学术理论性。其独创成果超过硕士的一般创新标准：①对同类性质的研究探讨有明显启发引导性；②在本学科领域内起先导、开拓作用，能推动本学科发展；③体现了渊博的知识与熟练的科研能力。

（2）形式结构上的宏富篇幅、精深层次。博士论文少则4万～5万字，注释、引言近

---

①罗选民：《构建话语语言学的翻译理论》，见《中国人文社会科学博士硕士文库·文学卷》（下），浙江教育出版社1998年版，第1640～1676页。

百条；多则 20 万～30 万字，注释引文数以千计；参考文献数百种。已是严谨宏富、体大精深的学术专著了。

《新文学现实主义的流变》①这篇博士论文，5 万余字，由四大部分构成，前三部分分别阐述“新文学现实主义思潮”的“三个十年”，即对中国 20 世纪 20 年代、30 年代、40 年代的文艺思潮演变史、代表观点加以分析；后一部分“进一步从整个新文学历史发展乃至世界文学发展的背景中去考察这一流变的总体轮廓及其特色、得失”。剖析出七个层次，细细考辨，层层展开。而《船山诗学研究》②这本学术专著，是作者博士论文修改而成。“绪论”之外共有六章，28 节，39 万字。注释、引文数以千计，所列参考文献达二百余种。该书全面系统地阐述了中心论点：“船山诗学是中国儒家诗学美学化的最后完成。”其“绪论”部分即有“四层”：①船山生平与学术大要；②船山诗学研究意义；③船山学与船山诗学研究综述；④本文的理论假设。“本论”部分五章 26 节，分别系统阐述船山诗学之“五论”：“诗道性情”（本体论）；“情景相生”（表现论）；“诗乐一理”（音乐美学）；“诗艺浑成”（表现论）；“神韵之美”（意境论）。“结论”一章一节则总结了船山诗学性质、特点及船山诗学形成的个人语境、历史文化语境。

五、教研论文的层次

教研论文的层次分类由于教育教学的广泛丰富实践而呈现丰富的形态。除根本的内容划分为理论层次与实践层次外，还可以从教育层次划分，即学前教育论文、普通教育论文（中小学、大学）、职业教育论文（成教、职高职专），我们这里从教研论文的自身内容出发，从理论、实践两大层次介绍形态各异的教研论文。

1. 教研论文的理论层次

这一层次的论文包括探讨普通教育理论的教育科学论文，也包括各专业学科教学研究论文，它们的共同特点是理论性、学术性较强，区别是前者侧重普遍的教育育人规律；后者侧重专业学科教学规律，包括教法、学法两大规律。

（1）教育科学论文。这是对教育领域内的某些教育思想、观点、教育现象、教育问题进行比较系统、深入的研究探讨，提出新观点，得出新结论的一种理论性文章。它与其他类型的教研论文如教育实验报告、调查报告的区别在于：①材料收集更广泛，不拘泥于教学，具有广义育人的内涵，更加深刻和本质化；②行文结构严谨，手法上以议论阐述为主，有的可以不涉及实例，逻辑抽象性、推理性很强；③使用价值上，虽然不像“经验总结”等那样“实用”，但具有更大更强的指导作用。

《德育功能简论》③是一篇典型的教育科研论文，在内容上把学校德育功能分解为

---

①温儒敏：《新文学现实主义的流变》，见《中国人文社会科学博士硕士文库・文学卷》（中），浙江教育出版社 1998 年版，第 876～935 页。

②陶水平：《船山诗学研究》，中国社会科学出版社 2001 年版。

③檀传宝：《德育功能简论》，《中国教育学刊》1999 年第 5 期，第 8～12 页。

相互有逻辑联系的三个功能，即“社会性功能”“个体性功能”“教育性功能”，以三大功能平行布局，组织论证。每一大部分都沿着这样的逻辑顺序展开：阐释概念—介绍内涵—功能实现—注意问题—小结功能之间的关系。其中以“注意问题”为阐述重点。这样，文章论述的是德育的宏观问题，理论性很强，都是规律性的东西，甚至没有一个实例，但由于它提炼的观点精粹，内涵覆盖面广，概念体系中的逻辑关系严密，因此，具有更广泛更深刻的意义。

（2）教学研究的论文。这一类论文理论层次体现在教学实践规律的探索、揭示、阐述中，它介于“纯抽象”学术文章与“实践型”论文之间，兼有二者之长。从研究对象上分，有“教材（教法）研究型”与“学法指导型”两类。

“教材研究型”论文。主要对学科教材进行深层次分析，或对前人处理本教材内容的优缺点提出改进办法和意见，最后得出自己的研究结论。如郭道胜《课堂教学中如何对教学内容进行重新组合》①一文，从“重组”“深化扩展”“多样形式传授”三方面，突出论证了“反对照本宣科，从旅行式教学泥坑中解脱出来”的论点；分析了教材中常规的“四点”，即重点、难点、疑点、知识点的目标，并联系中学生物教学中的体会，丰富了对教材进行处理分析的材料。而盛国振《初高中物理知识衔接的难点——“受力分析”的教学研究》②一文，则是从“受力分析”这个小问题的教学入手进行教材教法的深入研究。深入地分析了学生认知难点形成的原因，诠释了“受力分析”教法的内涵，即“准确有效地建立学生的认知结构”，把各个“知识板块”构建成有机整体，进一步形成“有效的思维策略”，调动学生的积极思维活动，从而掌握和巩固基本知识。全文既有理论高度又有对策指导。

“学法指导型”论文。这类教研论文更注重对学生的“学情”进行分析研究，包括学习心理研究，学习方法上的指导，达到理论性与实践性有机统一，有很强的可操作性、实用性。姜子祥《教学生学会思维，掌握创新性的学习方法》③一文是典型的研究学生学法，探索创新性学习方法的指导性论文。全文六个分论点，紧紧围绕“教会学生掌握科学性学习方法”，提出六个“学会”：学会系统思维，学会逆向思维，学会顿悟直觉思维，学会迁移思维，学会发散思维，学会变通思维。最后得出结论：掌握创造性的科学学习方法，提高课堂效率，更提高了学生的综合素质。文章论理充分，事例典型，源于课堂又高于课堂。

2. 教研论文的实践层次

相对而言，广大中小学教师成年累月埋头于繁忙辛劳的教学工作，能挤出时间进行科研者并不多，他们所写的教研论文多是一些“实践意味浓，体会观点精”的文章。下面

①郭道胜：《课堂教学中如何对教学内容进行重新组合》，见《中学理科教师科研论文导写》，湖南师范大学出版社2000年版，第417～421页。

②盛国振：《初高中物理知识衔接的难点——“受力分析”的教学研究》，见《中学理科教师科研论文导写》，湖南师范大学出版社2000年版，第340～347页。

③姜子祥：《教学生学会思维，掌握创新性的学习方法》，见《中学理科教师科研论文导写》，湖南师范大学出版社2000年版，第409～414页。

择要介绍：

（1）“说课、评课型”论文。“说课”是近年兴起的一种教学研究方式。即由执教者介绍自己所教的课，不仅要求说出“教什么”“怎样教”，还要求说出“为什么这样教”。“说课稿”也正成为紧密联系教学实际的新兴教研文体。它同教案的不同之处在于教案只说“怎样教”，它却要重点阐述“为什么这样教”。一般来说，它有以下几个方面的内容：①教材分析；②教学目标；③重点难点；④教学方法（指导方法）；⑤教学内容及程序。

“说课稿”的写作不必拘泥于一个固定模式，柯群帆《我国法律规定的保护环境的基本原则》说课稿①，共分五点。首先分析教材内容“承上启下”的特点，再提出提高“知识、能力、思想”三方面目标，设计了“一个重点两个难点”，采用“读、讲、议”三结合的方法，重点指导学生自学。最后将教学程序一一列出：“播放歌曲，导入新课；出示提纲，学生自学；教师提问，反馈信息；重点讲授，寻求突破；课堂讨论，教学深化；目标检测，矫正补救；巩固新课，布置作业；总结新课，歌曲升华。”这样，全文总体层次有序，理论依据明确，教材分析透彻，教学方法指导性强，程序详略得当，首尾一体。“评课稿”，属传统型文体，是针对上过的课发表的观点。写作时要注意：①重在教学思想，评课要评出深度，要从大处着眼。②重在课堂建设，不能停留在“光评不研”的表层，即只提几条优点，讲几个问题。要深入“怎样安排课堂教学”“怎样教更好”的深层次建设性问题，以便归纳出本质性的规律。③行文较为自由，可采用取其一点，生发开去的写法，类似“听课心得”文体，如《有感于魏书生的“我很懒”》②一文，并没有对魏书生的那堂课做很多实录，只是记了他在上课时“借口说自己懒，请学生自己书写难字，自己来解释文言词语的典型事例”。作者借此展开议论，抒发感想，并以魏书生教学思想及实绩来论证，使“心得”上升到了教学观念阐释的理论高度。

（2）“考卷评析型”论文。这是一种教学实践性、指导性很强的教研文体。可分为两种：①评析考卷型。评析考卷包括对整卷的分析评价，对单个题目的分析评价以及对试卷结构特点的分析评价。一般的分析重点是：对单个题目，分析它的难度是否合适；它是否有一定智能含量，不是死记硬背；整卷分析则一看是否体现重在考能力的原则；二看“高、中、低”难易梯度的分布；试卷结构，组合是否合理。如《1999年高考语文试题编排漫议》③一文开宗明义指出“1999年高考语文试题的一个显著特点”是“围绕一个中心，即想象能力与创造能力”。接着文章依次分析了这张试卷从“诗歌鉴赏”的想象力测试到科技说明文的“假设”题型，到议论文阅读题的“创造”的内涵考核，最后到“假如人的记忆可以移植的话”这个富有创意想象的作文题，无不显示了整张试卷编排的独具匠心。②评析考情型：评析考情指的是对考试状况的分析。即通过考试来分析质量，接收反馈信息，以此研究改进教与学。一般包括三项内容：研究考试基本情况，可用表格、图形表现，如参考人数，整卷得分率，分题得分率，整卷最高、最低分，分题最高、最低分；研

①柯群帆：《〈我国法律规定的保护环境的基本原则〉说课》，《中学文科教师科研论文导写》，湖南师范大学出版社2000年版，第69～73页。

②赵熙：《有感于魏书生的“我很懒”》，《语文教学通讯》1999年第2期，第57页。

③赵凤成：《1999年高考语文试题编排漫议》，《考试》1999年第8期，第59页。

究考试得失，了解学生反馈信息，看哪些知识牢或不牢，哪些能力强或不强，并分析原因、经验、教训；改进教学意见，要求具体实在，有可行性、可操作性。这类文章的理论性不易加强，但应从"得失分析"中探寻一定的规律，把个别局部的"得失"上升到教育教学的理论高度。画龙点睛，使全文生色。

(3)"心得体会型"论文。又称为"经验型"论文，它的内容比较具体，一般是围绕怎样上好某一课；怎样开展课外活动，开辟"第二课堂"；怎样当好班主任，发挥学生干部的作用；乃至怎样制作教具、模型等等。偏重于实际感受、体会，点滴经验也可成文，贵在有独到的一得之见。同时，篇幅短小精悍，行文清新活泼，内容实在，可读性强，更是它的优点。《浅谈地理教学中学生兴趣的培养》[①]就是作者多年教学经验提炼而成的。"绪论"提出："怎样培养和激发学生学习的兴趣呢？下面谈谈我的一点认识和基本做法。"接下来六个自然段展开六个分论点构成"本论"：①精心筛选，以"熟"激趣。②设置悬念，追"新"索趣。③独树一帜，出"奇"制趣。④巧妙设问，借"疑"增趣。⑤立足直观，多途"引"趣。⑥明确目的，巩固兴趣。结构呈现出辐射并列展开式的特点。最后是"结论"，总结全文，层次分明，要言不烦。

(4)"竞赛解题型"论文。这类教研论文主要应用在数理化学科领域中。由诸多的"竞赛"而涌现更多的"解题"方法研究，尤以"数学奥林匹克竞赛"为最。又可分为"奥林匹克培训经验型""奥林匹克解题方法型""奥林匹克试题命题策略、方法研究"等种类。它们的写作格式大致是：

①提出问题，(绪论)简介已有研究成果和相关资料信息。②正文：拟好各部分小标题，精选例题、分析。③结论，小结解题方法的创意。如《数学竞赛中绝对值证明题证法综述》[②]一文，以"绝对值问题"为主线串联不同竞赛题，并论述其求解技巧、方法。文章建立在以解题为核心的基础上，具有实效性、技巧指导性。《从高考题谈解题的情景转换》[③]一文则从高考物理试题分析入手，以六种形式论述了"情景转换策略"的特点、作用。例题挖掘很深刻、方法巧妙新颖。有效培养了学生的求异思维与发散思维能力，强化了创新精神。

第三节 学术论文的价值

一、学术论文价值的三种形态

学术论文以追求真理、探索客观规律为自身的价值目标，在拥有真理的前提下，按

①刘才：《浅谈地理教学中学生兴趣的培养》，《中学地理教学参考》1999年第7～8合期，第61页。

②李再湘：《数学竞赛中绝对值证明题证法综述》，见《中学理科教师科研论文导写》，湖南师范大学出版社2000年版，第285～292页。

③邓玉明：《从高考题谈解题的情景转换》，见《中学理科教师科研论文导写》，湖南师范大学出版社2000年版，第334～339页。

其社会功用的不同范围划分，学术论文的价值表现形态有理论价值、实用价值及其他价值三个层次。

1. 学术论文的理论价值

理论价值表现为学术论文的学术水平，即开掘、发现真理、规律所达到的程度，所具有的科学指导价值等，按照其深度、广度，可分为三个水平层次：

(1) 世界先进水平。在国际前沿科研课题领域有所突破，或有重要补充与发展；在某学科关键、重大课题研究中开辟新领域，提出新学说、新理论、新规律，填补了空白，对发展科学有普遍促进意义，有可以预见的巨大潜在价值。总之，论文的观点、发现，在国际同类科研课题中处于领先水平，有普遍的指导意义。如我国袁隆平教授的“杂交水稻试验”课题的成功。此类价值还应包括国际上具有我国独有特色的“XX 学”研究，如“红学”“船山学”等领域。

(2) 国内先进水平。在国内的学科研究领域中处于领先地位(不包括某些在国际上无参照系的国内学科研究领域，因为，这种领域有了领先的成果，亦应属世界水平)。提出了新设想、新见解、新方法、新模型；在实践中具有一般性指导意义，有一定的潜在价值。但范围限于国内，距国际先进水平尚有差距。

(3) 一般先进水平。在某个学科一般层次的研究领域内，能在前人研究基础上提出新观点，补充新内容，找到新论证方法，解决了前人未能解决的问题。有一定创见性，如对某个通说的创新，对前说的补充等。但指导意义范围不大，解决的问题亦属一般，不是重大关键性问题。尤其不是事关学科发展全局性、方向性的问题。

2. 学术论文的实用价值

对学术论文的实用价值，一般从经济效益、技术效益、社会效益三方面按“重大”“一般”两个层次划分认定。

(1) 经济效益。①重大。对国民经济发展、生产建设产生重大作用，或对事关国计民生根本大计的项目有重大促进。或能节约大量投资、费用；或可以全面推广，经济效益显著。总之，论文成果转化为生产力的速度快，效果明，范围广。②一般。可以节约一定的项目(基建、维修、生产运行等)投资、费用；对科技、生产科研的课题有促进作用，在一定范围内具有逐步推广应用的价值。

(2) 技术效益。①重大。在应用技术上有所创新或发明，促进了生产力的快速发展；显著提高了产品质量、劳动生产率或安全可靠性；大量节约原材料，降低能耗；或延长产品使用寿命等，对国家当前生产技术创新发挥了重大作用。②一般。在应用技术上有所革新，在一定程度上提高产品质量、工作效率，节约原材料，降低能耗等。对国家当前生产技术发挥一定作用。

(3) 社会效益。①重大。在建设社会主义精神文明，促进我国法制、民主建设，提高社会公民道德水准，改善社会环保条件等方面有重大指导性，效果显著，影响长远。②一般。在一定程度上能促进社会发展，改善一般环保条件，对加强精神文明、民主法制建设有一定积极作用，产生一定影响。

3. 学术论文的其他价值

学术论文的其他价值一般包括两方面：一是论文自身的写作水平；二是论文发表状况。可以作为前两种价值形态的补充。

(1) 论文的写作水平。写作水平一般有三方面要求：①行文格式标准化，即基本格式要素不能缺少。如题目、摘要、关键词、正文、结论、参考文献等。②文字表达规范化。即从文字到标点符号，从数字、术语、公式、表格、插图到注释条目，论文的自然语言、人工语言均符合标准、规范要求。③内容阐述的严谨与创新统一。如选题好、角度新、视野阔、立意高、开掘深。具体可以归纳为“七有”：有胆识、有见解、有材料、有理论、有气势、有条理、有文采。当然，论文中“七有”全部具备一般不大可能。

(2) 论文的发表状况。论文是否发表，在何种期刊发表，不能作为评价论文优劣的标准，但可作为评价论文价值的一种参考。从国内来说，发表于核心期刊，可作为价值层次较高的标志，而被《新华文摘》、“中国人民大学报刊复印资料”等文摘刊物选中，也是对论文较为切实的肯定。从国际来看，论文进入自然科学领域的“三大索引”即“SCI(科学引文索引)”“EI(工程索引)”“ISTP(科技会议录索引)”等，也可以作为先进水平的标志之一。

对学术论文的价值评价，要在全面综合评价指标运用中，注意区分不同种类。对于纯理论性研究、探索的论文，要以理论价值标准为主；对于应用技术研究以及实践性较强的论文，要以实用价值标准为主，而对于学位论文以及报道国内外某一方面科技成果并加以评论的综述、评述性论文，则应根据其具体内容，对照相关价值标准，具体评价。

二、对论文价值标准和尺度的深层认识

前面介绍的是理论价值、实用价值等评价论文的具体指标。而从更深层次意义上看，学术论文作为人们认识、改造客观世界的活动的反映，是一种意识形态、精神产品。其本质属性是反映属性、实践属性，而实践又总是在一定的时间、空间条件下进行的。因此，在对学术论文价值做深层次思考时，应当深入地看到：

1. 实践是检验学术论文客观价值的根本标准

如同实践是检验真理的标准一样，作为一种真理载体的学术论文，尽管可以从理论、应用上去划分标准，但它的价值在最终意义上要由实践来检验。

(1) 学术论文选题的实践性是决定其价值的基础。这里有两种情况，一种是自身内容实践性较强的论文，如自然科学的技术类论文，社会科学的社会实践性论文。这些论文的价值首先直接、充分体现在选题上。必须紧贴实践回答问题，指导实践解决问题。另一种是理论性较强甚至纯理论学术性的论文，如自然科学的基础理论研究论文，社会科学的哲学思辨、形式逻辑规则探索之类的论文。它们的价值同样也应首先体现在论文选题上，因为，不可能脱离时代、社会需要去研究空泛、空洞的理论，再纯的基础理论，它的根基也深扎在一定的实践当中，如“基本粒子”研究。巨大的“粒子加速器”推

动了现代物理学的迅猛发展，它是纯理论的，但它很快就在实践中转化出巨大的价值。

(2) 学术论文的社会实践意义是其价值主体。作为一种思想观念的载体，学术论文是要反作用于一定社会实践的，或转化为社会生产力，提高产品科技含量；或改善社会生产关系，提高管理效益；或解决社会生活中的难点、热点问题，回答人们普遍关心的社会时代发展、精神文化建设等问题。总之，论文在社会实践中发挥的实践指导性、产生的实践效益是它价值的主体。

(3) 社会实践效果是学术论文价值的最终标志。无论基础性研究还是应用性研究，论文的价值在于独创性，而独创的观念形态的东西，都得回到一定社会实践中接受检验，所不同的是，基础性研究论文近期内看不出它的实用价值，然而从长远、从全局看，它有着深远意义、重大价值。对它价值的评判，还得回到实践中去。

2. 时间是衡量学术论文价值长远与否的重要尺度

可以有多种衡量学术论文价值的尺度。而从人类精神文明发展、社会科技进步的大趋势看，时间无疑是衡量所有学术论文价值是否长远的重要尺度。

(1) 论文的价值内涵与时间关系。从本质意义上说，论文价值在于创新，而创新在于揭示事物本质的、普遍的规律；这个内涵越丰富、越深刻，越逼近其理，就越能经受住时间长河的磨砺淘洗，真理的价值会随着社会时代的进步发展而日益广泛地深入人心。科学史上许多当初被视为"异端"的学说，正是在时间长河中越显其真理价值的。

(2) 时间尺度实质上是实践检验的特殊形式。随着时代的发展，人们的认识水平、改造世界的能力不断提高，学术论文作为认识、改造能力的文字载体，也在不断提高自身。一定的认识能力构成一定时代的学术论文价值内涵，它来源于特定时代的社会实践与认识，又接受后续时代的社会实践的考验。在把握认识规律、揭示普遍真理上，稍有一点如"环节""层面"上的不周密、不准确，"时间—实践"的裁判就会无情地判罚你"出场"。

三、评价学术论文价值的方法

学术论文价值的评价方法，是评价论文质量优劣的重要保证，也是评价结果正确、公正和客观的必要基础。一般认可的评价方法分为三种：

1. 书面审阅

书面审阅的评价方法，大多为期刊编辑部所采用。凡投寄到期刊编辑部的学术论文稿件，经责任编辑初审后，一般都会送请同行专家审阅。有两种书面审阅方式：①隐名审阅；②不隐名审阅。显然，前者的有利之处是审阅者只知其文，不知其人(作者)，是一种保密式书面审阅，可以有效抵制学术不正之风。目前我国的科研课题项目申报已推行"隐名表格"制度。

书面审阅除"隐名"方式外，还应采取"群议综合"方式，即对一些有重大意义的论文，避免某位专家"一锤定音"，须综合几位专家意见，力求客观公正反映该论文的学术水平、价值。

2. 学术讨论

学术讨论是发扬学术民主,倡导学术自由争论的好方法、好形式,也是评价论文价值的好方式。举办专题的、专业的学术讨论会,充分开展论文评选活动,推出优秀的学术论文。这种方式要注意三点:①会议准备、组织要充分,不可流于形式。②有特定的专家群体构成"专业论文评审委员会"一类的组织机构。③评选结果要公示,成果要结集出版,以昭示评选的透明度。

3. 公开答辩

这是评审学位论文价值的常见方式。可以集思广益,修改充实,提高论文质量。是在书面审阅后的一种答辩评价。一般侧重于以下几点:①论文是否有阐述不清,重点不突出的问题;②论文中是否有重大遗漏、失误;③对论文涉及的创造性问题有无更充分的材料;④论文涉及的学科范围内基础知识的深度、广度是否足够。针对作者申请的学位层次,对论文学术水平也会有相应的不同要求。这种答辩方式可以开掘论文的价值,提高作者的论文写作水平,是一种公开、公平、公正的好方式。答辩时面对"专家群体",有时不一定能做出很好的、充分的回答,但答辩作为一种"思想的体操""观点的碰撞""理论的磨砺",对论文学术价值的提高无疑会起到很大的作用。

思考与训练

1. 你认为衡量学术论文价值的时间尺度重要吗,为什么?

2. 选出自己的一篇学科论文或学年论文,说出它的种类、层次,对它的价值进行简要介绍。

第四章　学术论文的选题与写作

学术论文的选题与写作，是完成一篇论文最重要、最关键的环节，也是作者最感困惑、最费精力的阶段。怎样选题？选择怎样的题？不仅关系到论文写作的成败，也涉及我们能否顺利地走进科学研究之门。而如何围绕选题准备充足的材料，是否对获得的材料进行了正确的筛选、调度和运用，又是关系到能否写出自己满意的高质量文章，顺利完成科学研究的艰苦跋涉的重要步骤。因此，本章将分四节分别对论文的选题、材料准备、写作过程以及规模和格式做一简略讲述。

第一节　学术论文的选题

选题，即确定自己研究的课题，解决“研究什么”的问题，明确研究的目标和范围。选题是进行学术论文写作的第一步，而且是十分关键的一步。没有研究的对象、目标和范围，论文的写作就无从谈起。同时，题目选得如何？有没有价值？有多大价值？自己能否在规定的时限内完成，都关乎论文的成功与否。因此，不少学者都说过一句相似的话：“选好题目，是论文成功的一半。”

万事开头难。初写学术论文的人，都不同程度地感觉到选题难。大学生写毕业论文，为选题而头痛则更为常见。选题难是客观存在的，爱因斯坦在评价伽利略提出了测定光速的问题时曾经说过：“提出一个问题往往比解决一个问题更重要，因为解决一个问题也许仅是一个数学上的或实验上的技能而已。而提出新的问题，新的可能性，从新的角度去看旧的问题，却需要有创造性的想象力，而且标志着科学的真正进步。”①试想，要在浩如烟海的学术领域中选择一个有自己独特发现的恰当的课题，怎能没有困难？可以说，选题本身就是一种研究、一门学问、一种才识的展现。

我们首先强调学术论文选题的重要和困难，目的是让初学论文写作者对此有足够的认识和高度的重视，尤其是在校的大学生，更应及早着手，早为自己的毕业论文写作选好题目。为了帮助大家树立信心，克服选题的困难，围绕如何选题，我们讲以下几方面的问题：

---

①[美]A. 爱因斯坦、[波]L. 英费尔德：《物理学的进化》，周肇威译，上海科学技术出版社 1962 年版，第 66 页。

一、学术论文选题的策略

学术论文的选题，从表现形态上看，是以文章的标题显示出来的，但从其本质上看，则是对某一问题的发现和提出。因此，不同的论文，都有不同的选题，任何人写论文都不能和别人的论文选相同的题目、提相同的问题。可见，论文选题不可能如物质生产那样，借用或引进别人的生产工艺就可以生产同样的产品了。但是，我们可以从许多人从事科学研究的选题实践中，总结出可供借鉴的选题原则来。

（一）价值性原则

学术论文的选题，首先要考虑课题研究的科学价值，即对所选的课题进行艰苦的研究探讨，必然能为某一学科领域、为国家、为人民，乃至为全人类产生积极的影响，创造应有的社会价值或经济价值，促进人类社会文明的进步和科学研究的发展。无论是直接的还是间接的，凡是能够实现以上目标的选题就是有价值的，反之则是无价值的。对于自然科学和社会科学来说，论文选题的要求都是一样的，都必须遵循价值性原则。千万不能盲目地选择一个没有价值的虚假课题去研究，做那种无益于社会和人民，也空耗自己生命的蠢事。

遵循价值性原则，我们在选题时应注意以下几个方面：

1. 从现实需要出发，选亟待解决的课题

每一个学科领域里，都存在着一些亟待解决的问题，有的是与社会生活和科学文化事业密切相关的问题，是千百万人所普遍关注的，有的是同当前的经济建设直接相关的，解决了这些问题，可以直接推动生产发展，促进经济良性运行。有的是某一学科发展中的基本理论或者关键性问题，解决了这些问题，会有力地推动这一学科的进展。还有些问题，也许是一般性的，但在现实生活中是迫切需要解决的，同样可以作为选题。

联系实际，从现实需要出发选题，这在应用性和实践性较强的学科，如农、医、工、生物、天文等学科中表现得尤为突出。基础性、理论性的学科或者如哲学、社会科学类的研究，虽然有自身的特殊性，但同样存在着密切联系实际、紧紧围绕社会发展和国家建设来选题的必要性。比如，中国加入 WTO，经济全球化的大形势，不仅在经济领域，而且在法律、伦理和文学艺术领域，都存在着一个如何应对全球化挑战的问题，这就为我们的理论工作者提出许多可做的课题。

2. 要选富有开创性甚或属于填补空白的课题

有些课题，前人没有研究过或者虽有研究但尚待拓展，那么选取这类课题研究，就肯定具有价值。李政道博士曾说过，“对于选择研究课题之前的调查研究工作，了解人家做了什么并不是最重要的，最重要的是了解人家不曾做什么”。这里讲的，正是要求选题应选“人家不曾做”的，带有开创性的课题。世界上许多著名的科学家，他们为人类做出了杰出贡献，正在于他们科学研究的选题是前无古人的。爱因斯坦发表的《论动体的电动力学》一文,确立了“狭义相对论”,其后又发表《狭义与广义相对论浅说》一书,完成了相对论学说的创立。

3. 选有争鸣的课题

我们历来提倡学术研究“百家争鸣”。凡是围绕一个问题,众多研究者各抒己见、互相争论,其本身就证明该课题具有科学价值。因此,选择这样的课题进行研究,提出自己的新见解,参与争鸣,也不失为一种好的选题。例如,《文学评论》2001 年第 1 期刊载美国著名学者米勒的文章《全球化时代文学研究还会继续存在吗?》一文,文章对作为语言艺术的文学及其研究的前景持悲观态度。针对米勒先生的观点,我国学者钱中文、童庆炳等不少人纷纷撰文阐明自己的观点。

4. 选补充前说、纠正通说的课题

科学研究总要受到特定时代诸多因素的制约,在当时的背景下没有对某一问题的研究取得圆满的结果,还需要后人借助新的研究手段、新的材料和新的方法去补充、丰富,甚至纠正原来已通行的不正确的观点。因此,从补充或纠正前人已有的研究成果入手去选题,同样具有科学价值。20 世纪末我国考古学关于夏商周三代年代学研究的重大突破,就是最典型的例子。

(二) 创新性原则

科学研究的意义和生命,就在于发明创造,在各自的学科领域中不断推出前人未能发现,未能解决的新成果。选题的创新与否,尽管不能等同于学术价值的大小,但它是学术研究是否具有价值的前提。因此,世界上那些著名的科学家,无不在各自的学科范围内孜孜以求地追寻着新的研究课题,用自己的新发现、新发明、新成果去书写人类科学的发展历史。就我国国家最高科学技术奖的获得者吴文俊、袁隆平、王选、黄昆来说,哪一位不是科技创新的杰出代表?黄昆院士在接受采访谈到自己的科研经历时曾表示过,他从不愿做别人已经做过的事情。这不是对科研选题要创新的直接表达吗?

为了使自己的选题有创新性,我们最好选取前人没有研究过的课题,填补学科领域中的空白。但这对于一个初涉学术研究,初学论文写作的人来说,几乎是不可能的。那么,要选取具有创新意义的课题,就更应从以下两方面着眼:

1. 选题角度要新

在一个学科领域中,甚至在一个研究课题上,都会有许多科研工作者从不同的角度和层面辛勤耕耘,各有收获。同样的研究对象,别人已经取得不少研究成果,我们可以选取不同于别人的新角度来审视。例如,20 世纪生命科学研究中基因工程可谓成就卓然,但北京大学医学部教授童坦君、张宗玉主持的“衰老细胞与分子机理研究”课题,从新的角度,初步揭开了人类细胞衰老之谜——基因 P16,已经在国际上引起重视。再比如,对我国文学史的百年历程的研究,已有许多成果,但董乃斌先生《中国文学史的演进:范式的视角》,则以角度新而取胜。

2. 研究方法要新

同样的一个问题,我们选用不同的研究方法,就会得出不同的认识和结论。研究方法的新,同样能使自己的选题具有新意,论文产生新的价值。众所周知,长期以来,我们一直对中华五千年文明史只能追溯到公元前841年,感到深深的遗憾,尽管中华历代学者和西方汉学家做了许多努力,但由于研究手段的单一,无法获得新的成果。直到20世纪末,碳十四测年技术在考古领域的运用,才使得"三代年代学研究"这一课题有了根本性突破。还有,文学研究领域中产生过较大影响的林兴宅的《论阿Q性格系统》,同样是以研究方法之新而带来这一选题的创新意义的。

(三) 适宜性原则

适宜性原则,是从研究者的主客观条件综合考虑而对选题提出的要求。概括地说,就是要求选择那些自己有能力、有条件完成的课题。一般来说,每一位研究者都具有自己的专业特长,又都存在各自基础知识、基本理论及科研能力的差别。因此,选题时就必须考虑自身的条件,选那些适合自己的专业,有利于自己才能发挥的大小适中、难易适度的课题。另一方面,一个课题的完成,还要受到客观条件的制约。比如,图书资料的查阅、实验场所的提供、资金经费的支持、时间周期的限制等等。如果这些条件不具备,选题再好,也无法顺利完成。所以,选题一定要遵循适宜性原则,兼顾主客观条件,克服盲目性。

二、学术论文选题的途径和方法

(一) 选题的途径

学术论文的选题从哪里来?概括地讲,大致有两条途径。一是通过自己的努力而发现了有研究价值的课题,二是借助于外在因素的作用而获得了适合自己的课题。前一种我们姑且称之为自创性选题,后者称之为借鉴性选题。

1. 自创性选题

写论文,最好还是由自己发现选题,这样写起来会感到得心应手。能否发现问题,自己确定选题,首先有赖于自己专业知识的坚实和文献资料的丰富。所以,许多学者都讲到过相同的治学经验,从大学阶段起,就注意加强专业知识学习,要认真听老师讲课和阅读有关专业书籍,扎扎实实地学,真正学懂,并随着社会的发展和知识的更新,终身学习,不断提高自己。这样才能从中发现问题,提出问题,确定选题。

能否发现问题,也与我们的求知欲望和科研意识有关。对什么问题都熟视无睹,不善于问一个"为什么",缺乏刨根究底的精神,即使你很勤奋地学习、积累,那也很难发现值得研究的课题,很好的选题也会在你眼前不经意地溜掉的。大家都知道,牛顿对万有引力的发现,阿基米德对水的浮力的发现,都源于自己强烈的求知欲望和科研意识。

2. 借鉴性选题

借鉴性选题不是自己发现和提出的，而是受外部某种因素的引导、启示而获得的。有的是在导师、有关专家指导帮助下才能确定的选题，有的是从文献材料所提供的论文参考题目中选定的，有的是从上级科研主管部门下达的课题指南中发现的，也有的是受别人论文选题的启发而得到的。

当然，选题的途径区分只是理论上的概括，选题的实践过程未必就是这样单一的、泾渭分明的，恰恰相反，两条途径常常是交叉渗透、相互启发、相互作用的。

（二）选题的方法

学术论文选题的方法，也因学科领域、研究对象、课题的性质和研究方向，以及研究者主体条件等方面的不同特点而各异。因此，选题的方法也必然是灵活多样的。我们在这里介绍以下三种常见的选题方法：

1. 比较寻疑法

一般来说，从事科学研究，总需要我们在对某一研究领域有了基本了解之后才开始。比较寻疑法，就是对自己所占有的文献材料广泛阅读，认真筛选，经过咀嚼消化，在比较鉴别中，寻找到具有研究探讨价值的"疑点"，进而确定选题的方法。科学研究必须有"疑点"。当我们在对文献材料阅读、接受、分析、比较的过程中遇到了疑问时，紧紧抓住这些问题深入探究下去，就会形成自己的选题。这种在比较中寻到的"疑点"多种多样，可能是解说不完备或难以自圆其说，或是文献材料中某一问题语焉不详，也可能是发现了文献材料中自相矛盾的地方或某一学术问题的不同观点，还可能是发现了某一学科领域中的空白点。总之，在由自己对文献材料的阅读比较中寻见"疑点"，再由"疑点"的探究而形成选题，这是许多研究者常常采用的选题方法。梁启超概括自己的治学之道，只用了"善疑、求真、创获"六个字，而把"善疑"放在首位，这也说明以"寻疑"来选题是行之有效的方法。

比较寻疑的选题方法，一般按这样的步骤进行：①广泛浏览文献资料。在浏览过程中，随时记下资料的纲目和其中对自己影响较深刻的观点、论据、论证方法等，记下自己脑子中涌出的点滴体会。②回味咀嚼。在广泛浏览文献资料之后，对自己从大量资料中所获取的有价值的内容以及自己的点滴体会，分别进行简单梳理，认真思考，反复咀嚼，体味到其中的异同交叉、深浅远近。③比较鉴别，求"疑"选题。在完成了上述工作之后，我们可以把自己的体会与资料分别加以比较，进行分析鉴别，寻找出在同一研究对象中尚有的"疑点"，由此进一步推演思考，选题的目标就自然会明确了。比如，研究晚清史的孔祥吉先生，就是由于获得了晚清史上"两朝帝师、十载枢臣"的翁同龢的后裔带到美国的家藏档案史料，新发现了其中未刊的《罗丰禄信稿》以及陈炽的《上清帝万言书》等珍贵文献，他经过比较鉴别，受益颇多，从中发现不少问题，从而以新的史料、新的视角写出了《甲午战争中北洋水师上层人物的心态——营务处总办罗丰禄家书解读》《晚清政治改革家的困境——陈炽〈上清帝万言书〉的发现及其意义》等一系列论文，在晚清史研究领域提出了不少新观点。

2. 追溯验证法

这是一种先有主观的“拟想”(即对研究课题和方法的假设),而后以此为出发点,沿着一定方向通过查阅相关文献资料或做必要的调查实验,从而验证“拟想”的选题方法。当然,这种“拟想”绝不能是凭空想象,必须是建立在自己对某一领域的研究现状有所了解的基础之上,自己已经掌握到一定文献资料或现实材料,由此而生发的“拟想”。运用这种选题方法时,应注意以下几个方面:

(1) 经过追溯,看自己的“拟想”是否具有开创性、突破性。如果自己的拟想,前人从未涉及,或者是与通说、前人见解根本不同的,同时自己又能以足够的论据或条件对其做出证明,那就可以作为选题确定下来。反之,则应舍弃。

(2) 经过追溯,看自己的“拟想”是否对通说或别人的观点有补充作用。如果答案是肯定的,则可以作为选题,反之,也应放弃。

(3) 看“拟想”是否与别人重复。如果自己的想法完全与已有的研究成果一样,那就应另辟新路;如果是部分内容与别人的研究成果相重复,那就应当变换角度,避开重复,确定选题。此外,在追溯验证的过程中,还要善于捕捉一闪之念,不可放过阅读或调研过程中突然产生的一些思想火花。尽管这时的想法很简单、很朦胧,但如能及时捕捉,顺势追溯下去,也极有可能形成自己的观点,成为选题的引子。

追溯验证的选题方法,在科学研究中应用也较广泛。例如,为超导电子学这一新学科奠定坚实基础的约瑟夫森效应的发现,其始是年仅22岁正在英国剑桥大学攻读博士学位的约瑟夫森的理论预言:当两块超导体实现弱连接时,会出现一种新的物理现象。又比如,在当今科学界,认为任何剂量的核辐射都有害于健康的“线性无极理论”(LNT)占主导地位的情况下,那些提出“小剂量辐射无害”的科学家,大都是通过追溯验证来确定这一研究课题的。这一理论能否为科学界所接受和承认,还取决于更深入的科学实验,特别是“小剂量辐射无害”现象产生的细胞分子生物学机制,能否改变核辐射会损伤细胞内的DNA这一传统结论。但这一课题带给我们的选题启示的确很有意义。

3. 实践应用法

这种选题方法,既不是从阅读大量文献材料出发,也不是从自己的主观“拟想”出发,而是从现实需要出发,从自己的社会实践中去发现值得研究的问题,把自己掌握的理论知识应用于解决现实问题的研究之中。很显然,这样的选题方法,在应用研究和自然科学领域运用较多。但是,基础研究方面也同样可以选用。比如,生物科学中的基因工程的理论,可以被我们广泛应用于各种重点保护及濒临灭种的动植物的繁育技术之中,也可以由此深入,应用于进一步揭示生命奥秘的基础研究之中,像我国科学家所做的“衰老细胞与分子机理研究”的课题。还有,为人熟知的胡福明于1978年5月11日在《光明日报》上发表的《实践是检验真理的唯一标准》一文,该选题就是运用了实践应用法。是从现实社会中亟待解决的问题出发,运用马克思主义哲学观点来加以研究探讨的。再如，根据近年来我国科学研究领域中学术腐败现象日益严重的现实，以及科学伦理道德教育相对薄弱的状况，中国科学院院士张存浩先生在《光明日报》2002 年 2 月 1 日第 1 版发表《科学道德建设应借鉴国外经验》一文，提出了创造我国良好科研环境的合理建议。该选题同样是来自解决现实问题的思索。

三、优化学术论文选题的技巧

讲述了选题的原则，也介绍了选题的方法，是否掌握了这些以后，就可以顺利地完成选题的任务呢？也未必。我们仍然会在研究工作中为选题而困惑，甚至会产生不知所措的烦躁。究其原因，还在于对选题的原则和方法的把握停留在理论层面，在实践中运用不够。俗话说“熟能生巧”。因此，要能够真正掌握并运用以上所讲的选题原则和具体方法，还有赖于持续的学术研究实践。对于初学者来说，把来自科研实践又经过理论总结而概括出的选题技巧介绍出来，或许有助于我们的选题构思。

（一）扬长避短，发挥优势

大千世界，丰富多彩。现实生活中有许许多多需要我们去探讨研究的问题，可以说到处都有可选的科研课题。但是，每个人在选择自己的研究课题时，都必须从自己的特长和优势出发，最大限度地利用自身的便利条件，选最适合于自己的题目。否则，再有价值的课题，你没有研究的条件和能力，也只能扼腕长叹，空留遗憾。因此，选题要扬长避短，发挥优势，是科学研究的经验之谈，是选题的技巧之一。具体说，应注意以下两个方面：

1. 学科优势

科学领域里的学科分类林林总总。每个学科，都有自己特定的研究对象、研究方法、理论体系、研究历史。每个学科研究的问题，又有宏观的、微观的，重要的、一般的，有实践性的、有理论性的，有限于本学科之内的、有跨学科的。而我们每一位研究者都不可能涉足各个学科，只能在某一学科或交叉学科中发展自己。当一个人具备了某一学科的坚实理论基础，对该学科研究历史和现状有了系统了解，并在这一学科中取得一定研究成果之后，他的专业特长和学科优势就形成了。在此情况下，就应当在自己的学科范围内选取课题进行研究，或者稍有拓展，在该学科与其他学科相交叉的边缘处选题，而不要为追求“轰动效应”而舍近求远、扬短弃长，去选取自己不熟悉的其他学科的“热点”。事实上，科学发展史上那些著名的科学家，大都是在某一领域辛勤耕耘，为人类做出巨大贡献的，他们的荣誉总是与某一学科紧密联系的。但是，如果想把自己的研究范围进一步扩大，以至于选择与自己原有专业相去甚远的课题来研究，即使著名科学家也难免半途而废。比如，大物理学家牛顿在力学、光学、热力学以及与物理学相关的数学、天文学等方面，都做出过杰出的贡献，唯有当他选择神学这一课题之后，却无所建树。因此，对于初涉学术研究的人来说，就更应该注意厚积而薄发，在自己的专业领域内选择研究课题。

2. 研究优势

如果说学科优势是就研究者主体条件而言的,那么研究优势则讲的是开展科学研究的客观条件,诸如研究者所在单位的学科基础,开展研究的文献资料储备,以及带有鲜明地域特色的学术研究等等。如果我们在开始自己的学术研究时,能够准确把握客观研究条件的优势,尽可能地选择有利于发展这种优势的课题,那么,不仅选题的价值和意义会具有独特性,而且研究起来也更容易取得成果。比如,复旦大学的松江鲈研究,从1959年邵炳绪先生《松江鲈的生态初步观察》一文在《复旦学报》发表开始,一直没有间断。复旦大学在松江鲈研究方面,取得了丰硕成果,也培养并形成一支科研队伍。因此,博士后王金秋先生在选择松江鲈研究这一课题时,就具有无可替代的学科研究优势,研究进展就更顺利,取得成果就更快一些,并获准列入高等学校骨干教师资助计划。再如,南阳在汉代曾有"帝乡""南都"之称,遗存下大量的汉画像石(砖)。这些文物成为我们今天研究汉代历史及文化的珍贵资料。历史的馈赠,也造就了南阳在汉文化研究方面得天独厚的地域优势。曾在南阳师范学院音乐系任教的李荣有先生正是充分利用这一优势,开始他"汉画像石与汉代音乐"的课题研究,并取得了可喜成就。他先后在《中国音乐》《文艺研究》《中原文物》《南都学坛》发表了多篇论文,并以"汉画与汉代音乐文化研究"为题,获得全国艺术科学"九五"规划立项,相关专著《汉画像的音乐学研究》由京华出版社2001年5月出版。

（二）以小见大,求真贵新

初涉学术研究之路的人,常常容易急于求成,总想在科学上取得大成绩,做出大贡献,因而选题往往过大、偏难。这也是学术论文选题中一个常见的需要引起注意并努力克服的突出问题。如《论教育改革》《论中国加入WTO以后的经济发展》《中国20世纪文学论纲》,这样的论题涉及范围很宽泛,不是一篇两篇文章可以阐述清楚的,甚或写成一本专著都讲不透彻;同时,这样大的选题,刚步入学术研究之路的人也难以驾驭,往往流于空泛。所以,选题不要盲目求大。有意义的选题不在其大,而在于它具有的价值和创新性。我们选题应从大处着眼,小处入手,以小见大,求真贵新,克服盲目性,莫做贪大的傻事。

如何运用"以小见大,求真贵新"的技巧呢?首先应对选题的研究范围进行限制,可以做历时性纵向的截取,也可以做共时性横向的摄取。像前面举出的《论教育改革》,我们可以做横向摄取,限制为《论高等教育体制改革》;对《中国20世纪文学论纲》可以做纵向截取,限制为《中国抗战时期文学论纲》。例如,太平天国史研究已成为史学界一门很有影响的"太学",一般研究者在选题时,都必然是从这一整体中摄取一点作为研究对象的。广西师范大学朱从兵先生的《试论太平天国告示的起源》[①]《太平天国诏书衙考

①朱从兵:《试论太平天国告示的起源》,《广西师范大学学报》(哲学社会科学版)1994年第3期,第88～92页。

辨》[①]《太平天国诏命衙简论》[②]，则都是以小见大，从文书及文书制度这一方面去研究太平天国历史的。还有，前面已提到的复旦大学博士后王金秋的松江鲈鱼研究，选题也做了限制，其《松江鲈鱼(Trachidermus fasciatus)不同组织同工酶的研究》[③]一文，显然是从"同工酶"处着手的。这些选题都体现出"以小见大，求真贵新"的技巧运用。

（三）多维思考，独辟蹊径

人的思维活动，常常会因一种心理定式的影响而胶着于一点，迟迟寻不到令人满意的通畅思路。学术研究贵在创新，研究者必须打破定式，运用逆向思维、发散思维等方式进行变换角度的多维思考，从而获得富有创新意义的选题。前面讲选题方法时所举出的"小剂量辐射无害"的研究课题，就很好地体现了"多维思考，独辟蹊径"的选题技巧。假如科学家都沿袭"线性无极理论"，怎么会产生这样重大的科研课题呢？再比如，文艺理论界关于艺术与宗教的关系研究，已经有了许多文章和专著，若要再对这一问题进行研究，就必须变换角度，另辟新路。宋一苇先生的《诗性、神圣性与人的无限敞开性——关于艺术与宗教的文化哲学研究》[④]这一选题，正是跳出传统观点注重横向关系探讨的模式，从人类文化中的神圣性出发，探究两者共同包含的深层文化间互性——人的无限敞开性，进而揭示艺术的本源及特性，从而显示出研究者多维思考、独辟蹊径的选题技巧。

（四）集思广益，民主协商

一个人的思路和见解总是有限的，俗话说"三个臭皮匠，顶个诸葛亮"。因此在选题时请教咨询，运用集体的智慧，集思广益，民主协商，就可能得到意外的收获，找到理想的选题。国外倡导的几种调查研究方法，诸如"头脑风暴法"(Brain-storming Method)、"德尔菲法"(Delphi Method)和"列名小组法"(Nominal Group Technique)等，其实都能够为我们优化论文的选题提供借鉴。尽管三种方法的具体操作方式不同，但目的是一样的：发扬民主，集思广益，启发创造性思维，寻找解决问题的最佳方案。因此，当我们为选题而苦恼时，不妨借鉴这些西方的方法，把集思广益、民主协商的技巧运用一番，从而获得豁然开朗的喜悦。例如，20 世纪末我国"夏商周断代工程"这一重大选题的确定及完成，就是集体智慧的结晶、协作攻关的成果。这是由人文社会科学和自然科学的专家学者联合实施的工程，共有来自历史学、天文学、考古学等不同学科和专业的 200 余位专家参加。

---

①朱从兵：《太平天国诏书衙考辨》，《历史研究》1999 年第 5 期，第 90～103 页。

②朱从兵：《太平天国诏命衙简论》，《广西师范大学学报》(哲学社会科学版)2001 年第 4 期，第 91～95 页。

③王金秋、石椿：《松江鲈鱼不同组织同工酶的研究》，《复旦学报》(自然科学版)2001 年第 5 期，第 465～470 页。

④宋一苇：《诗性、神圣性与人的无限敞开性——关于艺术与宗教的文化哲学研究》，《文学评论》2001 年第 6 期，第 133～140 页。

第二节 学术论文写作的准备

选题确定之后,研究者并不是紧接着就开始写作了。一般地讲,大多数研究者还要进一步做好撰写前的准备,即为论文写作充分做好材料工作。因为,尽管每一位研究者选题时都占有了一定的信息资料,但真正进行写作时这些材料是远远不够的,不仅需要进一步查询、收集,而且还需要对获得的材料进行筛选、分类、比较、鉴别和整理。所以,学术论文写作前的准备工作不可轻视,要努力做好、做充分。学术研究的实践反复证明,准备越充分,写作越顺利,资料越丰富,越有条理,写出的论文就越有说服力、逻辑性越强。大体来说,学术论文写作前的准备工作包括以下几个方面:

一、资料查询与材料准备

学术论文写作不同于文学创作。因为后者可以借生活中的一些见闻和感受展开想象、联想和虚构,不要求所用材料的客观真实性与丰富性,但前者必须以丰富的具有客观真实性的材料为基础。离开了这一基础,论文写作只能成为一句空话。所以,资料的查询和材料的准备,就成为我们确定选题之后开始写作前的第一步工作。

(一) 资料查询

查阅和收集必要的文献资料,是每一项科学研究都必须做的工作,也是每一位科研工作者必备的基本功。因为,我们无论进行哪一项科学研究,都必须了解该项研究的历史、现状及国内外研究状况,弄清楚已达到的研究程度,使用的研究方法及取得的研究成果,进而明确可借鉴的地方与应吸取的教训,帮助确定自己的研究基点。据美国科学家基金委员会统计,一个科研人员完成一项科研活动所用的时间中,查阅文献资料就占去50.9%,而用于实验研究的时间又占32.1%,用于编写报告的时间仅占9.3%,计划和思考的时间占7.7%。这是就科学技术人员的科研活动所做的时间统计,对于人文社会科学研究而言,查阅文献资料所用的时间会更多一些。可见,资料查询不是一件简单的事情。这一环节做得如何,直接关系着整个研究工作的进展。在科学研究中,习惯把这一环节归入文献工作。因此,为了做好资料查询,必须掌握文献工作的基本知识及文献检索的一般方法。

1. 文献的种类

文献是记录人类科学文化知识的一切载体的总称。文献的产生和发展是与人类社会的发展密切相关的,文献记录载体的每一次改变,都成为人类文明进程的一个重要标志。另一方面,随着人类对客观世界认识领域的不断深入,文献的内容及其价值也不断发生着变化。因此,我们对文献的分类就会有不同的标准和不同的类别。

(1) 根据文献信息载体形式的不同,可以把文献分为以下四种类型:其一,文字形态的文献。这是以文字记录为手段，借助纸张等各种物质材料得以存在的一种文献。这种文献是传统文献的基本形式，也是现代文献的主要形式。它包括印刷出版物和手写文字材料。前者如图书、期刊、报纸等，后者则包括古代的甲骨文、青铜文、竹帛文以及碑刻、私人日记、会议记录、手稿、未发表的学位论文等。其二，声像形态的文献。这是一种以磁性材料和感光材料为存贮介质，借助特殊的仪器设备，运用录音、录像和摄影技术直接记录声音信息或图像信息而形成的文献。常见的有激光唱片、录音磁带、幻灯片、电影片、电视片等。其三，缩微形态的文献。这是一种运用现代摄影技术，将文字形态的文献缩摄在感光材料上的文献。如缩微胶卷、缩微胶片、缩微卡片及复印机成倍缩小的复印件等。其四，机读形态的文献。这是一种经过编码和程序设计，将文字和图像转换成数字语言和计算机语言输入计算机的磁盘或磁带等磁性载体上，借计算机处理而显示出来的文献。这种文献存储量大、存储密度高、存取速度快、处理方便。这是现代科技发展的产物，已经成为当今科研领域颇受青睐的文献形态。

（2）根据文献加工程度的不同，又可以分为以下四种类型：其一，零次文献。这是未曾公开于社会，仅在交谈或会议交流中传播、只为个人或某一团体所用的、尚未发表和出版的文献。诸如私人笔记、书信、文章草稿、会议记录等。这种文献尽管具有相对的随意性和可塑性、保密性，显得分散、芜杂，但在科学研究中具有不可替代的特殊作用。其二，一次文献。这是作者根据自己的实践经验和研究成果而撰写出来的、发表自己的认识和观点的著作或文章。如专著、教材、论文、研究报告等。这是最有价值、最宝贵、最应高度重视的文献资料，但又贮存分散杂乱。其三，二次文献。这是按照一定的规范，对一次文献进行分类梳理、加工提炼，使之依一定系统或方式组织起来而形成的文献。如书目、简介、文摘、综述等等。二次文献具有系统性、检索性、简明性特点，它为科学情报工作人员及研究人员查询一次文献提供了极大的便利。其四，三次文献。这是以一次文献和二次文献为基础，对原始文献资料进行广泛、深入地分析研究以后，综合、浓缩、加工而成的文献。如专题述评、专业年鉴、动态研究等。三次文献综合性强、系统性好，并具有一定的检索功能，参考价值较高。

当然，对文献还可以从不同角度做出多种不同类型的划分。如按文献的学科内容划分，按文献的出版形式划分，都可以分出另外多种形态。

2. 文献检索的基本方法

文献检索（俗称资料查询）的基本方法，是每一位从事科学研究的人获取文献资料时必须熟悉并掌握的。检索文献的方法多样，我们应根据课题的性质、研究目的及文献类型的不同，选择适合的检索方法。基本的方法有以下三种：

（1）工具检索法。这是借助检索工具的引导来查询文献资料的方法，是文献检索中使用最普遍、最基本的方法。使用这种方法首先要明确检索的目的和范围，并熟悉各种检索工具的性能、特点和作用，以便选择合适的工具来查询。具体来说，目前常用的检索工具有书目、索引、文摘、辞书等，检索方法又可分为顺查法、倒查法和抽查法三种。

顺查法，是指从时间上由远到近，由旧到新，以该课题研究的起始年代为起点逐年查询的方法。倒查法恰恰相反，时间上是由近及远，从新到旧的查询方法。抽查法则是利用检索工具全面了解某一课题的相关书目、索引、文摘等之后，抽取其中的部分文献资料进行查询。

(2) 引文检索法。该方法又称追溯法、跟踪法，它是以所掌握的一种文献之后所附的参考文献为基础，追溯查找其他文献，再以这些文献所附的参考文献为线索去查找，如此跟踪追寻不断查找下去。一般来说，这种方法在没有专门检索工具时使用。

(3) 直接检索法。这是一种不借助检索工具及其他文献后的参考文献，只从自己的选题需要出发，在浏览查阅原始文献的过程中直接查询对自己有用的资料。这种方法操作简便，又可直接看到原文，明确判断文献价值。但目之所及，必然有限，很难查询全面，所以只适合于查找近期或最新文献时使用。

当然，查询资料时，我们未必就单一地采用哪种方法，常常会综合运用以上各种方法。

3. 资料查询中应注意的问题

在掌握了文献检索的基本知识与方法之后，进入资料查询过程时，还需要注意以下几个方面的问题：

(1) 资料查询的广度和深度。在文献检索中，我们常常会发现，与自己的选题相关的文献资料非常浩繁，给人以应接不暇的感觉。所以，在资料查询中必须把握好广度与深度这一对立统一的关系，以便于自己开展研究和撰写论文。

一般来说，我们应全面细致地了解国内外有关某一研究课题的书籍、杂志、报纸的出版情况、从历史到现状、从专门性资料到综合性资料，既照顾到“全”，又兼顾到“精”。同时，还要及时了解国内外有关的学术会议上的动态信息，追踪从事相关课题研究的科研机构、学术团体及大专院校的研究动向及最新成果，有重点地掌握某一课题范围内较有权威的专家、学者的研究情况和近期成果。

(2) 文献资料的真实可靠性。文献资料的真实可靠性，是其价值所在，也是资料查询的意义所在。我们只有获得了真实可靠的文献资料，才能在此基础上得到正确的结论，进行有意义的研究。假如文献资料是虚假的，那么不但得出的结论靠不住，而且还会谬误流传，贻害无穷。由于主客观条件的复杂原因，文献资料的失真与残缺是在所难免的，尤其是二次文献和三次文献，更容易出现以讹传讹的错误。所以，我们必须在资料查询过程中，对文献资料进行认真核查与鉴别，对有疑义的地方更要反复核对，多方印证，力争做到确保文献资料的可靠性。

(3) 要处处留心，善于动脑，灵活查询。文献资料的积累，不单单靠有目的的文献检索，还要靠平时留心，一点一滴的积累。即使在文献检索过程中，也应多留心、善思考，从围绕这一课题而查询的文献资料中，发现并获得另一课题有用的资料，收到一举两得之功。同时，为了节省时间和精力，我们还可以灵活运用文献检索方法，根据不同的选题和不同类型的文献资料，采用更适合的检索查询办法，特别要善于运用别人已经做过的文献综合资料来提高自己资料查询的效率。

(二) 材料准备

学术论文材料的准备,需要从两大方面着手。一方面来自文献资料,靠查询获得;另一方面来自研究者的实践活动及现实生活,由研究者凭自己特有的职业敏感去获得。前文讲述的资料查询,即属第一方面的准备。如果我们把前者看作间接材料的准备,那么后者则属于直接材料的收集和准备。下面就直接材料的获取方法做一简单介绍。

1. 调查

调查是获取第一手资料的常用方法。在人文社会科学研究中,有些资料必须通过调查才能获得。特别是那种现实性、前沿性的研究题目,常常需要研究者进行认真深入的调查才能够完成。比如,上海社会科学院的社会学研究员徐安琪与厦门大学社会学博士叶文振合作完成的《父母离婚对子女的影响及其制约因素——来自上海的调查》①课题研究,其中的资料,就来自对上海 13 个区 30 个普通中小学 500 名父母离异的孩子及其家长、班主任的问卷调查。

调查有多种方式,常用的主要方式有:

(1) 普遍调查。这是对一定范围内所有的对象逐一进行调查的方式。这种方式的调查,获得的资料全面,但往往流于肤浅。

(2) 典型调查。这是从一定范围内挑选出最具代表性和普遍性的对象进行调查的方式。这样调查所得到的材料具有典型意义,但总难免片面性。

(3) 抽样调查。抽样调查是把调查对象进行总体分类,按随机原则从每类中抽取若干样本进行调查,通过对样本的分析统计来推算总体的调查方式。由于分类方法的不同,抽样调查又呈现出多种形式,无论哪一种抽样调查,得到的资料都具有比较准确的科学依据和代表性,但也不排除偶然因素。在科学研究中,这种调查方式应用较广。

(4) 对比调查。这是在有关范围内选取不同对象或同一对象不同时间的状况进行同一项目调查,以见出相互差别的方式。对比调查有横比与纵比两种,视我们的研究目的而确定。一般来说,横比适用于对不同对象进行同一项目的调查,纵比适用于对同一对象不同时间里同一项目的调查。

至于调查的具体方法,研究者可根据课题实际需要及调查对象的具体情况来确定,可以用座谈、个别访问、问卷、电话询问等方法。

2. 观察

观察是获取第一手资料或验证间接资料的真实可靠性的方式。观察可以直接得到系统的客观事实,是科学研究,尤其是自然科学研究的重要途径。经典力学的形成,就有赖于科学家对大量力学现象的观察和总结。天文学、地质学、气象学、物候学、考古学、心理学、临床医学、社会学等许多学科,都是在观察的基础上发展起来的。比如,气

---

①徐安琪、叶文振:《父母离婚对子女的影响及其制约因素——来自上海的调查》,《中国社会科学》2001 年第 6 期,第 137～149 页。

象专家关于“厄尔尼诺”现象的研究，主要是建立在观察基础上的。

3. 实验

实验是研究者借助专用的仪器和设备，对研究对象进行积极干预，尽可能排除外界因素的制约和干扰，突出主要因素，人为地变革、控制或模拟研究对象，以便在最有利的条件下进行观察和研究，从而获得经验事实的一种获取资料的方式。

实验是自然科学领域内经常使用的获取资料的基本方式。没有实验，没有在实验室里的埋头苦干，没有先进的仪器和设备，自然科学研究就变成了幻想，就不可能有新发现、出新成果。比如，那些执着于为核辐射“翻案”的科学家提出“小剂量辐射无害”的理论，都基于自己的实验与观察。早在1961年，美国橡树山国家实验室的胡格博士就是通过小鼠群辐射实验，发现低剂量的核辐射（每天小于1拉德）不但不会缩短小鼠的寿命、导致遗传缺陷，反而可延长其寿命，并把这一结果撰文发表在当年5月出版的《美国医学会杂志》上。

实验在社会科学的某些领域，如教育科学、心理学、语言学等学科中也经常使用。目前，社会科学领域广泛开展的探索性试点、检验性试点、可行性试点和推广性试点等，也可以看作是广义的实验。

二、材料的比较和筛选

当我们完成资料查询和材料准备的繁重任务时，从信息工作的角度看，也仅仅是迈出了信息收集这一步。这些信息材料对于我们的论文写作有无价值，有多大价值，其本身的真实可靠程度，相互间有无重叠、交叉等等，都需要做进一步的梳理加工，做一番比较、鉴别和筛选等整理工作。概括地讲，材料的整理工作主要有以下几步：

（一）阅读与分类

应当说，对资料的阅读贯穿于资料查询与材料准备的全过程。当我们初步接触某一文献时，就必然是在阅读之后从中发现对自己选题有用或相关的内容，然后以卡片、笔记、札记、批注、复印或计算机贮存等形式把它选取出来。所以，搜集资料的过程，也是阅读的过程。但是，当我们把自己从众多文献资料中得到的材料汇集在一起，再加上从现实生活中获取的直接材料，就又会给自己以杂乱无章的感觉。所以仍需要对这些零碎的、分散的、非一时一处得来的材料再全部阅读一遍，做一番认真思考，并进行分类梳理，使之变得条理化。

当然，此时阅读资料的方法已不像获取资料时那样单一，而应当根据不同学科、不同课题及具体材料的不同特点，有针对性地采用不同的阅读方法，大致来说，有略读、选读和研读三种主要方法。

略读，是对获得的文献资料全部浏览一遍，有一个整体的大致了解，粗略地分出哪些资料是关键性的、重要的，哪些是一般性的。

选读，就是依据文献的标题和摘要，分出主次，先读主要的，后读次要的，或者选择一篇文献中的重要段落来读。

研读，是对重要材料的重点阅读，充分理解其观点，准确把握其内容，并从中发现对自己的选题具有启发性、辅助性、验证性的东西，尤其要牢牢记住那些重要的数据与结论。研读要求精力集中，思维活跃，反复咀嚼，有所发现。

在阅读材料的同时，还应当对这些材料进行比较，做分类整理。比较，就是阅读过程中在思想上把不同材料的个别部分、个别层面、个别特征加以对比，以把握它们之间的相同点、不同点及相互关系。有了这种思想上的初步区分之后，可以依据一定的参照标准，按材料间的异同程度对其进行分门别类的处理，为进一步分析、鉴别和研究做准备。每一次分类必须坚持同一个标准，分类后的各种材料间应界限清楚，不能混杂、交叉，如需要更细致的分类，就按层次逐级分类，不能越级跨层，出现种属关系混乱。

在整理材料时，经常使用的分类方法有观点统领法、项目分类法和阶段分类法。观点统领法是以一个观点为统领，把所得材料中所有与观点相联系的论点、论据、论证方法与手段等汇集在一起，组成一个有序的资料系列的方法。项目分类法是按材料的内容属性进行分项归类，从而组成一个内容性质相对统一而又有序的资料系列的方法。阶段分类法，则按照事物发展的不同时段或某一课题在不同时空条件下的研究情况对材料进行分类，从而组成清晰有序并能反映事物发展进程的材料系列。不同的分类方法适用于不同的对象，我们应从自己的选题出发，以有利于开展研究和论文撰写为目的，选用最恰当的方法对所得材料进行分类整理。

（二）分析与鉴别

对所得材料进行科学分析与鉴别，是保证材料的可靠有用和决定自己选题的研究意义与价值的重要环节。假若自己获取的某一文献资料是不真实的或某一结论是不正确的，那么循着这种虚假、错误的材料开展的研究也就变成了无益无效的劳动了。因此，在整理材料的过程中，不能缺少对材料的认真分析和鉴别。

分析的常见方法有定性分析与定量分析两种。定性分析是研究者从自己的选题和观点出发，通过对材料的认真研读和去粗取精、去伪存真的吸收消化，解释和说明材料内容，以把握其内在规定性的分析方法。一般来说，定性分析的方法既要从文献资料的外部去考察分析其产生的背景、可信程度及社会反响等，又要从文献资料的内部去考察分析其描述的事实材料及文献作者的主观因素的影响。定量分析则是采用一定的数学方法，对文献资料的内容做系统、客观的量化统计处理，从量的规定性中获得对文献资料的验证和评价。比如，可以利用平均数、中位数、百分数、相关系数、信度及效度检验等，对所获取的材料进行有效的分析和处理。这样的定量分析也同样有助于我们对材料所做的定性分析，有助于鉴别出资料的真伪和价值。

鉴别是在分析的基础上对文献资料进行质量上的评价和核实。鉴别的过程，实际是对获取的材料重新认识的过程，是辨清其真伪和性质，估量其价值和作用的过程。鉴别要突出两个重点：一是鉴别真伪，二是鉴别价值。

鉴别真伪是首要的。这就是要求弄清楚资料内容的客观存在性，看它是否确实在那个时空条件下发生过，是否按如此过程发生过。鉴别价值，就是对资料内容的本质真实性的辨析，或者说是对文献资料在它产生的时代所达到的研究深度和广度，以及今天给予我们的启示意义的评价。有了这样的鉴别，才有利于我们对材料的筛选及写作时的使用。

（三）选择与贮存

经过对材料的一番分析鉴别之后，我们就应当针对自己的课题需要，把那些可供研究使用的有价值的材料选择出来，并按照一定的规律排列贮存起来，以供自己在研究和写作过程中使用。

材料的选择，其实是对材料的进一步加工提炼，目的是保证材料的科学性、丰富性及与课题研究的适应性。所以材料的选择应遵循以下原则：

1. 要选择有利于课题研究，有助于主题表达的材料

材料的取舍，最重要的依据是看其能否为自己的课题研究所用，能否支撑起自己课题的研究结论。凡是与自己的研究密切相关并能充分表现自己论文观点的材料，就要占有，反之就舍弃不用。当然，也会有这样的情况，某些材料虽与自己的研究课题相关，但在目前的研究阶段或正着手撰写的论文中暂时用不上，对这样的材料也不可放弃，应挑选出来，贮存备用。

2. 要选择真实、典型、新颖的材料

这是对材料的科学性要求。材料的真实性是科学立论的基础，对此必需慎之又慎。在分析鉴别材料时就应反复核实，包括某些细节都不能放过，只有那些真实准确的材料才能进入我们科学研究的过程，才能成为我们撰写论文的立论依据。除了真实以外，选择材料还应考虑其典型性与新颖性。典型性的材料能够深刻反映事物本质，具有广泛代表性和说服力。新颖性的材料能够反映新事物、新情况、新理论、新方法，常常是新发现的别人未曾使用过的材料。因此，能够给人以新鲜感，能为产生新见解带来启示和诱导。

3. 选择的材料要充分

材料的充分，既是对材料数量的要求，又是对材料质量的要求。数量不足，难以支撑起自己的立论；质量不高，会使自己的论述显得单薄。因此，选择材料，一定要保证课题研究时足够使用，为确保论文的质量提供基础。如果自己仍感觉材料不充分，就应当再经过检索文献或深入现实，进行观察、实验而获得补充材料。

材料选定之后，还需要根据课题研究的要求，用初步提炼归纳出来的论点去反观这些材料的价值及相互联系，对其进行再一次梳理，使之从无序变为有序，由纷杂变为系统。按材料对论文写作价值的大小、时间的先后、相互间的逻辑联系等因素，将其恰当排列、贮存，以备写作使用。材料的排列、贮存，最常见的形式是采用卡片记录或计算机处理。

以上三个方面，是处理材料过程中不可分割的重要环节。经过这一番艰苦细致的工作，我们可以把这些材料所代表的各种意见与自己选题的观点相互参照，从而更加明

确自己的研究思路和论文的价值追求。或者同意别人的论点，但自己有不同角度的独特认识，可以从新的视角补充新的看法、丰富别人的论点；或者自己有不同的观点，可以展开争论，陈述自己的理由；或者受别人的启发，另辟蹊径，在新的领域提出了自己的新见解。总之，在处理材料时一定要目的明确，思路清楚，不能做材料的奴隶，要做材料的主人。

三、根据选材的新发现修正或深化选题

选题往往是在我们尚未充分占有材料之前，受某一文献资料启发或因某一客观现象的触发而产生的，而当我们经过一番努力，获取了大量有效材料并相互参照、分析、筛选之后，很可能会从这些材料中得到新发现，从而收获意外的研究喜悦，促使我们对原来的选题做进一步修正或深化。

比如，当我们从事艺术史的研究时，如果只从西方经典的艺术史著作的结论出发，就不可能正确认识和评价中国彩陶的艺术价值。因为从格罗塞的《艺术的起源》开始，一个多世纪的西方艺术史著作几乎都忽视了中国彩陶艺术。就连当代著名的艺术史家、卢浮宫博物馆馆长巴赞在其《艺术史》中，对中国艺术的描述也只是以青铜器为起点，把青铜器及其纹饰当作中国最原始的艺术，甚至当作中国艺术的源头。然而，当我们面对数以万计的中国彩陶碎片和彩陶器物，感叹其氤氲出的神秘、飘逸、灵动之美和远古神韵时，就不能不对既定的观点产生动摇，不得不对自己的研究课题做出调整和深化的选择。从而把中国彩陶放进人类艺术发展史中来观照，给它以应有的地位。这样，你就能从中国彩陶这一远古艺术材料中看到，它不仅是史前艺术的主要构成部分，也是艺术的重要源头。不仅是中国工艺美术的重要源头，而且是整个中国艺术发展史的重要起源之一。再比如，一位医学家从事体外受精技术研究，他看到的材料都是在女性身上的实验，继续沿着这条路子走，突破性的成果很难获得。但是，如果他看到了英国著名医学专家——体外受精技术的先驱温斯顿教授提出的男人也可以"怀孕"生子的大胆理论推导，那么，是否也应当修正自己的实验，力争有新的突破呢？

第三节　学术论文的写作过程

当我们确定了选题，并围绕选题进行了资料收集、整理、分析、鉴别，做好充分准备并初步形成了自己的学术见解之后，接下来便进入了学术论文的写作阶段了。然而，这种承前而来的写作，并不是对所得材料的综合叙述和研究结果的简单记录，而是一个对研究对象和学术观点的认识进一步深化和表达的过程。这一过程，不仅要求写作者对选用的材料和研究的结果进行重新审视，而且还必须考虑行文中的主旨提炼、结构安排、材料处理、论证方法、语言运用等多方面因素。可以说，学术论文的写作过程是延续已有的研究，并力争最终把这种研究导入更科学、更清晰、更有条理的完善境界。所以，

我们在写作过程中要做许多事情，其中最基本的工作有以下几个方面，需要认真做好。

一、拟定提纲

一项工程的建设需要有设计蓝图，一篇学术论文的写作需要先拟制提纲。因为学术论文不同于一般的短篇思想评论，只需打个腹稿即可动笔了，它常常需要写作者根据自己的研究所得，提炼出论文的标题及中心论点，然后大致勾勒出围绕中心论点而进行论证的不同层次的纲目，以及各个层次对材料的运用和编排，即拟定写作提纲。正如刘勰《文心雕龙·附会》所言："凡大体文章，类多枝派，整派者依源，理枝者循干。是以附辞会义，务总纲领。"他特别重视写作时的"附会之术"。因此，拟制论文的写作提纲，是我们动笔写作论文时首先应做好的工作。

（一）拟定提纲的意义

提纲是由序码和文字构成的逻辑图表，是为整篇论文搭起的一个骨架，是作者将自己前期的研究构思及材料调配，用简洁的语言符号形式记录下来的论文框架体系。拟出写作提纲，可以为论文的写作发挥重要作用。

1. 拟定提纲是作者思路定型的过程

拟定提纲时，作者为了把材料组成一个中心明确、论证严密、条理清楚、详略得当、取舍适宜的具有说服力的合理体系，就必须充分考虑和把握全文的谋篇布局、层次设置和逻辑顺序等多方面因素，使其有机地结合起来，形成一条明晰、畅达、连贯的思路。拟定提纲，就是作者整理这一思路，并借助文字符号使之系统化、定型化的过程。

2. 拟定提纲是把论文格局形态化的过程

提纲是论文的前期形态的简化形式。当作者的思路理清并加以定型化的时候，论文的中心论点与各分论点、论点与材料、材料与材料之间的逻辑关系也清晰起来，作者据此对它们进行合理安排，使之各得其所，从而形成一个中心突出、层次井然、疏密适宜、结构严谨的论文框架体系。因此，最终用文字符号写成提纲，把这一框架体系表述出来，就是论文格局形态化的过程。看到这个提纲，我们就会对即将完成的论文产生纲举目张、浑然一体的基本印象。

3. 拟定提纲为论文的写作和修改提供了依据与参照

没有提纲，拿起笔就写，很容易出现"东一榔头西一棒槌""眉毛胡子一把抓"的混乱现象，造成观点模糊、详略失当、中心湮没、层次紊乱、各部分内容失调、衔接不当等弊端，导致写作失败。待回头一看，不知所云，连自己也不满意，但又不知从何入手进行修改，只能陷入研究的困惑与烦恼之中。

相反，如果精心拟定论文提纲，看似花费了一定时间和精力，但为下面的写作铺就了通畅大道，写起来得心应手，论文的质量就有了保证。待修改定稿的时候，你再以提纲为参照，会更清楚地意识到行文中存在的不足与缺陷，就容易对症下药，找到修改的恰当方法，最终拿出自己满意的论文来。

4. 拟定提纲还能为工作繁忙的作者或多人合作者撰写提供方便

有时，由于作者不是专门的研究人员，不能连续写作，常因其他工作而中断写作，这就需要借提纲的帮助，让他在重新写作时立即恢复原来的思路。另一种情况，某一课题需多人联合作战，分工撰写，提纲就可以为每一个人提供全篇论文的整体布局，避免各自为战时出现的重复与疏漏。

（二）提纲的编写

提纲的编写，因课题的大小与研究对象的差异而不同，也因论文的种类差异而多样。但从一般意义而言，我们可以从内容与格式两个方面找出带普遍性的编写规律来。

1. 从提纲的内容要求出发，有详细提纲与简略提纲之分

简略的提纲，一般显示内容的层次，每一层次上只标出概括该层次内容的题目，扼要地编排出论文目次。至于各个层次使用哪些材料，如何论证，用什么方法论证等，则都不具体写出。详细提纲则写得具体、细致，既列出纲目，写出各层次大小论点，还要把主要材料安排、论证方法、主体段落及详略调配等项目都明确列出，显示出论文的基本框架和主要内容。

两种提纲的采用，既和论文涉及的范围、复杂程度和篇幅长短有关，也和作者的喜爱、习惯相关，作者尽可以根据实际需要去选择。但是，一般来说，宜详不宜简。过于简略，等于没有提纲，写起来也难以把握，容易出现跑题或顾此失彼的情况。当然，也可把两者融合起来，重点部分详、次要部分略；或者先拟简纲，再充实、扩展为细纲，按细纲写作。对于初写论文的人而言，还是编写详细提纲为好。

2. 从提纲的格式来看，常见的提纲编写方式有三种：纵贯式、并列式、递进式

纵贯式提纲，是以进行研究的先后顺序，或以事物发展变化的前后时间为依据来罗列各个部分的。自然科学研究中，这种提纲格式用得多一些。

并列式提纲，是根据表达中心论点的需要，从课题的不同角度、不同层面组织安排，平行列出各个部分的内容。

递进式，又可称为三段论式，这是围绕中心论点，依据阐明事理必须遵循的逻辑推理关系，逐层深入地列出各部分内容。

二、执笔写作

提纲拟定之后，接下来就要进入具体的行文写作了。拟定提纲时，我们思考的是如何构建论文的骨架，如何安排论证的逻辑关系和具体环节。待执笔写作时，我们更多考虑的则是如何按照学术论文写作的格式（关于学术论文的写作格式，下一节专讲）去恰当地使用材料，如何运用多种论证方法严谨而又充分地论述自己的观点。因此，执笔写作过程中的规律性问题我们主要谈以下两方面：

（一）执笔写作的方式

其实，我们随便走访一位科学研究者，他都会讲出自己独特的论文写作方式，甚至一个人笔下的不同论文的完成也各不相同。可以说，具体的写作方式，因人而异，因篇而异。但就承接论文提纲而来的写作而言，常见的方式有两种：

1. 按照提纲的顺序依次写作

论文的提纲就是行文写作的脉络，按照拟定的提纲顺序，从绪论、本论到结论，逐步推进，前一部分写完，再写下一部分。当然，依纲而写也因人而异。有人喜欢一气呵成，最后再修改定稿，即使中途遇到把握不准有待核查的问题，也不为之中断，而是先做好记录，等初稿完成再回头核查补漏。有的人则喜欢边写作、边思考、边修改。遇到问题，解决之后再继续写。甚至在行文推进中，发现前边的写作不理想时，就会及时修改纠正。

2. 各个击破的方式

根据论文提纲的逻辑关系，把论文分成若干个相对独立的部分，从自己感觉准备最充分的部分开始动笔，一部分一部分地完成初稿，最后再统筹兼顾，全文贯通，构成有机整体。

（二）执笔写作的关键——论述

学术论文的写作，固然要用到叙述、说明、议论等多种方式，但叙述、说明还是为了证明自己的观点，而议论则是要强化、突出自己的观点。其实，这多种表达方式综合起来，就是论文的基本表达方式——论述。因此，在论文的写作过程中，我们就必须把握论述这个关键，恰当地运用论证方式，充分地展开论证，把观点论述透彻、明确。

论证，就是用论据来证明论点或反驳谬论的推理形式和思维过程。从逻辑学上讲，论证是用一个或几个真实命题来确定另一个命题真实性的逻辑形式。学术论文追求科学的逻辑力量，而科学的逻辑力量必须依赖充分的论证来体现。有的论文，观点新，论据也不少，却没有说服力，原因就是缺乏严密的逻辑性，论证不充分。所以，做好论述就应当注意：

1. 论证的一般规则

要使论证达到无可置辩的程度，就必须遵循一定的逻辑规则。这些规则是论证具有说服力的必备条件，违反其中的任何一条，都会造成逻辑混乱和论证失败。概括地讲，有以下几条论证原则：

(1) 防“论题不明”。论题是论证的目的，也是一篇学术论文的灵魂。论证过程中，如果连论证的目的也不明确，那么材料的运用肯定是盲目的，论证自然不能成功。而且，论题不明也必然造成中心论点与分论点关系的混乱，写出的文章必然是杂乱无序的材料堆砌，让人不知所云。

(2) 防“偷换论题”。一篇论文必须有统一的论题，前后要保持高度的一致，在不同层次的论述中，要紧紧围绕一个分论点而展开论证。在同一论证中，论题只有一个，不能改换论题，也不能把论题范围扩大或缩小。

（3）防“论据虚假”。论据是论题得以成立的依据，论题是从论据推导出的必然结论。如果论据不可靠，那么论题就难以确立。所以，在执笔写作时，我们仍需对使用的材料再做鉴别、斟酌，确保论据的真实可靠性。

（4）防“循环论证”。循环论证就是用论据证明论点的同时，又用论点来证明论据的可靠性。这显然是一种绕圈子捉迷藏式的语言游戏，是学术论文写作之大忌。

（5）防“草率论证”。论证过程是推理的过程，就是由充足的论据水到渠成地得出与论题相符的结论。如果论据不足，或者与论题不符，而牵强地得出结论，那就犯了草率论证的错误。同时，论证的过程还必须遵守同一律、矛盾律和排中律等逻辑法则，违反了哪一条，都会造成“草率论证”的失误。

2. 论证的常用方法

撰写学术论文，无论是立论还是驳论，论证都需要运用一定的论证方法。论证方法多种多样，不同的研究课题、不同的论文类型、不同的研究者，可以选用最合适的不同论证方法。这里介绍几种常用的论证方法：

（1）例证法。例证法就是选用典型事例做论据来证明论点的方法。社会科学研究中常讲的“摆事实，讲道理”，指的就是例证法；自然科学研究中常取样本做实验来获取结论，其实也是例证法。

（2）引证法。引证法也叫事理论证，是以一般事理为论据进行推论，从而证明论点的方法。引证法所引用的论据可以是已知的科学公理、普遍的生活常理或著名人士的经典言论、前人已取得的研究成果等。引证法的使用，关键在引用的内容是否正确、真实、具有科学性。

（3）类比法。这是将两种相同或相近的现象或事理加以比较、类推，从已知的一种现象或事理的正确，证明另一种现象或事理同样正确的论证方法。类比法的运用，可以由此及彼，扩大论证的领域，但运用时一定要把握所类比的两项间在性质、特征上的相同或相近点。

（4）对比法。对比法是把两种或多种相互对立或各自存在差异的事物进行比较，以辨别是非，推导出论点的论证方法。对比法可以充分揭示事物本质属性的特征，使论点显得鲜明突出，因而在论证过程中使用较广泛。

（5）喻证法。这是通过比喻进行论证的方法，是用与论点有着某种联系的典故、形象、故事作论据进行推论，从而证明论点的一种论证方法。这一方法，主要运用于社会科学研究领域，它能使抽象枯燥的理论阐述变得具体、形象、浅显易懂。

（6）反证法。这是一种从反面间接证明论点的论证方法。即不直接证明自己的观点正确，而是从反面入手，证明与自己观点相反的论点的错误，从而间接证明自己观点的正确性。反证法的理论基础是形式逻辑中的矛盾律，运用起来有时会比正面论证更有力度。如能正反论证结合，相互印证，不仅能收到出奇制胜的论证效果，而且会给论文带来气势与节奏上的变化，增强文章的可读性。

以上简单介绍了六种论证方法，我们可以结合对具体论文的阅读进一步理解、体会并加以运用。其实，选用哪种论证方法，是一个思维的逻辑形式问题。我们只有加强思维训练，掌握正确的逻辑方法和相关规律，才能灵活运用各种论证方法，达到论证严密的要求。

3. 论证的表达方式

论证的方法只能在论证的过程中体现出来，论证过程的终结，是与论文论点相符的结论的生成。因此，一篇学术论文的写作，说到底是论证的表达问题，即如何论述的问题。从一般学术论文的写作实践看，论证的表达有以下几种基本的方式：

(1) 旁征博引。这是论文展开论述的基本表达方式。作者为了阐明、论证自己的学术观点，常需要引用原理、言论、事实、数据或其他资料，以此作为论据来全面地论证。比如，贾磊磊在论证中国电视剧的现实主义美学特征时，从表现题材、叙事主题和叙事焦点三个方面，共举出《凯旋在子夜》《宰相刘罗锅》和《蹉跎岁月》等近20部电视剧来证明，可谓旁征博引。①

(2) 展开分析。学术论文的写作，更多地表现在对研究对象的充分、具体分析上，这也正是它区别于一般议论文的地方。如王金秋等人对鸭绿江流域中国境内松江鲈的分布研究，特别注意直接对松江鲈在该流域存在的原因展开分析，指出这里水污染较轻、捕捞有限、自然条件独特等三个方面的因素。②

(3) 抽象概括。学术论文写作离不开具体材料，但不能仅仅罗列材料，就事论事。在论证过程中，作者必须在叙述、分析事物的基础上，超越事物的感性特点，透过其表象去揭示其内在的本质和规律，把握其内在的必然联系。这就是论文写作中的抽象概括。例如，姚小鸥先生在研究《诗经·关雎》的主旨与《关雎序》所称“后妃之德”相符时，先对诗篇关键词语和全篇大意进行疏通之后，又与先秦家庭婚姻制度和政治伦理体系相验证，在此基础上进行了抽象的概括，指出“窈窕淑女，君子好逑”的文化蕴涵，是“以婚姻双方在道德方面的匹配为直接的歌咏对象，并以此显示诗人心目中的道德指归”，“君子”和“淑女”的形象，“生动地体现了作为社会道德楷模的君主及其配偶后妃的抽象文化精神”。③

(4) 理论阐发。学术论文应富有思辨色彩和较高的抽象说理性，这样论文才具有力度，才能令人信服。因此，写作过程中作者必须善于对论据进行提炼升华，在理论层面上展开论述和阐发。例如，陆贵山先生在论及文学建设与先进文化时，无论是对实践理性之于先进文化的关系的强调，还是对时下影响文学、代表先进文化的几种社会文化思潮的分析，以及对坚持和发展人类的理性精神的呼唤，都具有鲜明的理论性及严密的逻辑性。④

---

①贾磊磊：《中国电视剧的历史与现状》，《文艺研究》2001年第6期，第28～38页。

②王金秋、成功、唐作鹏：《鸭绿江流域中国境内松江鲈的分布》，《复旦学报》(自然科学版)，2001年第5期，第471～476页。

③姚小鸥：《〈诗经·关雎〉篇与〈关雎序〉》，《文艺研究》2001年第6期，第81～87页。

④陆贵山：《文学与先进文化》，《文学评论》2001年第6期，第5～13页。

(5) 追本溯源。在学术研究中，有时需要对某一事物进行历史考察，把握其初始原貌，此后如何发展演变，今天具有的现实价值，然后得出结论，这就是追本溯源的方式，在论证的过程中也常常会用到。例如，徐国栋先生在以罗马法为中心，研究民法典中客观诚信与主观诚信的对立统一问题时，首先探究了“诚信”一词的拉丁文词源学意义，进而发现拉丁文中的“两种诚信”，然后推而广之，分析了不同国家的民法典对罗马法“两种诚信”的借鉴及变通。这一部分的论证梳理，显然运用了追本溯源的方式。①

三、引文注述

学术论文写作中的引文注述和图表安排，都是技术性、规范性较强的工作，需要我们严格按照统一的规格去操作。这里先讲引文注述。

（一）引文的形式

撰写学术论文，尤其是社会科学类的学术论文，常常要引用一定的文字材料，把别人的观点、理论或论述放进自己的文章里作为论据，这就是引文。引文的一般形式有两种：转述与节录。

转述，就是作者在行文过程中用自己的语言对引文内容进行加工转化后的表述，也有称之为复述或间接引文的，转述的文字部分不加引号。例如，程文超先生在论及叔本华对现代性的反抗时，有这样一段话：

> ……叔本华深刻地揭示了西方社会所发生的矛盾、危机、灾祸等与理性的内在关联。他认为西方社会一切罪恶的罪魁祸首不是别的，正是现代性所追求的理性。因而他认为哲学研究应转向人的内在生命。②

这便是采用了转述的形式，作者没有引用叔本华著作的原文，而是引用其著作的大意来进行论证的。

使用转述的引文形式时，有两点应引起注意：一是忠于原作，要顾及全文，准确把握原作之意，切忌断章取义、主观臆断，更不能歪曲原作。二是注意述议结合，避免只顾转述而没有议论的“掉书袋”的现象发生。

节录，又称直接引文，是论文作者在行文过程中对原作中话语的直接引用。所引的内容可以是一段话、一句话，也可以是个别字词，这样的引文一般都要加上引号以作区别。如果是成段的引文，也可以不加引号而依照正文内缩两个字的位置独立成段。这种引文形式，在学术论文写作中运用得最为广泛。如金惠敏先生论及施莱尔马赫解释

①徐国栋：《客观诚信与主观诚信的对立统一问题——以罗马法为中心》，《中国社会科学》2001 年第 6 期，第 97～113 页。

②程文超：《“两个西方”与本土文学参照系》，《文学评论》2001 年第 6 期，第 16 页。

学中“已说与未说”的一段话：

> ……以此施莱尔马赫区别出解释学的两重目标：“较低的准则：理解所有那些相互之间没有矛盾的东西。较高的准则：只理解那些依据其所有关系及其语境而重新构建起来的东西。——对作者的理解超过了他对自己的理解也属于这类情况。”前者为理解“已说”……后者指同时理解了“已说”和“未说”……①

（二）注述的要求

引文一般都需要明确标出其来源，特别是节录形式的引文更需要认真严肃地对待，这项工作习惯称为注释。有时，由于多种原因，我们不但要在注释中标明引文的出处，而且还需要对相关内容做进一步表述，甚至要用很长一段话来表述。因此，我们称注释为注述。比如，王一川先生在分析了清代王韬的“地球合一”说的局限，指出它“所塑造的全球‘大同’的乌托邦幻想，仅仅给国人带来最初的些许激动，就匆匆溜走”时，没有引用王韬描绘这一“大同”景象的文字，而对这段话做出如下注述：

> 王韬甚至进一步热烈地提出“全球一家”的浪漫构想，认为“水必以轮舟，陆必以火车，捷报必以电线，然后全地球可合而为一家。”见王韬：《变法自强下》，《弢园文录外编》，卷2，中华书局1959年版第42页。②

类似的情况，我们在阅读论文时经常看到。很显然，这是与只标明引文来源的常见形式不同的注释。故此，我们用注述来涵盖这两种不同的注释。

1. 加注方法

基本的加注方法有三种：夹注、脚注和尾注。

夹注，即在行文过程中把注述内容写在需加注项目的后边，用括号标明。所以，又称段中注或文中注。此种注法适宜于在加注较少，且注述内容又不复杂的论文中使用。

脚注，即页下附注。就是在需要加注项目的当页下端做出注述。这种方法多用于专著的写作，其优点是便于阅读时参考。

尾注，是把注述内容放在全文或全书的末尾依次列出。这种方法在专著写作中已不大使用，是学术论文写作中最基本最常用的方法。这样，我们在写作过程中，遇到需要加注的地方，就应加注码来标识。正文中的注码，一般用①②③……的小写标出，写在需加注项目之后的上角。也有使用方括号[ ]来标识注码的。

2. 注述内容的写法

一般来说，注述内容应标明引文出处的以下项目：主要责任者、文献题名、文献类型

---

①金惠敏：《论施莱尔马赫解释学的现代之维》，《文学评论》2001年第6期，第143页。

②王一川：《“全球性”境遇中的中国文学》，《文学评论》2001年第6期，第27页。

标识、出版地、出版者、出版日期、页码等。特殊情况下，还有其他需要加以说明的内容。根据这样的要求，最常见的参考文献的注述方法为：

（1）专著。

主要责任者.题名：其他题名信息[文献类型标识/文献载体标识].其他责任者.版本项.出版地：出版者，出版年：引文页码[引用日期].获取和访问路径.数字对象唯一标识符.

例：张伯伟.全唐五代诗格汇考[M].南京：江苏古籍出版社，2002：288.

（2）专著中的析出文献。

析出文献主要责任者，析出文献题名[文献类型标识/文献载体标识].析出文献其他责任者//专著主要责任者.专著题名：其他题名信息.版本项.出版地：出版者，出版年：析出文献的页码[引用日期].获取和访问路径.数字对象唯一标识符.

例：马克思.政治经济学批判[M]//马克思，恩格斯.马克思恩格斯全集：第35卷.北京：人民出版社，2013：302.

（3）连续出版物。

主要责任者.题名：其他题名信息[文献类型标识/文献载体标识].年，卷(期)—年，卷(期).出版地：出版者，出版年[引用日期].获取和访问路径.数字对象唯一标识符.

例：中国图书馆学会.图书馆通讯[J].1957(1)—1990(4).北京：北京图书馆，1957—1990.

（4）连续出版物中的析出文献。

析出文献主要责任者.析出文献题名[文献类型标识/文献载体标识].连续出版物题名：其他题名信息，年，卷(期)：页码[引用日期].获取和访问路径.数字对象唯一标识符.

例：杨洪升.四库馆私家抄校书考略[J].文献，2013(1)：56～75.

（5）专利文献。

例：专利申请者或所有者.专利题名：专利号[文献类型标识/文献载体标识].公告日期或公开日期[引用日期].获取和访问路径.数字对象唯一标识符.

例：邓一刚.全智能节电器：200601713143[P].2006-12-13.

（6）电子资源。

主要责任者.题名：其他题名信息[文献类型标识/文献载体标识].出版地：出版者，出版年：引文页码(更新或修改日期)[引用日期].获取和访问路径.数字对象唯一标识符.

例：中国互联网络信息中心.第29次中国互联网络发展现状统计报告[R/OL].(2012-01-16)[2013-03-26].P020120709345264469680.pdf.

以上各种参考文献的注述，都应当严格按照国家统一标准来规范，文献题名、报刊名、出版者和相关单位都要用全称。不能随心所欲，要培养严谨的学术之风。如有其他需加说明的内容，文字一定要简洁、准确。

四、图表安排

图表也是一种表达和描述手段，有时能起到文字很难发挥的作用，常常能给读者带来一目了然的阅读效果，留下具体、深刻的印象。而且，学术论文中适当地嵌入图表，也使文章的表达富于变化，增强论文的可读性。所以，日本学者末武国弘先生在分析了语言和图像这两种信息交流的手段后，还特别指出："在学术杂志的某些论文中，既没有图，也没有表，整页整页地排满了铅字，这就使人读起来兴味索然。如果在论文的正文之外，辅以图表，读者便可以对照两者阅读，即同时得到从眼睛映入的视觉信息和文字带来的时间系列信息。"①可见，图表的运用已成为许多科学研究者论文写作的重要表达手段。因此，我们在学习论文写作时，也应当学会图表的运用。

（一）插图

科学论文中的插图多种多样，如果从绘图的方式看，有线条图、照片图、坐标图、结构图等，但从绘图的目的及作用看，一般分为两大类：示意图和实用性图。

示意图是借助于图来表达一个概念、结论或过程。这类图的绘制比较灵活，没有严密、精确的要求，只要能直观地表达出作者的意图即可。例如，林兴宅在《论阿 Q 性格系统》(载《鲁迅研究》1984 年第 1 期)一文中，为了更清楚地说明阿 Q 性格的复杂性，他特意画出这样一幅图：

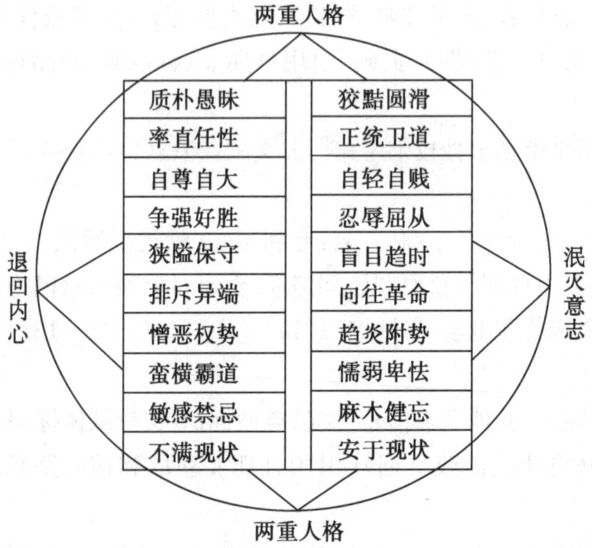

图 4-1 阿 Q 性格的复杂性示意图

---

①[日]末武国弘：《怎样写科学论文——兼谈口头发表论文的方法》，李大川、李西岩译，山东教育出版社 1986 年版，第 17 页。

看了这个图，我们就会对作者的观点及阿Q性格的复杂性，有更清晰的认识。

示意图更多地被用于表示事物的发展变化过程，采用坐标图的形式绘出。如汪同三、李涛在《中国通货紧缩的深层次原因》[①]中，为了更直观地说明1996年以来中国经济出现了"通货紧缩"，共绘制出10幅坐标图。其中图3"中国经济的增长型衰退(GDP增长率，%)"如下：

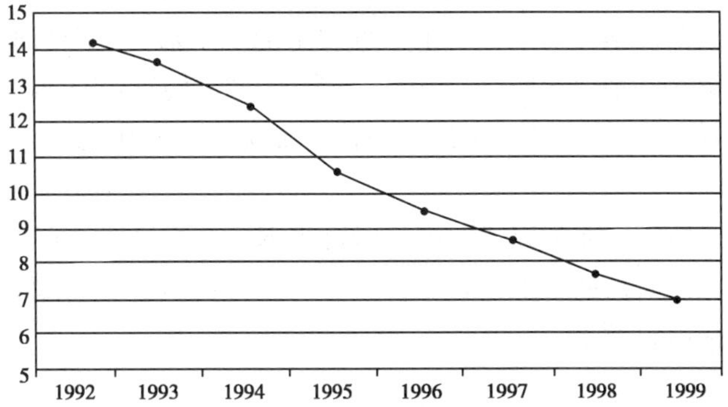

图4-2 "中国经济的增长型衰退"折线图(GDP增长率，%)

数据来源：《中国统计年鉴(2000)》

实用性的图包括实用曲线图、等值线图、实体图、机械工程图等。这类图的绘制要求精确度高，必须严格操作，有些专业性很强的图还需要作者进行专门训练。这种图在自然科学类的论文中运用较多。例如，前面提到的王金秋、石椿的《松江鲈鱼不同组织同工酶的研究》中，就插入了6幅松江鲈鱼不同组织的同工酶电泳图谱，由图我们可以清楚地看到不同的同工酶系统的不同组织分布情况。但这些图都是实验过程中运用先进的摄影手段获得的，不可能用简单的示意图绘制方法来完成。

(二) 表格

运用表格，可以使大量的数据和问题系统化，便于阅读，更便于比较和认识研究对象。因此，学术论文写作中恰当地插入一些表格，可视为一种重要的辅助表达手段。尤其是在以统计方法为主的论文中，表格的作用更为重要。

表格也可以分为两类：一类是主要用数字表明研究对象，另一类则主要用文字而很少用数字来表明研究对象。前者可以用于实验数据的精确统计，也可以用于显示研究对象的某种变化趋势或若干因素间相互关系的约略数字统计；后者主要用于对研究对象的性质、特点及发展变化进行分类、分析、对照、比较或表明关系等。比如，2001年第6期的《中国社会科学》上，徐安琪、叶文振的《父母离婚对子女的影响及其制约因素——来自上海的调查》中共插入5份统计表，都属于前一类，而白建军的《刑罚轻重的量化分析》中使用的"中国《刑法》刑罚综合指数简表"则属于后者。

---

①汪同三、李涛：《中国通货紧缩的深层次原因》，《中国社会科学》2001年第6期，第42～53页。

一般来说，表的构成包括表题、表头和填写内容三部分，有的表还有表格脚注。

表题，亦即表的名称。但有些情况下，论文中的表格较多，就需要编号，如表1、表2……并标出表的名称，这时表号及表名就合称表题。表名写在表外上方居中，表号写在表名前或后均可，表名与表号间不加标点。

表头，是表中横竖标目的总称。表格由若干条横线与竖线组成，竖线之间为栏，横线之间为行。第一栏和第一行所标出的各种项目名称合起来就是表头。

填写内容要规范。填写数字应以小数点为基准上下对齐，空格时应画一条斜线表示此处无数据。填写文字要简明，以居中填写为准，如需转行，头行应缩格，表内文字也需正确使用标点，但每一格中的文字最末一律不加标点。表中的计量单位应用国际通用的符号或缩写。

表中的文字或数字需要加以说明解释时可用脚注。脚注序号宜用小号阿拉伯数字并加圆括号置于标注对象的右上角，如×××(1)，脚注的具体内容写在该表的下边，不能同正文中的注述内容混淆。

（三）图表安排

图表在学术论文中的运用，其最终目的是更好地完成论证，增强论述的说服力，它只是提高信息传递效率、便于读者接受理解的手段。因此，一篇论文中是否运用图表，运用多少个图表，完全根据论证的需要来确定，千万不能为论文形式的求新而插入不必要的图表。

一般来说，一个图表最好描述一个主题，即图表中反映出的应是集中于一个问题的资料，如果描述的主题多，就会显得庞杂，读者阅读时难以把握中心，造成思路混乱。

图表形式多样，大小各异。插入的位置，应当统一安排，既要兼顾版面的美观、大方，又要考虑到便于读者阅读。如果图表不多，版面又可以容纳，最好把它们分散在文内第一次提及该图表的地方；如果图表较多，且版面不足，则把它们附在文末为好，但最好不要乱放。

五、修改定稿

学术论文的初稿写成以后，必须经过反复修改，才能最后定稿，即使运用电脑写作，随写随改，也仍然需要最后通篇阅读、修改。文不惮改，反复修改的过程，其实是科学研究的继续和深入，是提高论文质量的有效措施，也是科学研究者严谨的态度与对读者和社会高度负责的体现。因此，学术论文的写作过程，不能轻视这一重要环节。一篇论文，只有经过反复推敲、修改，誊清定稿后，才算是最后完成了。

（一）学术论文修改的内容

学术论文修改的目的是确保论文的质量，增强论文的科学性与可读性。因此，修改的内容就涉及论文的方方面面：大至论点是否鲜明突出、具有新意，结构层次是否严谨合理，论证是否充分有力、富有严密的逻辑性；小至语言是否准确简练，引文注述是否可靠、规范等等。一般来说，我们修改论文时应先从全局着眼，大处入手，审视观点及所用材料，理清论证的逻辑思路，然后再注意局部的调整、语言的锤炼、技术细节的处理，具体来说，论文修改主要应从以下几个方面进行：

1. 观点的修正

观点是论文的灵魂。如果一篇论文的观点出了问题，那么论文的科学价值就受到影响，这是论文修改的关键所在。一般来说，对论文观点进行修正，有这样几种情况：

(1) 基本观点错误。基本观点是全篇的中心论点和总的结论，是论文的主旨所在。一旦基本观点错了，那么其分论点、论据也就变得没有意义了，整篇论文就站不住脚，这种情况就需要动“大手术”。当然，这样的错误在论文写作中很少出现，却是我们必须高度重视的。

(2) 观点主观、片面。这样的错误比较常见。由于研究者没能辩证地、全面地认识对象，对事物做出了主观片面的判断。或者出自对某一错误观点的否定而不慎走向了另一极端，或者抓住事物某一方面的特征就匆忙得出结论，或者因为占有材料的不足而做出误断，或者凭主观想象、未经实践检验就武断地下了结论。这就需要我们认真思考，对症下药，对观点做出恰当的修正。

(3) 观点陈旧。学术论文如果没有自己的独到见解，只是拾人牙慧，陈陈相因，那就毫无价值。如果在修改论文时，发现自己的论文观点陈旧，那就应毫不犹豫地进行修正。

2. 论据的修正

论据是支撑论文观点的基础，论据充分有力，观点就鲜明突出。进入论文修改阶段，由于作者经过研究与写作的精神跋涉，对论文的观点、使用的材料和淘汰的材料，都有了更深入的认识和感受，此时反观论文的内容时，就会对论据即材料的使用是否恰当有更新的理解。因此，对论据进行修正就是自然而然的了。或者增添论据，或者删减论据，或者调换论据，使其能够更充分更有力地发挥论证的作用，达到论点与论据的有机统一。

3. 结构的修正

论文的结构是论证的逻辑展开形式，也是论文内容的组织安排形式，它反映出作者对论题的思考步骤和推理逻辑形式。因此，结构的修正，就是要理顺作者的思路，使全文各部分间脉络清晰，层次井然，详略得当，逻辑严密，中心突出，主题明确，浑然一体。

一般来说，结构的修正，主要考虑从开头、结尾、过渡、照应、段落衔接、详略安排等方面入手。

4. 语言的锤炼

论文修改时对语言的锤炼，首先是对字词的推敲选择，使用字词必须准确，富有文采。其次，要注意句段的修改，切忌出现语法错误；并力求句式富于变化，长短相间，具有气势，增强感染力、说服力。同时，还应注意语言的规范和书写格式的合理。

此外，修改论文时，还应订正注述，并注意按学术论文的规范要求调整、修改其他各个组成部分。

（二）学术论文修改的方法

学术论文的修改没有固定的方法和模式，作者可以根据自己的习惯和具体写作情况，采用不同的修改方法，从而达到修改的目的。下面介绍几种常见的修改方法，可供参考。

1. 热加工法

这种修改方法，就是在论文初稿完成后，趁热打铁，及时抓紧修改，对自己写作过程中已意识到，但怕中断思路而无暇顾及的缺漏或错误加以补充或修改。这种方法的好处是，此时作者的思维仍处于兴奋状态，对全文内容尚熟知于心，因此往往能收到事半功倍之效。但由于作者的思路尚处于初稿写作的逻辑框架之中，热处理的方法又往往难以带来新的突破。

2. 冷处理法

这种修改方法，是作者在完成论文初稿之后，有意识地放一段时间，等自己经过一番冷静沉思，或遇到新的启发之后，再动笔去修改。冷处理时由于作者跳出了初稿思路的圈子，有可能以一种清醒的、开放的新角度去审视自己的研究成果，从而发现潜在问题，获得新的突破。当然，这种方法很容易忽略掉在初稿写作过程中偶然产生的思想火花。所以，在运用冷处理法时，不宜过“冷”，要恰如其分，把握时机。

3. “集体会诊”法

这是一种虚心求教、集思广益的修改方法。作者在对自己的论文初稿做了一定修改之后，送给同学、同行尤其是师长指教，请他们看一看，指出文章的得失所在，然后集中大家的智慧，再对论文进行修改。

很显然，“集体会诊”法是充分吸取了思路各异、认识不同的人的意见，集多家之言而后做修改的，往往能收到意想不到的效果。所以，不少人都采用这种方法。末武国弘在与大学生谈到论文写作时，曾说草稿“在同学或同事之间交换阅读，彼此听取批评也是有益的。因为作者注意不到的缺欠和错误，别人却容易发现”①。这既是经验之谈，也是修改论文的良方。

（三）学术论文的定稿

学术论文的修改是确保质量的关键环节。我们可以综合运用多种方法反复修改，直至取得比较理想的修改效果，这时才可定稿。这种理想的修改效果应达到什么要求呢？起码是论文内容达到观点正确，富有新意，论据充分可靠，论述层次清楚，逻辑性

---

①［日］末武国弘：《怎样写科学论文——兼谈口头发表论文的方法》，李大川、李西岩译，山东教育出版社 1986 年版，第 59 页。

强，语言准确、生动，具有感染力，能为读者所接受。简单地说，理想的效果，首先是自己满意，其次是能让读者接受。

第四节　学术论文写作的规模和格式

任何一种文章都有自己的存在形态，即文章的规模和格式，写作学称之为文体。尽管文体属于文章的形式，但它体现一定内容的要求并对内容的表达发挥重要的能动作用。因此，每个人写文章时，都必须在确定了内容之后，认真斟酌并最终选择恰当的文体。学术论文的写作也不例外。研究者在围绕自己的选题进行严格的材料收集、比较、筛选、研究，并列出提纲、动笔写作时，就应当对自己论文的规模与格式有明确的选择意识。当然，学术论文内容的特殊要求及写作目的、层次高低的差异，又决定了学术论文规模和格式的独特性。这正是本节所要讨论的问题。

一、学术论文写作的规模

学术论文的规模，更直接明白地说，就是其篇幅的长短。很显然，其规模的大小并不决定其学术价值的高低，却受制于论文内容的丰厚与单薄，抑或说论文选题的大与小。因此，学术论文规模的确定，有赖于内容表达的需要，如果你的选题较大，涉及的研究范围较广，研究的课题具有比较重大的社会价值和经济价值，又必须下较大的力气才能够把论题讲述明白、论析透彻，那么，你写的论文，规模肯定要大。相反，如果你选择的是一般性课题，涉及的研究范围较狭窄，课题本身的社会价值和经济价值也很一般，也用不着你投入很大的精力和时间就能够完成，那么，这样的论文肯定不用写多么长。比如，董乃斌先生在《中国社会科学》（2001 年第 6 期）上发表的《中国文学史的演进：范式的视角》，这篇论文是以一百年来中国文学史学科的演进历程作为研究对象，涉及的文学史料较丰富，选题有较重要的价值和意义，文章规模自然要大一点，全篇 15000 字左右。倘若把选题再扩大些，改为《试论中国文学史的百年流变》，那么论文就需要从更多的角度对近百年来中国文学史学科不断演进的表现、特点和基本规律，做出较全面的阐释和描述，而不能只从范式演变的角度去立论。这样，写出来的论文，其篇幅很可能要长达数万字乃至十几万字了，甚或成为一部专著。相反，若把该选题缩小点，只选择一个时期的文学史研究，抑或一部文学史著作的研究，探讨、追寻其在中国文学史百年演进历程中的地位和作用，那么，论文的规模自然会小一点，也许 6000 字以内就可以了。又如，《复旦学报》（自然科学版）2001 年第 5 期上，周玮斌等人的《普通野生稻中 NBS 同源序列的克隆和分析》一文，因为实验材料和研究对象的单一，因而全文只有 6000 字左右。如果实验材料和研究对象扩大些，论文的规模就需要扩展。不然论题就讲不透彻，内容表达就不充分。可见，论文规模从根本上说，要根据自己的选题来决定。

当然，以上所述论文的规模，是从论文本体而言的，是论文内容表达所要求的，并不是其他因素的制约所确定的。而事实上，学术论文规模的确定，还常常要受到论文自身以外不少因素的影响和限制，从而造成论文写作主体——作者两难选择的矛盾与尴尬。常常为了适应论文自身以外某种因素的需要，作者不得不忍痛割爱，对论文的篇幅进行删削、压缩和加工。因为，我们搞研究、写论文不是自给自足的"小农生产"，不是自娱自乐，而是为社会而写，要通过发表、交流产生应有的社会功能。同时，学术论文又具有层次差异，不同层次的论文有不同的具体要求。所以，讲述论文的规模，在弄清楚论文本身内容表达的需要之后，还必须考虑到以下几种情况：

（一）根据写作论文的不同目的确定论文规模

学术论文的写作，大致有三种目的：一是在报刊上公开发表，二是提交会议交流，三是直接为政府或相关部门、组织机构、企事业单位提供咨询参考。写作目的不同，论文的规模就会不同。不然，你写出的论文就达不到写作的目的，实现不了应有的经济效益及社会功能。论文选题价值意义大，写作目的明确，写出的论文规模又与目的相适宜，那么，论文发挥的功能就大。如果不顾写作目的的限制，只是一味地挥洒铺陈，那么，即使论文选题很有意义，也会因其篇幅过长而达不到预期目的。因此，作者必须结合自己的写作目的来确定论文的规模，一定要避免盲目性。

1. 为在报刊上公开发表而写作的论文

学术论文是学术研究成果的载体，又是传播学术信息的工具。为了更快、更广泛地把其传播开来，发挥更大的作用，学术论文更多地要借助报刊等媒体。然而，不同的期刊和报纸专栏，大都对该报刊登载的论文提出过明确的字数限制，写作者必须对此心中有数。现在，社科论文在万字以上的不少，而自然科学论文大多是几千字。所以，我们在写论文时，一定要知道自己欲投稿的刊物对稿件篇幅的要求，千万不能只从自己的选题需要构制篇章，而忽略了刊物对版面的限制。

2. 用于学术交流活动而写作的论文

随着社会文明程度的提高及现代科学技术的快速发展，学术交流活动越来越多。科学研究工作者大多要为参加某种学术交流会议而撰写论文。这种论文的规模，就必须从学术交流活动的范围、对象及方式等方面来确定。假若参加学术交流活动的人都是本专业领域里的专家学者，那么你撰写的论文只要观点正确、论据有力、数据可靠，不必做更充分、透彻的阐释说明，因而，篇幅无须多长。特别是自己要在有限的发言时间内向大会宣读的论文，更需要简明扼要，切忌长篇大论。但是，如果你为一般听众做学术报告而撰写一篇论文，那又需要考虑听众的接受水平，尽可能地把自己的观点阐述清楚，把论据提供得更充分，更翔实，把道理分析得更透彻，更明白，这样的论文篇幅自然就要长一些。

3. 为提供参考咨询而撰写的论文

论文的撰写，有时既不是为了在刊物上登载，也不是为了在学术会议上交流，而是有更具体直接的目的，即为政府或相关部门、组织机构、企事业单位的某项决策提供参考咨询。这样的论文，更注重结论的正确可靠性，而论证过程和论据不必那么完善、充分和详细，所以不要写得过长。当然，充分而翔实的论据还是必需的，严谨、周密的推理和论证过程更不可少，只不过它们都存在于作者的构思及研究过程中，而在论文撰写时应当简略些。这样的论文，同样要求作者具有严肃认真、实事求是的科学精神，要敢于对自己论文的结论承担科学研究者应有的神圣职责。

（二）根据学术论文的不同层次确定规模

前一章专列一节讲了“学术论文的层次”。我们知道，不同类型的学术论文中还存在着层次差异，而不同层次的学术论文，又有着不同的规模要求。所以，我们在确定论文的规模时，也应该从自己论文的层次这一角度来谋篇。就拿学位论文来讲，不同层次的学位论文对规模大小有明确的要求。根据中华人民共和国国家标准对三个不同层次学位论文的定义区别，以及《中华人民共和国学位条例》及其《暂行实施办法》的规定，学士学位论文的字数通常要求在6000至10000字左右，硕士学位论文的字数一般要求在2万至4万字左右。博士学位论文是学位论文中层次最高的一种，它能体现作者在本学科领域具有坚实宽广的理论和系统深入的专门知识，并具有独立从事科学研究工作的能力，在科学或专门技术上取得了创造性的成果，因而它的篇幅一般在5万字以上，甚至多达10万至20万字，相当于学术专著的规模。

当然，根据论文的层次差别来确定其规模，这只是一种参照因素，并不是决定因素。一篇论文的规模，说到底还是取决于其内容。因为论文的层次划分，本来就以论文内容的多寡、选题价值的大小为依据。因此，也有学士学位论文达几万字，硕士学位论文近乎是一部学术著作的情况，我们千万不可机械地理解。

二、学术论文写作的格式

“文无定体”，学术论文的写作也是一样。学术论文有多种类型、多样层次，不同的论文在不同的作者笔下诞生后必然各有各的形貌及个性特征。但是，正如大千世界人各相异而又具有人的共同身体构造一样，学术论文作为一种应用文体，也具有其大体一致的写作格式。日本学者末武国弘在谈到科学论文的结构时，认为“论文一般由下列部分组成，标题、内容提要、目录、前言、正文、结尾、附录、谢词、参考文献”①。由此，我们可以有一个大致的认识，国外的学术论文与我们常接触到或自己撰写的学术论文，在写作格式上存在着相同与相通的地方，学术论文的写作有可遵循的基本格式。

我国为了规范学术论文的撰写和编辑格式，便于信息系统的收集、整理、加工、存储及检索、利用、交流、传播，于1987年公布了国家标准GB7713－87《科学技术报告、学位论文和学术论文的编写格式》（以下简称《编写格式》），该文件对制定此标准的目的、科

①[日]末武国弘：《怎样写科学论文》，李大川、李西岩译，山东教育出版社1986年版，第60页。

学技术报告与学位论文和学术论文的定义、编写要求、编写格式，以及这种格式所包含的四大组成部分，即前置部分、主体部分、附录部分、结尾部分及其具体内容都做了比较明确的规定。现将其中的“编写格式”引录于此：

- 前置部分
  - 封面、封二(学术论文不必要)
  - 题名页
  - 序或前言(必要时)
  - 摘要
  - 关键词
  - 目次页(必要时)
  - 插图和附表清单(必要时)
  - 符号、标志、缩略词、首字母缩写、计量单位、术语、名词等注释表(必要时)
- 主体部分　　(章)　(条)　(款)　(项)
  - 引言－1
  - 正文－2
    - 2.1
    - 2.2
    - 2.3
      - 2.3.1
      - 2.3.2
      - 2.3.3
        - 2.3.3.1
        - 2.3.3.2
        - ……
      - ……
    - ……
    - 图 1(或图 2.1)
    - 图 2
    - ……
    - 表 1(或表 2.1)
    - 表 2
    - ……
  - 结论
  - 致谢
  - 参考文献表
- 附录部分(必要时)
  - 附录 A
  - 附录 B
    - B.1
      - B.1.1
      - B.1.2－B.1.2.1
    - B.2
    - ……
    - 图 B1
    - 表 B1
- 结尾部分(必要时)
  - 可供参考的文献题录
  - 索引
  - 封三、封底

这是一个标准型的论文写作格式，在实际操作时，有的项目也可能会省略。如果再参考中华人民共和国教育部办公厅印发的《中国高等学校社会科学学报编排规范(修订版)》、GB7714－2005《文后参考文献著录规则》、GB3469－83《文献类型与文献载体代码》、CAJ－CD B/T 1－2006《中国学术期刊(光盘版)检索与评价数据规范》等一系列国家标准和规范，我们又发现这一编写格式中尚缺少一些必要的项目。为此，我们在这里综合以上相关的标准和规范，对学术论文编写格式的四大部分及其必要的项目分别做一介绍。

(一) 前置部分

学术论文的前置部分，在通常情况下主要包括标题、作者署名、作者单位、摘要、关键词、中图分类号和文献标识码。而《编写格式》中列出的封面、目次页、插图和附表清单等一些项目，则是在特殊情况下出现的，在一般的学术论文中没有必要出现。

1. 标题

标题是论文的"眼睛"，要求以最简明、准确、醒目的词语概括、提示论文的主要内容，并对读者产生吸引力。同时，拟好标题对作者也很重要。因为"索引""题录"等二次文献，大多只列举论文标题和出处。标题拟不好，不容易获得反馈。

标题不宜太长。中文标题一般不超过 20 个字。要避免使用不规范的简缩语、代号和公式等。论文标题形式多样，可以明确点明题意或者点出研究的问题范围，也可以提出问题。同时还有单标题与双标题之分。单标题是常见的标题类型。双标题是一种变格，即在正标题之后再加一副标题，两者相辅相成。如《冲突与共谋——论中国电视剧的文化策略》等。

2. 作者署名

学术论文的标题之下，通常应标署作者姓名。这是文责自负和拥有知识产权的标志，也便于读者与作者保持联系。作者署名，也可以是笔名(但必须向刊物或出版单位说明真实姓名)，或者是一个研究机构、课题小组的名称。向学术刊物投稿，则应注明作者的出生年月、性别、籍贯、工作单位、职称、学位、通信地址和邮政编码等，以便编辑发稿时使用。如果是多位作者，各个姓名之间应用逗号隔开；如果作者不是同一个单位的人，还应在姓名的右上角加注不同的阿拉伯数字序号以区别开来。如：王涛[1]，刘成胜[2]

3. 作者单位

作者单位包括工作单位和学习单位，单位名称要写全称，不能随意简化。同时，还要标明单位所在的省、城市名及邮政编码，然后加圆括号，一并置于作者姓名的下方。格式如下：

杨培隆

(××大学生命科学院，省市，邮编)

4. 摘　要

摘要是对论文研究方法和研究成果的客观表述。不加注释，不做评论，一般在 300

字以内(公开发表的论文还应附摘要的英文翻译)。摘要既要写得短而精,又能包含与论文等量的主要信息。可以让读者不读全文即能从中获得对论文的主题、研究对象、观点、价值及研究背景、目的、方法、任务等方面的认识。如王均、陈向东的论文《历史地理学信息化若干问题的探讨》其摘要是这样的:

> 信息技术应用的日益普及为中国历史地理学发展提供了可选择的途径,在社会需要、信息源、技术方法等因素的支持下,开展历史地理学信息化已具备了可行性。应结合具体实例在历史政区、气候、人口、土地等专题开展GIS技术应用,以及推广数字地图、图像处理技术应用。在实践中不断解决历史文献的信息精度等问题,推动学科方法论的进步。①

5. 关键词

关键词,也称主题词,它是最具实质意义的检索语言。它是从论文中选取出来的,最能体现文章内容特征、意义和价值的单词或术语。论文的关键词一般以3～6个为宜,写在"摘要"之下,词与词之间用分号隔开。关键词的拟写,便于在文献检索时使用。例如,前举《历史地理学信息化若干问题探讨》一文的关键词是:

历史地理学;信息技术应用;历史信息数字化

6. 中图分类号

为了便于检索和编制索引,公开发表的学术论文都应标出中图分类号。中图分类号的选用,应以1999年3月北京图书馆出版社出版的《中国图书馆分类法》(第四版)为参照,作者应从中查找自己的论文对应的分类号,然后标识在关键词之下。如论文《论文学的艺术张力》,其中图分类号为:I06(不过,多数作者并没有标出自己论文的中图分类号,多由编辑完成)。

7. 文献标识码

文献标识码是表明论文所属性质的。每一篇学术论文的内容都有其相应的文献价值,按其价值意义的差别可归属不同性质的文献类型,不同的文献类型用不同的英文字母来表示,这便形成了文献标识码。《中国学术期刊(光盘版)检索与评价数据规范》规定了以下五种文献标识码:

A——理论与应用研究学术论文(包括综合报告);

B——理论学习与社会实践总结(社科),实用性技术成果报告(科技);

C——业务指导与技术管理性文章(包括领导讲话、特约评论等);

D——动态性信息(包括通讯、报道、会议活动、专访等);

E——文件、资料(包括历史资料、统计资料、机构、人物、书刊、知识介绍等)。

我们可以根据自己撰写的论文内容,选出对应的文献标识码,写在中图分类号之

①王均、陈向东:《历史地理学信息化若干问题的探讨》,《地理科学进展》2001年第2期,第131页。

后。如论文《犯罪嫌疑人、被告人辩护权保障研究》，其文献标识码为A，论文《邓小平对社会主义本质论的突出贡献》，其文献标识码为B(不过这项工作也多由编辑完成了)。

以上是学术论文前置部分的常见项目，在多数学术期刊上登载的论文，大都有这些内容。下面以《复旦学报》(自然科学版)2001年第5期上的一篇论文为例，其整个前置部分的格式即为：

盐胁迫下盐藻特异表达基因片段的克隆

张晓宁[1]，万由衷[1]，林长发[1]，张亚兰[2]，李彦舫[2]，沈大棱[1]

(1. 复旦大学生命科学学院遗传学研究所，上海 200433；2. 中国人民解放军农牧大学，长春 130062)

摘要：盐碱、干旱、极端温度等逆境条件是影响植物生长的重要因素。以抑制消减杂交及差式库的筛选对盐藻(Dunaliella Salina)在高渗胁迫下特异表达基因片断进行了克隆。比较长期(1周，LS)及短期(16h，SS)NaCl胁迫条件下基因表达情况，前者克隆到2个特异表达片段，后者也为2个。通过测序及GeneBank中进行同源搜索，均未有可靠的同源性结果。可以初步认为，以上得到的4个cDNA可能是新基因或此片段不在保守区内。

关键词：盐藻；盐胁迫；抑制消减杂交

中图分类号：Q946　　**文献标识码：**A

(二) 主体部分

《编写格式》规定学术论文的主体部分包括引言、正文、结论、致谢和参考文献等项目。其引言、正文和结论，也就是我们平时所说的引论、本论和结论，它们是学术论文主体部分不可缺少的。“致谢”不一定出现在所有的论文中，“参考文献”也是根据写作的实际情况而确定的。因此，这一部分的写作格式可由作者根据具体情况自行安排，但引言、正文和结论这些最基本的项目必须把握好、撰写好。

1. 引言

引言，是论文的开头部分，又称前言、导言。它写在正文之前，用来说明论文研究的缘起、对象、目的、意义、研究方法及相关领域里前人的工作基础，一般篇幅较短，常用一小段文字表述。但若是数万字以上的长篇论文(如硕士及博士论文)，也可能把“引言”作为一章或一节独立存在。

引言的写作应开门见山，言简意赅，不能与摘要相重复，或者变成摘要的注释，“引言”二字可有可无。例如，前举董乃斌《中国文学史的演进：范式的视角》一文，全篇15000字左右，开头一段的引言有500来字。引言中首先追溯20世纪初《钦定京师大学堂章程》把文学作为一门学科与政、农、工、理、医、商等科并列开始，研究中国文学的“中国文学史”也开始成为大学的一门课程，一百年来产生了数量可观的讲义和专门论著。然后，表述了写作这篇论文的背景、目的、研究方法及意义：“中国文学史的一百年，走过了从草创到成熟、从混沌到科学、从样式单一到形态多样、从数量有限到家族庞大，归根到底，是从传统到现代的艰辛历程，其间的曲折反复、成败利钝，已足以形成一部关于文学史的专史。为了对百年来的文学史演变发展进行梳理和分析，也为了建设一门与文学史原理有关的专门之学，本文引入范式这一概念——众多的文学史著作可以在范式的名义下进行概括分类，从这个角度探讨其特点和长短优劣，从而提炼出关于文学史原理的某些基本问题，既描绘出文学史学科的现状，又对它的发展趋势作出瞻望和预测。”

2. 正文

正文是论文的核心部分，它要集中表述作者的研究成果，作者对问题的分析和对观点的论证等，又称“本论”。一篇论文的质量，主要取决于这一部分，要占相当大的篇幅，正文要集中论述自己的创见，不要重复一般性的常识，如确有必要涉及常识或别人的研究成果，也应严格限制，不要冲淡和模糊了自己的创见。

不同学科的学术论文，其研究的选题、研究的方法、分析论证的过程、获得的结果、表达的方式都有很大差异，因此对正文的内容不能做统一的要求。但是，在实事求是、客观、准确的基础上，为了论述的需要，正文还是可以找出一个大体一致的格式。

（1）正文的层次标志。社会科学学术论文的正文层次标志多样，有以自然段落区分的，有以空白格显示的，有以小标题显示的。但更常见、更清晰、更便利的层次标志是数码，一般采用一、（一）、1、（1）、1）。其层次标志的直观显示如下：

正文（总论点统摄）
- 一（1级）
- 二
  - （一）（2级）
  - （二）
    - 1（3级）
    - 2
      - （1）（4级）
        - 1）（5级）
        - 2）
      - （2）
    - 3
  - （三）
- 三

正文层次标志数码不宜用①，以区别于注释码。例文可参看方文《社会心理学的演化：一种学科制度视角》一文（载《中国社会科学》2001年第6期）。

自然科学学术论文的层次标志则一般采用阿拉伯数字连续分级编码。不同层次的数字之间用下圆点“·”隔开，末尾数字后不加标号，如“1”“2.1”“3.1.1”等，其层次标志的直观显示如下：

正文（总论点统摄）
- 1（1级）
- 2
  - 2.1（2级）
  - 2.2
    - 2.2.1（3级）
      - 2.2.1.1（4级）
      - 2.2.1.2
      - 2.2.1.3
      - 2.2.1.4
    - 2.2.2
    - 2.2.3
  - 2.3
- 3

自然科学论文各层次序号一律左顶格，后空 1 个字的位置与小标题相接。例文可参看王金秋等《鸭绿江流域中国境内松江鲈的分布》一文(载《复旦学报》(自然科学版)2001 年第 5 期)。

(2) 正文中图、表、注述的编写序号。正文中的图、表，一律用阿拉伯数字分别依序编排序号，如图 1、图 2、表 1、表 2 等。同时，图、表还应标明简短贴切的题目。题目应与序号间留一字之空。图题应居中排在图的下方，表题则居中排在表的上方。如果因版面限制，图、表需要卧排时，应顶左底右，这样显得美观，比例适当。图、表中的符号、标记、代码如需用简练的字词加以说明时，应放在图、表的下方。但是，切忌图表中的内容、说明的文字，与正文中的文字表述相重复。例文可参考中日联合考古队《汉长安城桂宫三号建筑遗址发掘简报》(载《考古》2001 年第 1 期)。

论文中的注述，是对引用他人的文章、观点、材料、数据等研究成果所做的说明，根据第三节有关"引文注述"的具体要求，我们应在论文中采用尾注法，在需要加注述的地方，逐一加上注述标识码，以先后为序，按①②③……排列。待全文结束，再在文后依此顺序一一写出注述内容。

3. 结论

结论是论文的结尾部分。它对论文起着概括、总结、强调和提高的作用。有时，还要指出该课题研究中的不足，说明还有哪些方面值得继续探讨。结论在一篇论文中不容忽视，它常常是读者在没有阅读全文前，想对论文观点及价值有大体了解时，连同摘要一并浏览的。因此，结论应写得简洁有力，既不画蛇添足，也不草率收篇。例文可参看詹福瑞《汉大赋的内在矛盾与文士的尴尬》(载《文艺研究》2001 年第 6 期)。

4. 致谢

致谢不是学术论文主体部分不可缺少的，要视具体情况而定。一般来说，致谢是作者对曾经给予自己论文的研究和写作以帮助的组织或个人表达谢意的文字记述。因此，内容要实在，语气要诚恳，语言要恰当，文字要简短。

5. 参考文献

作者在论文写作过程中参考的学术著作、重要论文，通常采用参考文献的形式在文后标出。参考文献不一定每篇论文都有，它多见于学术著作和篇幅比较长的论文中。列参考文献要精当，要有代表性，不可随便凑数。参考文献标识出论文写作的主要思想资源和材料来源，从另一个方面表现了作者研究的广度和深度。

(三) 附录部分

附录是论文主体的补充项目，并非每篇必备，一般来说，附录部分常写这些内容：

(1) 完成学术论文所获得的基金资助，标识出项目名称及项目编号。

(2) 调查或实验研究中得到的原始数据、调查记录、问卷、实验观察记录等。

(3) 一般读者不必阅读、不易读懂或不感兴趣，但对同行有参考价值的材料。

(4) 与正文内容密切相关，但由于论文的整体性或篇幅所限，未能放入正文中的其他重要材料。

思考与练习

根据学术论文选题的创造性原则，结合自己所喜爱的学科内容，寻找一个自己满意而又切实可行的论文题目(提示：可组织一场公开的“论文选题论证会”，进行充分的选题优化)。

第五章　学术论证的逻辑和技巧

恩格斯在《自然辩证法》中论述科学思维的规律和价值时指出："一个民族想要站在科学的最高峰，就一刻也不能没有理论思维。"[①]学术论证，是理论思维体现在学术著作中的具体形式，它是运用科学资料来阐述学术论题、证明学术观点具有真理价值的论述过程，也是由无数前提推出结论所使用的推论方法和形式。

同一个论点，通常可以选用各自不同的论据来证明；从若干相近、相似的论据中，不同的研究方法又可能得出不尽相同的结论。因此，在一般人心目中，论证似乎成了可以随意捏塑的文字游戏。不少"写作学"的学者，也常常爱用一句佛教用语来概括写作的方法，那就是"文无定法"，只承认"大体则有"的写作法则。这种概括对叙述、描写、抒情一类的文学体裁，也许有一定道理；但用于"论证"尤其是"学术论证"，就并不确切了。因为，大凡论述性的文章（尤其是学术论文），其论证的基本方式，包括论证的逻辑方法和结构形式，都是具有规律性的，而且，学术论证（推论）必须处处切合逻辑规则。就这一点而言，应当说它是有"定法"的，有具体规则的。

法国著名哲学家卢梭说过，"通向谬误的道路有千万条，通向真理的道路只有一条"。这正好说明了学术论证的精确性原则。人们还可以说，"条条大路通罗马，但最直、最近的只有一条"。这正好说明了逻辑方法和应用技巧在学术论证中的地位和作用。那么，怎样才能保证我们的学术推论能准确地获取真理，顺利地达到目标呢？那就是必须依靠严密的逻辑方法，组织雄辩的逻辑结构。即从思想方法讲，要具有严密而又辩证的理论思维方法；从写作行文看，必须选择简洁、明快、有力的逻辑推理形式。

第一节　学术论证的逻辑方法

要使学术论文的论证有一个严密的、富于雄辩的逻辑结构，首先必须掌握学术论证的逻辑方法。应当说，这是学术论文写作的理论基点。学术论证的逻辑方法，最基本的就是要遵守形式逻辑的一般规律，满足同一律、矛盾律、排中律和充足理由律的各种要求。落实到写作过程，针对学术论文写作中容易出现的逻辑错误，我们在掌握学术论证的逻辑方法时，应重点注意如下问题：

---

①［德］恩格斯：《自然辩证法》，见《马克思恩格斯选集》（第三卷），人民出版社 1972 年版，第 467 页。

一、怎样清晰准确地把握概念

有人发表了一篇文章，论题是《论白居易的批判现实主义精神》，乍看一眼，仿佛很新颖；细致一想，却问题严重。因为，“批判现实主义”是一个内涵十分确定的文学专用名词，它是指19世纪在欧洲文学艺术史上占主导地位的文艺思潮，这种文艺思潮是资本主义内部矛盾尖锐化在文学艺术上的反映。批判现实主义文艺，是资本主义时代（确切地说是“资本主义自由竞争时代”）文艺发展高峰的代表。显然，论文作者是把“批判现实主义”和“批判现实”这两个概念完全等同起来，产生了一个错误的命题。

在20世纪80年代初期，党和国家领导人第一次提出“批判和防止精神污染”的时候，一家高校学报刊登了这样一篇学术论文：论文作者认为，“文学理论教科书以认识作用、教育作用和审美作用来概括文学的社会功能，这很不够”；应当把“精神污染作用”作为“文学理论的一个重要课题加以研究”，即在文学的三个功能之外，再增加一个“精神污染作用”。显然，作者在论证过程中忽略了“认识”“教育”和“审美”这三个重要概念的外延，应当说，这三个词汇都属中性，它们都分别包含着正面意义和反面意义两个方面（即包括消极的认识和教育以及“审丑”）。所谓“文学的精神污染作用”，即认识作用、教育作用的消极方面，实际上已经包孕在原来已有的概念之中了。这类过分贴近宣传时效和政治口号的立论，由于急于事功而忽略了常识，因此最容易出现类似的偏差。

并不是每一个词汇都只有单一固定的概念，许多概念在不同的场合使用，会具有不同程度的差异。因为，许多概念都具有广义、次广义和狭义之类的等级差别。例如“文化”一词，就有四个级次的意义：一是指文字的表达意义，我们所说的“初识文化”都属于这个级次；二是行业划分的界定，即如政府文化行政部门管辖范围的“文化行业”；三是指同社会的政治、经济相对应的文化事业，它还包括科学技术、教育卫生等内容；此外，最高层次的“文化”概念，其含义同“文明”一词大致相当。关于文化的最后一个义项，《现代汉语词典》基本沿用了《不列颠百科全书》的解释，认为“文化”是指“人类在社会历史发展过程中所创造的物质财富和精神财富的总和”。现在写文章，许多人很喜欢选择《××的文化意义》之类的命题，如果不清楚文化概念中关于上述四个层面的完整意义，就难免出错。

在学术论文的论证中，如果对处于重要地位的这类概念不进行必要的逻辑界说和限定，也常常容易产生逻辑错误。著名学者郭麟阁先生在《关于写学术论文的几点体会》中，曾这样论述“第一手材料”的重要性：

> 首先要掌握第一手材料，因为第一手材料，没有经过别人改动，比较可靠。例如，有人根据裴松之注，证明刘备在三顾茅庐前就认识诸葛亮。这是第二手材料。根据第一手材料，那就是诸葛亮的《出师表》，证明裴松之的注不可信。因为诸葛亮明确指出：“臣本布衣，躬耕于南阳，苟全性命于乱世，不求闻达于诸侯。先帝不以

臣卑鄙，猥自枉屈，三顾臣于草庐之中，咨臣以当世之事。由是感激，遂许先帝以驱驰。"①

这段论证的目的是要证明"刘备在'三顾茅庐'前不认识诸葛亮"，但所用资料并不能得出这个结论。因为诸葛亮的"躬耕于南阳""不求闻达于诸侯"，只表明他过去不愿意结交任何人，或者，充其量可以证明他事先不认识（确切地说是"没有见过"）刘备。然而，作者要否定的是"刘备在三顾茅庐之前就认识诸葛亮"这一观点。细致研读这段论述，可以发现两个逻辑错误：

其一，对"认识"这一概念的内涵和外延，未做确切界说。从内涵讲，认识有深浅之分：见面深交，算认识；未见面而有一般的了解，也算认识。从外延讲，认识是双方都可以单独存在的人际状况：甲、乙双方互相认识，是一种情形；单方面了解对方，亦在"认识"的范围之内。在平时的生活交往中，我们常常会听到这样的对话：（甲）"我们是第一次认识"；（乙）"只是你不了解我，其实我早就认识你了……"这是一种随处可见的现象。因此，凭"三顾茅庐"前诸葛亮不认识刘备，也不能排除刘备认识诸葛亮的可能性。依照人情事理，刘备事先是认识诸葛亮的，不然，如何会有"三顾"之举呢？当然，如果将"认识"改为"见过面"，那又另当别论了。

其二，"第一手材料"这个概念，也有不同程度的等级差别。从材料来源看，可以用"是不是本人所言"来判别；从时间上看，有先与后的差别；从质量看，有真与假的区分等等。诸葛亮《出师表》中的这段话，有许多"自谦"的成分，有不完全切合实际情况的一面。其实，在若干年前的《隆中对》里，诸葛亮面对刘备历数天下英雄之得失，慷慨陈词："将军（指刘备）既帝室之胄，信义著于四海，总揽英雄，思贤若渴……将军身率益州之众以出秦川，百姓孰敢不箪食壶浆以迎将军者乎？"由这些说法不难看出，诸葛亮不但对刘备的出身、品行、性格和追求了如指掌，连他与天下百姓的关系也一清二楚。再者，裴松之的《三国志注》是第二手材料，《三国志》也当算是第一手材料了吧，其中又如何交代呢？《三国志·诸葛亮传》云："时先主（刘备）屯新野。徐庶见先主，先主器之，谓先主曰：'诸葛孔明者，卧龙也，将军岂愿见之乎？'先主曰：'君与俱来。'庶曰：'此人可就见，不可屈致也。将军宜枉驾顾之。'由是先主遂诣亮。"可见，由以上两种最可靠的第一手材料，仍然可以说明"刘备在三顾茅庐之前就认识诸葛亮了"（只是尚无见面的机会）。

此外，关于"第一手材料"在学术论证中的作用和价值，还应当用辩证思维的方法来判别：历史材料也未必是越早见诸文字就越可信。孟子不就对《尚书》中关于"武王伐纣"的记述提出质疑和否定吗？一部《宋史》可以说是错乱无数，今人顾吉辰先生就写了一本《〈宋史〉比事质疑》，对《宋史》中有疑义的地方一一提出来。如果我们把《三国志注》当作"第二手材料"不敢使用，那么《〈宋史〉比事质疑》之类的书不就更不可信了吗？再举个典型的实例：毛泽东同志精于诗词，他的作品改了又改，我们到底以他的第一稿

①郭麟阁：《关于写学术论文的几点体会》，见《怎样写论文——十二位名教授学术写作纵横谈》，辽宁教育出版社2006年版，第121～122页。

为“真实”呢，还是以他修改后的本子为“真实”？他的《沁园春·雪》，第一稿墨迹中写为“原驰腊象”，以后的手书中又改写为“原驰蜡象”，我们能说他后来的手书“写错了”吗？所以，尽管“第一手材料”更为可靠，但要鉴别材料的真伪，还不能仅仅用“是否为第一手”来判定。而应当辩证地、综合地、发展地看待和认识。

可见，对所用概念做精确审定和必要阐释，在学术论证中是非常重要的，可以说它是论证逻辑的最根本的一环。一篇学术论文，是若干知识环节有机联系的论证系统，每个知识环节又有若干知识点，每个知识点都需要使用若干精确的概念，容不得忽略和含混。福楼拜有句名言：“我们无论描述什么东西，要说明它，只有一个名词；要赋予它运动，只有一个动词；要区别它的性质，只有一个形容词。”这个观点，正好从概念的精确性这一角度，有力地证明了“通向真理的道路只有一条”这一学术论证的重要原则。我国古代的诗文大家提倡“炼字”“炼意”，究其实，便是诗人力争在写作中达到福楼拜所说的同一标准。杜甫有句名言：“为人性僻耽佳句，语不惊人死不休。”这种精神是学术工作者应当认真效法的。任何文章的写作，都应当严格地推敲文字。学术论文写作更是如此，必须细致审定所用概念的内涵和外延，弄清重要概念可能包孕的各种义项，严格地将论题限制在一个适当的范畴之内，从而确定论证的逻辑安排和论述的准确方向。

二、如何消除推论中可能隐伏的歧义

学术论证是一个又一个严密的逻辑推论过程，因此，一篇学术论文中的全部论证，一定要保证结论推导的万无一失，力避逻辑推论过程中可能产生的“节外生枝”等种种毛病。

在论证过程中，由于思维习惯定式的支配，有时作者容易偏执一端地进行结论推导。一位学者曾撰文论及鲁迅先生“迅”字的基本用意，文章引用《尔雅·释兽》中的古代生僻义项：迅为“狼子之有力者”，由此断定鲁迅以“狼子”自称，意在表现自己对封建主义的叛逆精神。迅字的义项很多，白话文中使用频率最高的便是“迅速”“迅猛”，“迅”字即为快速、便捷之义。周树人在日本参加同盟会，主办过进步刊物《浙江潮》，辛亥革命回国后，一直从事文化教育工作，五四运动之初，开始以“鲁迅”为笔名发表短篇白话小说。《狂人日记》揭露封建宗法制度狼一样“吃人”的本质，并以此揭开“白话文运动”的历史序幕。依鲁迅先生所言，他自此便“一发而不可收”地创作白话短篇小说，以后又转而运用杂文这一“投枪和匕首”般的武器，同封建文化势力展开短兵相接的论战。无论从鲁迅这一笔名的首用，还是从鲁迅终身的写作实践和风格特质来分析，“鲁”与“迅”合用为笔名，“迅”字均清楚显露出“迅猛”这一义项。硬要从故纸堆中觅出“狼子”这个早已绝迹的义项作为“孤证”，这是没有多大说服力的，现代文学研究界极少有人同意这一见解。

有时，作者为了充分说明问题，寻求充足的客观依据进行逻辑推论，可是，由于视线过分专注而带来局限，往往容易产生盲点，反倒在自己的推论中隐伏下歧义。学术界曾经开展过一场关于《满江红》(怒发冲冠)词创作归属权的热烈讨论。著名历史学家邓广铭教授的文章在讨论中最具说服力，在《再论岳飞的〈满江红〉词不是伪作》一文中，邓老列举了岳飞所写的若干题记、诗篇，借以证明它们与《满江红》词同属于一种“无差别境界”，除岳飞外，非他人所能伪托。但是，邓老选择了这样的论证方式：“把这样一些语句加以洗炼，并使用虚实并举的手法，重新排列组合一番，用长短句的体裁并写出来，岂不就是那首《满江红》吗?”显然，作者没有注意到，如果改变推论的方向，采用同样的方式去推导，正好也能得出“他人伪托”的结论来。因为，作者正好把这种容易借以伪托的“加以洗炼”“重新排列组合”的方法都说得一清二楚了。据此，只要改变推论方向，同样可以推导出相反的结论来。这样的论证方式，就难于发挥推论自身应有的逻辑力量。正确的方法是，选择创作心理分析的方法，将岳飞的诗词和题记进行既符合人物经历，又合乎作者独特心理的分析，从而证明他人“无法重新排列组合”“无法伪托”。这样，才能恰到好处地证明：岳飞是那首《满江红》当然的作者。①

消除推论中可能隐伏的歧义，不仅仅是一个单纯的论证技巧的问题，它要求作者在写作前要保持清晰的理论思维线索，在写作中，尽量不要使用那些概念不够确定或者自己理解不透的学术语汇，完稿后要尽量采用“八面受敌”法反复推敲，借以检验推论的科学性，删除“节外生枝”的歧义。

三、应当保持论证和论题的同一性

学术论文论题的确立，应当包含两个方面的限定，一是对论证范畴（即论题外延）的确定，二是对论证实质（即论题内涵）的揭示。在学术论文的写作过程中，必须保持论题与论证的同一性，即要使全部论证同论题的内涵和外延保持一致，避免“小题大作”或“大题小作”的偏向。

一位作者写《论白居易的文学批评思想》，通篇涉及的内容和引证的依据均没有超出白居易《与元九书》，这就难免给读者造成一种印象：似乎除了《与元九书》中的理论，白居易就没有其他的文学创作思想和批评观点了。这样，论证就比论题狭窄多了。像这样的论证，若不能进一步弥补论据、充实论证，就只能收缩论题的外延，改为《谈谈白居易〈与元九书〉中的文学批评思想》之类，以求得论题同论证的和谐统一。

由于“假、大、空”的形式主义文风的长期影响，由于某些别有用心的空头学者的渲染和提倡，科研领域（主要是社科领域）存在着一种偏向：不少人喜欢脱离实践的所谓“超前理论”和“宏观视角”的选题，论题看上去很宏大，立论依据却给人以“鸡毛蒜皮”的感觉，论证显得脆弱而浮躁，缺乏说服力。要排除这种文风的影响，在学术论文选题上必须量体裁衣，根据自己的知识基础，选择适当的论证范围，不妨从“读书笔记”之类的“豆腐块”文章写起，广泛积累材料和经验，循序渐进地深入钻研，逐步拓展和深化学术选题。

---

①方然：《论岳飞和他的〈满江红〉——兼谈传统考证对创作心理的忽略》，《曲靖师专学报》（社会科学版）1988年第2期，第34页。

论题与论证的不一致，还有另外一种表现形式，那就是形式逻辑所说的“转移论题”。在常见的论争性质的论作中，最容易产生这种逻辑错误。科学史上十分著名的“牛津大辩论”中，就有一个“转移论题”的典型例子：达尔文的生物进化论观点，以科学的理论动摇了宗教的神权论，牛津主教威尔伯福斯（Wilberforce）扬言要“打倒进化论”，做了一次疯狂的演说，他如此阐述自己的观点：“按照达尔文的观点，一切生物都起源于某种原始的菌类，那么我们人类与蘑菇就有血统关系了。那所有的萝卜品种都可以变成人。这是可信的吗？”他还刻薄地质问进化论的拥护者赫胥黎：“你是相信猴子为人类祖先的……那么请问你，你自己是由你的祖父，还是从你的祖母的猴群中变来的？”①很明显，威尔伯福斯主教对进化论一无所知，把生物界几千万年的发展进化，看得同魔术师手中的变戏法一样了。这种以无知来任意转移论题的做法，不过是一种耍赖式的、垂死的诡辩罢了。

对于善意的论者来说，转移论题通常是某些类似的概念发生模糊或错觉所造成的。一位大学生为自己的毕业论文拟了这样一个论题：《对文艺阶级性特质的再分析》，文章这样论述道：

> 任何事物都是可以一分为二的，正如毛泽东同志所说，“一分为二，这是个普遍的现象，这就是辩证法”。文艺的阶级性特质也是可以一分为二的，有的文艺作品固然具有鲜明的阶级性（比如《国际歌》），但是，许多山水画一类的艺术作品，什么人见了都觉得赏心悦目，这样的作品显然就是没有阶级性的。

这段论证主要的逻辑错误，就是转移了论题。首先，它把作为事物对立统一规律的“一分为二”，运用来对同类事物进行机械划分，这是对“一分为二”做了望文生义的曲解；第二，它把“文艺”这一论述对象转移为“艺术作品”，继而又转移为歌曲（音乐作品）和山水画（美术作品），用山水画的美感作用这一基本特征，来否定文艺具有阶级性特质这个一般事实。这样的论证，当然不可能产生逻辑力量。

保持论证和论题的同一性，要求人们在确切地把握论题的内涵和外延的同时，在整个论证过程中，必须遵守“同一律”的逻辑要求，论证中所使用的概念和判断必须保持前后一致，不能随意变更和转换。

四、必须保证前提和结论的真实性

逻辑推论中的前提，在论证行文中被称为论据。保证前提和结论的真实，就是要求我们所采用的论据要实在，不能有半点虚假；论点和结论必须建立在充分可靠的论据之上。这个道理似乎很容易理解，但是，学术论文的立论依据同世界上其他任何事物一样，具有自身的多种侧面。立论者如果不准确地把握论据的各个侧面，在使用过程中找

---

①阳作华：《哲理与情趣》，华中科技大学出版社 2002 年版，第 260 页。

准论据的“着力点”，常常有可能得到相反的立论效果。

不少写作教科书在论述“选材”的“典型性”时，经常沿用一个著名的写作实例，这个实例就是夏衍先生《野草》中的一段话：

> 人的头盖骨结合得非常致密，坚固，生理学家和解剖学家用尽了一切的方法，要把它完整地分开，都没有成功。后来，忽然有人发明了一个方法，就是把一些植物的种子放在要剖析的头盖骨里，给与温度和湿度，使种子发芽。一发芽，这些种子便以可怕的力量，将一切机械力所不能分开的骨骼，完整地分开了。植物种子力量之大如此！

很明显，夏衍先生想用这个实际例子来说明“植物种子力量之大”，并进而证明“世界上气力最大”的是“植物的种子”。可是，让我们仔细想一想，这个例子最基本的内涵，是在于表现种子力量的“大”吗？显然不是。这个例子的本来意义，在于表现人们对种子萌发时所产生的特殊力量的“妙用”。稍有力学常识的人都明白，一般常见的机械力都可以轻而易举地将人的头盖骨分开来，只是难于“完整地分开”。这是由于机械力的方向是单一的，机械力的释放形式又是突发性的，它们很容易破坏头盖骨各个部分的“完整性”。而装满头盖骨的种子，萌发膨胀的力由内向外成放射状，并且是逐渐增大的，再加上均匀的受力分布，自然可以将头盖骨“完整地分开”了。显然，这个例子的“着力点”不在于说明力量的“大”与“小”，而在于说明如何对受力作用进行巧妙应用。因此，它无法确立作者文章中所要证明的“世界上气力最大的是植物的种子”这一观点。尽管前提是真实的，却得不出作者需要证实的结论。这种逻辑错误，一般来自作者的疏忽，即没有准确地把握好立论依据的本质特性，论据的“着力点”没有找准。一般来说，运用自然现象和规律来证明社会道理的时候，一定要考虑到自然知识和科学规律的本质属性。只有这样，作为论证材料的“着力点”，才能准确无误地选择和把握清楚。

前提与结论相违背的另一种情形，是随意编造前提。作为立论的前提，一定要有充分可靠的根据，经得住推敲，绝不能为一时立论的需要而凭空编造。宋代的诗歌品评家洪迈在谈论王安石七言绝句《船泊瓜洲》时，对“春风又绿江南岸”中“绿”字的选用过程做了种种附会：作者最初用的是“到”字，觉得不好而改为“过”字；后来又改为“入”“满”等字，最后才确定为“绿”字，以此作为荆公善于炼句用字的证据。此后的诗歌品评、写作技巧之类的文章和著作，一谈到修改，谈到炼字命意，总喜欢引用洪迈的这段话作为论据，以为“绿”字的动词用法为王安石所独创，借此证明文章修改过程中苦心炼字炼句的必要性。当代学术大师钱钟书先生对此提出过精辟的见解。钱先生的《宋诗选注》，在列举了洪迈的说法之后如此分析道：

> 但是“绿”字这种用法在唐诗中早见而亦屡见：丘为《题农父庐舍》：“东风何时至？已绿湖上山”；李白《侍从宜春苑赋柳色听新莺百啭歌》：“东风已绿瀛洲草”；常建《闲斋卧雨行药至山馆稍次湖亭》：“行药至石壁，东风变萌芽；主人山门绿，小隐

湖中花。”于是发生了一连串的问题：王安石的反复修改是忘记了唐人的诗句而白费心力呢？还是明知道这些诗句而有心立异呢？他的选定“绿”字是跟唐人暗合呢？是最后想起了唐人诗句而欣然沿用呢？还是自觉不能出奇制胜，终于向唐人认输呢？

王安石学力深厚，是历代学人所公认的事实，况且，他还有过数次编选唐诗的经历，不可能连唐人的上述诗句也没读过。可见，洪迈《容斋续笔》中的话，不过是为了品评的需要凭着猜想编造出来的。值得指出的是，此类情形在前人对诗文的品评和注疏中随处可见，例如历代对《诗经·关雎》的注释，就极尽笔墨歪曲原作的爱情主题，将其附会为一首“周公求贤”的说教诗。现代人如果对这一类以封建卫道观念诠释文学的方式缺乏警惕，随意引经据典，将这些被曲解的内容用到学术论证中，就难免产生一些貌似严谨的学术笑话。

分论点与结论不协调，是前提同结论相违背的又一种表现。相对于结论来说，服务于结论的分论点实际也是一种前提。作为前提的每一个分论点与推论所得的最终结论一旦发生抵触，就说明二者必有一方不真实。例如，《美的历程》中有一个著名的观点：“与美学—艺术领域关系更大和影响深远的，除儒学外，要推以庄子为代表的道家。”可是，在为这个观点提供论据时，作者又提出了这样一个分论点：“在(道家)这些似乎神秘的说法中，却比儒家以及其他任何派别都抓住了艺术、审美和创作的基本特征”，因为“道家强调的是人与外界对象的超功利的无为关系即审美关系，是内在精神的实质的美，是艺术创造的非认识的规律”，“而艺术作为独特的意识形态，重要性恰恰是其审美规律”。依照这个前提，道家就突破了作为儒家的“补充”的地位，占据了中国美学发展史上起主导作用的地位。如果我们承认这一前提是真实的，那么把“儒学”当作在中国美学发展史上影响最深远的学派这一主要观点，就受到了严峻的挑战。

严格地讲，这个矛盾的根源并不是来自作者思维过程的缺失。这个矛盾的存在，正好暴露了我们对传统文化遗产历来存在的认识偏颇：多年来人们一直未能对思想史和艺术史做出确切的理论界定，而是用所谓“文史不分家”“政史合一”“文学的政教色彩”之类的语言，来描述前人的文化遗产，对其未做科学的划分和周密系统的研究。因而，也就未能把在中国思想史上起决定作用的“儒学”，和在艺术创作方法史上起主导作用的道家美学精神，放在各自的领域里进行客观评价。所以，在立论中发生了以上冲突就成了无法避免的问题。

以上的三个实例，第一个是前提与结论不对应，互相脱离，由于材料运用没有找准着力点，得出了不真实的结论；第二个例子结论真实(即写作应当注重遣词造句)，前提却是虚假的；第三个例子的前提(分论点)是真实的，结论却并不真实。可见，在学术论证中要确保前提和结论的真实，是一件颇费功夫的事，不认真思考、反复推敲，是很容易出差错的。名家尚且如此，一般的人就更要重视了。

只有熟练、清晰地掌握学术论证的逻辑方法，才能使我们在学术论文的写作中不断提高辨别能力，使我们能比较直接地寻求到最切合立论需要的前提材料，为自己的论文写作，设计出最切合论题要求的逻辑结构。

第二节　安排论证逻辑结构的技巧

一、安排论证逻辑结构的一般规律

毛泽东同志说过："写文章要讲逻辑。就是要注意整篇文章、整篇说话的结构，开头、中间、尾巴要有一种关系，要有一种内部的联系，不要互相冲突。"①讲求作品的结构，是人类文化史发展中的重要内容，物体图像的比例分割、事物关系的有序性，构成了艺术哲学的核心内容。苏轼在谈到自己文章运笔的体验时认为，写作应当"随物赋形""行于所当行""止于不可不止"（《文说》）。就是说，文章的结构（形）应随着表现对象（物）的具体情况来安排，无论是开头还是结尾；寻求最适当的表现方式，才能使文章自然和谐，构成一个系统的整体结构。苏轼的说法，也许过于诗化，不好确切把握；刘勰的概说，就十分富于理性，更切合学术论文结构安排了。刘勰认为，文章结构的实际内容和功能在于："总文理，统首尾，定与夺，合涯际，弥沦一篇，使杂而不越（乱）者也。"（《文心雕龙·附会》）在这段话里，刘勰把文章结构的功能概括为：统率文章的逻辑联系，连接首尾段落，决定材料的取与舍，严密各段落间承接转换，使全篇文章成为一个有机的统一体，使内容丰富而又显得不散乱。刘勰的文章结构理论，体现了很高的逻辑思维水平和杰出的理性概括特征。

抽象的写作理论，多少都有点过于简单或过于神秘的色彩。因此，当我们面对写作的实际操作时，总要借助文章高手的经验之谈，帮助我们认识需要解决的关键问题：应当采取什么样的方法和步骤，来组织一般学术论文的逻辑结构：

> 应该按照你研究的过程来引导读者的思路，你怎么研究的，就怎么写，从头讲起，引导读者逐渐深入，逐渐到你的结论上来。……写科学论文，一般的地方要很扼要地讲。相反，在你发明的地方，在你如何得出这个结论的地方，要讲得很详细，要讲透。不详细，就不能深入，没有价值，也说不服人家。（王力《谈谈写论文》）

王力教授的这个办法，不但具有很强的实用价值，而且有着深厚的理论依据。通过学术论文发表新的成果，不容易被别人接受，所以，学术论文写作最直接的目的，就是要能够说服读者接受作者的学术观点。不讲透彻，不写深入，势必难以表现论文的价值；而写透、写深的学术论文，总是具有较强的专业性，一般的读者读起来不免要费力气。因此，作者必须主动地"按照你研究的过程来引导读者的思路"，这是最切合认识规律的论证方法的选择，因为这种选择易于发挥学术论文的思维特性。据此，作者"研究的过

①毛泽东：《农业合作化的一场辩论和当前的阶级斗争》，《毛泽东选集》（第五卷），人民出版社 1977 年版，第 217 页。

程”体现在论文之中，就成了论文（亦即“结论”）的思考和推论过程。同本节的标题挂起钩来，这种过程便是“论证的逻辑结构”了。

由此看来，我们在讨论“安排论证逻辑结构的技巧”这一问题时，首先就必须了解学术研究的基本思考方式。日本学者庄司和晃把这种思考方式，精辟地划分为三个阶段：第一阶段是“感受的思考”，在这个阶段中，研究者主要是凭借经验和直觉来思考，这一阶段的思考在于发现问题，寻求大致的科学命题；第二阶段是“比喻的思考”，在这个阶段中，研究者主要是运用类比和联想的方式来帮助思考，通过各种假定和比较，估价论题的真实性，并为它寻求各种依据；第三阶段是“原理的思考”，即运用科学的法则和原理，验证作者的理论思维成果，证明结论的真实性。① 从这个流动的思考过程和鲜明层次之中，我们不难发现：论证的逻辑结构并不神秘，它和我们的认识步骤和规律，是循着相同的思路演进的，我们完全可以认识并掌握它。

二、安排论证逻辑结构的分类说明

虽然科学研究的思维方式和程序具有共通的规律性，但是，由于研究对象、讨论方式不尽一致，在具体写法上就必然有所区别。为了便于认识，我们再从学术论文分类的角度，对各种类型的论证结构进行一些简明的分析。

人们初涉学术研究，初写学术论文，最好的办法是从“讨论”和“争鸣”开始，即阅读他人的学术论文，倾听他人的学术报告，有了一些新的想法、新的认识，有了想表达自己意见的欲望，于是开始动手写作。这样的学术论文，通常有三种类型：①基本同意别人的意见，受论文或报告的启发，在别人立论的基础上，自己从新的角度提出补充，阐述自己的独特感觉和见解，借以丰富原有论点；②不同意他人的论点，使用新的材料，运用新的研究方法，涉及新的探讨领域，得出不同于他人的研究结论；③发现他人的论文中尚未论及的新问题，根据自己掌握的一系列新材料，进行更为全面的论证，确立自己的观点和结论，弥补这一研究领域的空白。

安排第一种类型的论证逻辑结构，一般可以按照下列程序：首先，要充分肯定前人的研究方法和研究成果，以及这种方法和成果的客观价值；其次，应用新的研究方法，论述从新的角度探讨问题的必要性；再次，全面提出自己立论的各种依据，通过对这种论证的分析和归纳，得出比前人研究更为丰富、更为独特的结论。

安排第二种类型的论证逻辑结构，首先需要运用演绎方法，指出他人论点违反基本原理或基本规则的缺失；然后分析旧材料中所蕴含的崭新的理论因素，并列举有关的新材料，通过自己的论证形成一种新的研究格局，最终归纳出自己有别于前人的新观点。安排这种类型的论证结构时，应当用科学史的眼光看待问题：无论前人的观点和结论如何荒谬，一般也不可能是无缘无故的胡乱编造，其立论和命意一定是“有所为而发”的。

---

①［日］庄司和晃：《科学的思考是什么》，何明译，见《学术论文写作译文集》，中央广播电视大学出版社 1987 年版，第 70～75 页。

我们不但要“知其然”，而且必须探知其“所以然”，应当深入了解前人学术观点的真实内涵；理解前人学术思想在某一专题研究历史进程中的客观价值，不能只是简单地否定，单纯地指出前人观点的谬误；而应更进一步，弄清这种错误产生的基本原因。做到这一点，作者在阐发新观点时，才能在冷静、深刻的分析论证中，发挥充分而有效的说服力。

安排第三种类型的论证逻辑结构，首先必须注重对命题前提条件的充足分析，应用归纳推理，全面审视前人的研究成果，确信自己的新观点和新领域实属前人所未发，然后再下笔立论。此外，也可以凭借新的理论，分析前人论据中尚未阐发的新内涵，由此演绎出前人没有的新观点。确定自己的命题之后，再应用自己掌握的新材料进行科学的分析，最后归纳总结出不同于前人研究成果的新鲜结论。

以上是从学术命题不同的层次差异，对学术论文论证的逻辑结构进行分类说明的；以下，我们将以学术命题的研究方向为依据，进行分类说明。

按研究方向的差异来分类，学术论文大致可以分为理论研究、理论与实践对照论证、调查（实验）结果分析三种类型。

1. 理论研究

其论证的逻辑结构依次可做如下安排：

研究对象（对论文所涉及的理论范畴做出确定性的概述）⟶思想方法（说明学术命题的思想来源，表述研究的基本方法及其理论依据）⟶理论推导（以公认的理论原理为大前提，以研究对象的基本特征为小前提，演绎推导出研究对象所具有的理论价值）⟶结论（总结全部论证过程所得出的基本结论，即文章的“中心论点”）。

2. 理论与实践（调查、实验）对照论证

其逻辑结构依次可做如下安排：

前提理论（介绍调查或实验所依据的指导性理论）⟶研究目的（阐述调查或实验的目的和对象）⟶实验方法（说明调查或实验的基本方法和实验步骤）⟶取样分析（应用归纳推理方法提取若干调查材料和实验数据，通过分析、比较和理性抽象，归纳出带规律性的内容）⟶结论（将归纳结果纳入前提理论所涵盖的范畴，综述调查或实验所获得的理论成果）。

3. 调查（实验）分析报告

其逻辑结构依次可做如下安排：

研究方向（调查或实验的对象和目的）⟶实验方法（调查或实验的措施、方案）⟶实验步骤（阐述调查或实验的大体状况及方案修订等主要过程）⟶取样分析⟶（提取若干材料和数据，根据研究需要，分析它们的“同中之异”或“异中之同”，寻求带规律性的内容或趋向）⟶结论（通过分析、比较，归纳出实验结论，并指明结论与实验目的所存在的差异；有条件时，还应当提出下一步实验研究的主要建议）。

三、一种有代表性的论证逻辑结构

一般的学术论文有三个最基本的结构单位：引论、本论和结论。

1. 引论是关于论题意义和目标的总体阐述

它是论题的概述部分，是论题的延伸与说明。引论的作用在于说明本文论证的范畴，阐述研究的目的和意义。必要时，还应当简洁地介绍此项研究的历史状况和现实成就，以便帮助读者全面了解研究的现状和进程，进而领会本论讨论的深度和结论所具有的学术价值。用形式逻辑的观点看，所谓引论，就是对论题的内涵和外延做出严格的逻辑限制和论域划分。总之，引论是直接服务于论题的高屋建瓴式的理性概说。

2. 本论是学术论文的主体内容

它要完成的任务是：阐明论题的确立步骤，解析研究的方法，指明具体的指导原理，进行实验数据和材料的取样分析，归纳每一级分析的初步结论，并将这些初步结论与指导原理进行对照检验，确定研究成果及其客观价值等。

3. 结论是学术论文的成果表述部分

结论一般应完成这样一些任务：全面归纳本论中得出的初步结论，完成对本论全部研究方法和结果的理论归纳，在此基础上证明论题的真实性。必要时，还应当附带指明深入研究时需要注意的问题，提醒同行注意，借以促进本专题研究的不断拓展和深化。

下面，我们以毛泽东同志的《中国社会各阶级的分析》一文为例，在分析其基本结构单位的基础上，对论文的全部论证进行逻辑归纳：

论题——《中国社会各阶级的分析》

引论——“谁是我们的敌人？谁是我们的朋友？这个问题是革命的首要问题。”（理论依据）“中国过去一切革命斗争成效甚少，其基本原因就是因为不能团结真正的朋友，以攻击真正的敌人”，（研究目的）“我们要分辨真正的敌友，不可不将中国社会各阶级的经济地位及其对于革命的态度，作一个大概的分析。”（研究内容和研究范围）

本论——（略）：根据引论提出的研究范围和研究内容，对“地主阶级和买办阶级”“中产阶级”“小资产阶级”“半无产阶级”和“无产阶级”，进行分门别类的具体分析。（每一组分析，都包含了一个“分析⟶综合”的完整过程；全部分析过程，为结论部分准备了归纳需要的前提材料）

结论——“综上所述，可知一切勾结帝国主义的军阀、官僚、买办阶级、大地主阶级以及附属于他们的一部分反动知识界，是我们的敌人。工业无产阶级是我们革命的领导力量。一切半无产阶级、小资产阶级，是我们最接近的朋友。那动摇不定的中产阶级，其右翼可能是我们的敌人，其左翼可能是我们的朋友……”

按照学术论文逻辑结构分析方法，整篇文章论证的逻辑结构，可以浓缩为这样一个公式：

引　论 ⟶　本　论　⟶ 结　论

定　义 ⟶ { 分　析 ⟶ 综　合；分　析 ⟶ 综　合；分　析 ⟶ 综　合；……… ⟶ ……… } ⟶ 归　纳

在上述三个部分里，我们都着眼于学术论文篇章结构的逻辑分析。事实上，在每篇学术论文各个段落的写作表述中，通常也要运用适当的逻辑推理方式，通过它们来阐述文章各部分的分论点（或者为分论点寻找理论原理的证明，或者论证每一个前提条件的真实性，或者寻求每一个分论点之间存在的逻辑联系等等）。因此，在了解学术论文篇章逻辑结构的同时，还必须掌握段落层次中论证的逻辑结构，了解各种逻辑推论的基本特点及结构方法。

四、根据立论需要选择适当的推论方法

立论有不同的依据和论证方向，根据不同的依据和论证方向，又可以选用适当的推论方式，借以使论证过程达到最直接、最有力、最能打动读者的立论效果。要学会选择适当的推论方式，首先必须明白各种推论的基本特点及其结构方法。一般来说，推论的基本方式有如下四种：

1. 直接推论

直接推论，是从论据的真实性直接推出论题真实性的论证方法。其基本特点在于，直接从论题出发，为论题的确立提供正面的依据。例如，在论证《科学无禁区》这一论题时，我们可以首先采用如下的直接推论：

> 科学是人们在社会实践基础上对客观世界的日益正确的反映，是关于客观世界及其规律性的知识体系，它随着社会实践的发展而不断发展。因此，凡是社会实践所涉及的客观世界的一切领域，都需要科学去探索它，研究它。自然科学和社会科学，都是人们在对自然和社会的全部领域的探索过程中，不断创立和发展起来的，所以，科学是没有禁区的。

直接推论是一种从正面说事理的论证方法，其基本特征是：摆事实，讲道理，理直而气壮。它通常是应用直接的肯定判断（或否定判断），为立论提供正面的依据，使论证显得气势磅礴，力量充实，产生一种无可辩驳的逻辑力量。

2. 间接推论

间接推论，是通过确定与论题相矛盾（或相反对）的判断虚假，来确定论题真实性的

论证方法。间接推论包括“反证法”和“选言法”两种形式。

通过确定与论题相矛盾的唯一判断(即“矛盾论题”)的虚假,来确定论题真实性的间接推论,我们称之为“反证法”。“反证法”通常与直接论证配合使用。例如,在论证《科学无禁区》这一论题时,我们可以假定出同论题处于矛盾关系的唯一命题:“科学有禁区”,然后证明它的虚假性:

科学如果有禁区,就等于承认客观世界中有着不许接触、不能探索、不可认识的领域,这就堕入“不可知论”,成为蒙昧主义。正如斯大林在《列宁主义问题》中所说,“科学所以叫作科学,正是因为它不承认偶像,不怕推翻过去的旧事物,很仔细地倾听实践的和经验的呼声。否则,我们就根本不会有科学,譬如说,不会有天文学,而直到现在还会信奉托勒密的陈腐不堪的地心宇宙体系说了;那我们就不会有生物学,而直到现在还会迷信上帝造人的神话了;那我们就不会有化学,而直到现在还会相信炼金术士的预言了。”

反证法常常是用假设的语气开头,提出与作者论题相矛盾的唯一命题,然后对其进行彻底的否定;进而,从反面为直接推论开辟道路,为立论奠定更为全面的坚实基础。

通过确定与论题相反的若干判断(即“反对论题”)的虚假,来确定论题真实性的间接推论,逻辑学称之为“选言法”。当论题对立面有若干虚假论题并存的时候,为了有效地立论,必须采用“选言法”进行间接推论。例如,在民主革命时期,应该以哪一个阶级和政党作为革命的领导力量,就存在着许多不同的意见,毛泽东同志在论述无产阶级及其政党的领导地位时,就采用了“选言法”进行论证:

中国资产阶级虽然在某种历史时机可以参加革命战争,然而由于它的自私自利性和政治上经济上的缺乏独立性,不愿意也不能领导中国革命战争走上彻底胜利的道路。中国农民群众和城市小资产阶级群众,是愿意积极地参加革命战争,并愿意使战争得到彻底胜利的。他们是革命战争的主力军;然而他们的小生产的特点,使他们的政治眼光受到限制(一部分失业群众则具有无政府思想),所以他们不能成为战争的正确的领导者。因此,在无产阶级已经走上政治舞台的时代,中国革命战争的领导责任,就不得不落到中国共产党的肩上。①

显然,当证明了“科学有禁区”的虚假荒谬之后,“科学无禁区”的论题就进一步从反面得到证实;在否定了资产阶级、农民阶级和小资产阶级对于中国新民主主义革命的领导地位之后,无产阶级及其政党在革命中的领导地位就得到了真正确立。可见,间接推理着眼于对论题的矛盾方面和各个对立侧面的深入分析,通过完整的比较,雄辩地证明论题的真理价值。所以,间接推论具有循序渐近、客观公正的特征,这一特征充分体现

---

①毛泽东:《中国革命战争的战略问题》,见《毛泽东选集》(第一卷),人民出版社 1969 年版,第 167 页。

了对立统一的辩证规律，只要论证语气掌握得当，它同时又可以体现出学术论辩的民主性特征和科学性原则。

3. 归纳推论和演绎推论

（1）归纳推论，是指运用归纳推理来进行学术论证的一种方法。当人们需要从若干个别事物某一相同或相近的方面总结出带普遍性知识的结论时，就需要使用归纳推论。例如，人们在论述生长环境与动物特征的关系时，通常可以采取类似以下的归纳推理形式：

> 达尔文在研究动物和环境的关系时发现，不同类的动物生活在相同的环境里，常常呈现出相同的形态：鲨鱼属鱼类，鱼龙属爬行类，海豚属哺乳类，种类虽然不同，但由于生活在相同的环境中，外貌都很相似，身体都是梭形，都有胸鳍、背鳍和尾鳍。反之，同类动物如果生活在不同的环境里，就有不同的形态：同是哺乳动物的狼、蝙蝠和鲸，由于生活的条件和环境不同，狼长于在山野里奔跑，蝙蝠长于在夜幕下飞翔，鲸则长于在大海中游水。由此可知，动物的形状构造与其生活条件和环境有着密切的关系。

这段论述最后得出的普遍性的知识结论，正是通过对六种动物特征的个别现象的归纳总结出来的。因为归纳对象的个别特征都是真实的，所归纳得出的结论也就必然地具有真实性。

（2）演绎推论，是指运用演绎推理来进行学术论证的一种方法。当人们需要使用带着普遍意义的知识结论，来证明某一新方法、新观点的正确性时，就需要选择演绎推论。例如，我们可以运用马克思主义的基本原理，对新事物的价值进行如下推论：

> ①凡是经过社会实践检验的成功经验，都有长期推广的价值。改革开放的方针，使我国的经济摆脱了长期徘徊停滞的状态，使社会主义的优越性得以真正体现。因此，我们必须把这一方针长期坚持下去，并在实践中不断进行创造性的发展。
>
> ②只有充分蕴含人类崇高美德的文艺作品，才能充分地打动读者和观众。20集电视连续剧《风雨乾坤》，之所以赢得了亿万观众的青睐和赞美，就是因为这部电视剧在揭露权力腐败的同时，充分表达了现实生活中党员干部和人民群众身上的崇高美德。

归纳推论和演绎推论，是论证推导中两种相辅相成、互为补充的论证方法。按照马克思主义认识论的观点，一切科学研究都必须遵循一条途径，越过两个台阶：先由认识个别到认识一般；再由认识一般进到认识个别。归纳推论，就是表现“由个别到一般”的认识；演绎推论，则是表现“由一般到个别”的再认识。二者的关系表现为：一方面，归纳是演绎的基础(因为演绎所使用的前提,都是通过一定的归纳推论得出来的),所以没有归纳就没有演绎;另一方面,演绎是归纳的前导(因为所有归纳的结论,都在于为研究工作提供真实的前提条件),因此,没有演绎也就没有归纳。归纳和演绎互为条件,互相渗透,并在一定条件下互相转化:归纳得出的结论,常常成为演绎的前提,归纳就转化为演绎;以一般原理为指导,通过大量个别材料的归纳得出一般性的结论,演绎又转化为归纳。所以,在论证中,归纳推论和演绎推论是缺一不可的。在应用这两种推论方法时,我们必须遵循这样一个基本原则:"注意它们的相互联系、它们的相互补充""把每一个都用到该用的地方"。①

4. 分析与综合推论

分析与综合推论,就其自身的结构形式看,与归纳推论完全一致。二者只是在研究对象上反映着各自的差异:归纳推论是针对某一类事物的若干个体而言的;分析与综合推论则是针对某一个事物整体的各个部分和侧面的。"分析"是把整体分解为部分,把复杂的事物分解为各个要素,并对这些部分和要素进行研究与解释的推论方法;"综合"则是把整体对象的各个部分、侧面和要素,统一起来进行考察论证的推论方法。综合既是分析的前提,又是分析的归总,它在分析的基础上,进行科学的概括,把人们对各个部分、各种要素的认识,统一为对事物整体的认识,从而从总体上把握事物的本质规律,揭示事物的根本属性。

人们对每一个具体事物的认识,都是从感性的具体对象出发,经过分析上升为抽象,又经过综合上升为思维中的具体(具体的规律、特性等等)。分析达到一定程度转而进入综合,综合得出一定成果又开始更深一层的分析,为更高层次的综合准备前提条件。因此,我们在推论中,要善于把分析与综合辩证地结合起来,有效揭示事物的本质规律和特性,为学术论文的立论提供有力的分析例证,综合出正确的结论。

第三节　安排逻辑结构应当注意的两个问题

从学术论文的种种表述方式中,分析、抽象出最基本的学术论证的逻辑结构,目的在于完善我们对学术论文写作的理性认识,提高理论思维水平,增强学术论文写作能力。因为"感觉到了的东西,我们不能立刻理解它,只有理解了的东西才更深刻地感觉它"②。准确掌握了论证的逻辑方法,学会安排论证的逻辑结构,对写作实践就能起到鲜明的"烛照"作用,可以使人思维清晰,少走弯路。当然,用更高的标准要求,要全面增强学术论证的能力,还必须从两个方面补充我们的认识,掌握必要的技巧,提高我们的学术论证水平。

---

①[德]恩格斯:《自然辩证法》,见《马克思恩格斯选集》(第三卷),人民出版社 1972 年版,第 548 页。

②毛泽东:《实践论》,见《毛泽东选集》(第一卷),人民出版社 1969 年版,第 263 页。

一、引入辩证思维方法，弥补形式逻辑的单一性

要用实践的观点、发展的观点、全面的观点，来面对我们的研究工作和写作中的逻辑推论。现行的写作教材，通常把“先论点、后论据”的线型证明当作学术论证的基本方法，而且还把“引用经典著作中的话作为理论根据”放到十分重要的位置上反复强调。其实，“经典”与“非经典”如何分辨？即使是真正的“经典”，也并非“句句是真理”。这一点，正好暴露了形式逻辑“无法解决前提真实”的局限性。正是在这个意义上，我们同意歌德的说法：“理论是灰色的，而生活之树是常青的。”学术论文的写作，应注重从现实社会实践中寻找切实可靠的事实论据，从对现实客观材料的科学分析中，得出合乎规律的论点。重视对客观事实的摄取和积累，重视实践效果的观察比较，不但有助于具体的学术立论，还能帮助我们树立关注社会的良好学风，形成实事求是的论证风格。

辩证法还要求我们从事物运动、变化、发展的进程中观察事物。因为，每一个事物“真实的具体的同一性包含着差异和变化”，所以，“在辩证法中，否定不是简单地说不，或宣布某一事物不存在，或用任何一种方法把它消灭”。辩证法要求人们，只应当肯定那些应当肯定的部分，否定那些应当否定的部分，从而客观地揭示事物发展不同阶段的不同特点和不同性质。

为了避免认识的片面和偏激，辩证法还要求人们，应当从客观事物的普遍联系中进行系统的分析，从同一事物的两个矛盾着的对立面的统一、斗争、转化和相互依存等方面综合分析成果，为学术论证提供全面的、可靠的、真实的立论依据，使“我们的主观的思维和客观的世界服从于同样的规律”。

二、运用形象思维方法，增强学术论证的生动性

强调论证的逻辑结构，容易造成一种错觉：逻辑思维与形象思维似乎是相互排斥的，毫无关系的。其实，许多著名的理论家、科学家，都很重视形象思维在理论研究中的重要作用。列宁说：“有人认为，只有诗人才需要幻想，这是没有理由的，这是愚蠢的偏见。”爱因斯坦强调得更为突出，他认为，“想象力比知识更重要，因为知识是有限的，而想象力概括世界上的一切，推动着进步，并且是知识进化的源泉，严格地说，想象力是科学研究中的实在因素”。居里夫人颇为浪漫地描述自己对人生的理解：“我们要把人生变成一个科学的梦，然后再把梦变成现实。”理论论证的目的，就在于证明科学假设和猜想的实在性和可揭示性，最终把高尚而美好的理想变为现实。正是在这一点上，逻辑思维和形象思维是相通的，是循着共同目标演进的。据说，西方生物学家在揭示“生物链”的普遍规律时，得益于一句中国俗语的启发：“大鱼吃小鱼，小鱼吃虾米……”类似的情形，在科学史上可以举出许许多多的实例。

理论论证在于揭示事物发展的必然规律，形象思维则在偶然性中体现出创造性。必然性和偶然性二者是密不可分的，“被断定为必然的东西，是由纯粹的偶然性构成的；

而所谓偶然的东西，是一种有必然性隐藏在里面的形式”①。这就是我们通常所说的一个原理：“必然性寓于偶然性之中”“共性寓于个性之中”。这个原理告诉我们，形象思维具有可供抽象的理论思维吸取成果的天然因素。在学术论文的选题和论证中，合理运用形象思维的方法成果，就是要善于抓住偶然性，上下求索，系统分析。

朱光潜先生说得好，“说理文如果要写好，也还是要动一点情感，要用一点形象思维”，因为，“说理文的目的在于说服，如果能做到感动，那就会更有效地达到说服的效果”，增强论证的逻辑力量。②

可见，借助形象思维的方法成果，用以丰富和完善我们对于理论思维和论证逻辑的认识，这是十分必要的。

思考与练习

认真阅读以下两则资料，深入思考和讨论，以其中一则资料为主，学习、引申和阐发其中所包含的教育思想，自拟一道学术论文题目，写出逻辑推论的提纲，并写明主要段落所使用的材料。（自测提示：按照“学术论证逻辑方法”的基本要求，检查一下论文观点和主要材料的对应关系，看一看是否选准了二者的最佳结合点。）

一、马克·吐温说：“不要接近那些竭力使人丧失信心的人，这是渺小的人所固有的特点。伟大的人则相反，总是使你产生一种感觉：你也可以成为伟人。”

二、即使在未来的“学习社会”中，正规教育体系即学校，仍将是每个人学习知识的基础。而在这个起基础作用的教育体系内，最核心的将是教师与学生的关系，没有其他东西（包括最先进的技术手段）能代替这种师生关系。在传授人类积累的关于自身和自然的知识方面以及在开发人类创造力方面，教师将始终是主要的责任者，始终起主导作用。

①[德]恩格斯：《路德维希·费尔巴哈和德国古典哲学的终结》，见《马克思恩格斯选集》（第四卷），人民出版社 1972 年版，第 240 页。

②朱光潜：《漫话说理文》，见《艺文杂谈》，安徽人民出版社 1981 年版，第 197 页。

实践应用篇

第六章　大学生毕业论文的选题、写作和答辩

学术论文的选题与写作，第四章中已经谈过，我们这里所说的是关于大学生毕业论文选题与写作过程中的具体问题。大学生毕业论文与普通的学术论文相比，虽然没有本质的区别，但它们之间的差异还是相当明显的。因为，大学生写毕业论文，是他们从事科学研究的最初尝试，或者可以说是在教师的指导下学习撰写学术论文、培养学术研究的初步能力。无论从写作者的个人修养、学识积累，还是经验掌握乃至语言驾驭诸方面，与专业科研人员相比都还有较大距离，所以本章讲述的内容都是站在大学毕业生的立场上，从实用操作的角度介绍完成毕业论文必须把握好的几个基本环节。

第一节　大学生毕业论文的选题方法

一、应把握适当的专业领域

首先要在本专业领域内选题。这是因为，毕业论文写作是高校教学链条中的一个有机环节，是为了全面检验学生在校期间的学习成果，看其基础知识是否扎实牢固，看其是否达到了高校某个专业教学应达到的预期目标。写作者只有对本专业的知识有扎实牢固的掌握，才能在有感悟、有兴趣的基础上产生探究的愿望，才能够在有感悟、有兴趣的方面多钻研、多探索，从而确定研究的方向，找到合适的论题；才能在写作中调动个人的知识储备，对所要研究的问题进行得心应手的阐述，从而得出科学的论断。如果本专业的知识掌握得不好，对学科领域内的诸多方面根本谈不上爱好、兴趣，就更谈不上什么探索的欲望。这样，写起毕业论文来，茫然一片，无从下手。所以，让学生把握本专业领域选题，考查毕业生的知识掌握程度，这是写毕业论文要达到的第一个目的。

第二，是从能力方面考查的。就是要考查大学生经过四年的专业学习，是否具有综合运用所学理论知识去解决实际问题的能力，使他们受到科学研究的基本训练。例如理科学生能用自己所学知识去从事自然科学的理论分析，解决高科技领域里的重大理论问题；工科的学生能用所学知识去设计、研制施用于创造社会物质财富所急需的器

具;文科学生能去研究历史、现实社会的观念问题,以配合社会的发展,使人们在思想理论、观念意识、道德情操诸方面跟上时代的发展并推动社会的进步。总之,在校的大学生临毕业之时,学校通过让他们进行包括毕业论文写作在内的各项实际技能训练,让学生初步树立起理论与实践相结合的观点,培养他们走向社会运用知识解决问题的能力,就必须要求学生从本专业的知识领域入手,做自己力所能及的工作,才能得心应手,运用得法,取得成效。

以上两方面是从毕业论文的功用角度说明学生写论文必须把握本专业的领域。那么从学生的角度来说,把握专业领域对毕业论文写作更有利:围绕自己所学的专业选题,对各种需要研究、能够研究和探讨的问题有比较全面的了解。例如:专业的历史与发展,专业的研究现状,学科的突破及论争中出现的分歧,专业研究中存在的最突出、最亟待解决的前沿问题以及热点、冷门、焦点等等,无论是自己从老师的课堂讲授中听来的,还是从课外阅读中得来的,都有相当深切的体会,能够感动自己、启发自己,使自己积极地投入其中。

二、要了解社会的需求

大学生虽然是在校生,但他们同时也是社会的一员,且不说他们在学校所学的课程本身都或多或少地与现实社会有着割不断的联系。单就他们学习的目的来说,更是走向社会,适用于社会,为社会的物质文明建设和精神文明建设服务的。所以,应该身在课堂,心怀社会,随时关注社会的发展和社会的需要。当前,整个世界各个方面都处在瞬息万变之中,特别是以经济和科技为基础的综合国力的较量更是日趋激烈。我国面临着难得的发展机遇,同时也面临种种严峻的挑战。尤其是进入 WTO 以后,我们面临的课题就更多,诸如价值观念、法制意识、角色定位以及由此而产生的种种认识等。当代的大学生赶上了这样的时代,是这个时代赐予了他们施展才华、做出贡献、有所建树的千载难逢的良机。无论在哪个领域,只要你是个有心人,就能够敏锐地抓住一个切合需要的问题,努力去剖析它、解决它,取得一定的成果,就会产生明显的社会效益和经济效益,就能为民造福,为国效力。

那么,怎样才算是适应社会的需要呢?广义上讲,凡是能够回答和解决现实社会生活或者学术研究领域中的实际问题,具有一定适用性的课题,都是社会所需的。例如在农工医方面,目前可以用于生产,具有一定经济效益的应用性课题和将来最终要运用于生产实践的理论性课题;理科方面的基础理论研究课题,文科方面能够及时回答和解决人们的思想认识和学习中亟待解决的问题的课题等等。这些课题与一个历史时期或一个历史阶段的社会生活相联系,与科学文化事业密切相关,代表着这个历史时期或历史阶段政治、经济、文化、科技的主要方向,是与广大社会人民群众的利益息息相关的。例如,对于师范院校的学生来说,中学各科教育的现状研究、如何提高农村中学的教育质量的问题、在中学教学中如何利用多媒体教学、在高考指挥棒下如何提高中学生综合素质等问题,都是来自中学各科教学的实际,同时又是目前中学教育界普遍关注的客观实际问题，有着很强的实用价值和理论指导作用。同学们若能就某一个方面，运用自己所学的知识加以解剖、论证和解决，那将是十分有意义的，它既可以锻炼学生自己解决问题的能力，又能使自己将要写成的论文接受教育实践的直接检验。

当然，我们在这里强调选题要了解社会的需求，是就总的原则而言的，并不是说一切话题都必须直接服务于社会实践。这里有一个不容忽视的客观事实：某些学科、某些领域里的某些论题，例如一些尚未研究、尚有争议的科学性、理论性的基础研究，无论如何也不能和现实的社会，和生活实践紧密地结合在一起，即使有人研究它们，也不能产生直接的经济效益和社会效益。但是它们正如沉埋于沙漠深山中的宝藏，一旦被人们发掘，将会产生前所未有的价值，甚至会改变社会的经济结构和价值观念。

三、应注重学科的交叉

著名科学家钱学森认为，客观物质世界既是统一的，又是充满矛盾的，它由纷繁复杂不断运动变化的各个系统所组成。虽然从各个角度去研究它而进行学科部门的分类，但它们的研究对象都是统一的。所以，各种门类的科学研究不断向边缘扩展，交叉点越来越多。例如当代诸多重大科学技术问题、经济问题、社会发展问题以及环境保护问题等所具有的高度综合性，就是学科广泛交叉的具体反映。它不仅要求各学科广泛合作，而且要求各种学科知识之间结合成为一个创造性的综合体，从而为研究整个客观世界服务。所以说，这种科学技术的高度综合性，是现代社会科学技术发展的新趋势和新特点——学科之间的相互交叉和渗透，使得当今的学术研究几乎已经没有了独立存在的单一学科。

在校的大学生，是思想最活跃的一代，容易接受新生事物，更愿意向新生事物挑战。他们是未来社会的建设者，是未来科技的攻关者，必须有全新的科学头脑。无论毕业论文选择的是哪一个门类、哪一个专业领域的课题，都应该紧紧跟踪科技发展的趋势，把握新的特点，以独特的视角，在学科的边缘、在学科的交叉点上寻找突破，而不应该仅仅因循旧的科研思路，尾随前人，干着“炒剩饭”的工作。例如，你的选题是有关文学名著《水浒传》的思想性的，那么，除了从文学的角度去研究以外，总是还要去了解一下作者所描写的北宋末期的历史状况，政治、经济的形势，社会风俗人情等。这就涉及了历史学、社会学、民俗学甚至是儒、道、佛等宗教、哲学方面的内容；要研究的是《水浒传》的艺术成就，就自然要运用相关的美学知识才能谈透《水浒传》的艺术魅力从何而来。同样，如果选题是有关陶渊明的《桃花源记》的，那么，你不仅要对《桃花源记》本身的思想艺术有深刻的探索，同时还要阅读陶渊明的其他散文作品，从整体上把握陶渊明的创作思想及特征。不仅如此，还要亲自翻阅史书，从第一手材料中去了解那个时代。还有，你根据自己读到的乌托邦思想，再进一步去检索社会学中所介绍的托马斯·莫尔的《乌托邦》中描绘的理想社会，从政治思想史中去了解培根描述的科学理想社会——多向汇集，相互比较，你就会把陶渊明的《桃花源记》定在一个合适的位置上——这个“合适的位置”，就是多学科知识的交叉点。

事实证明,一个搞科学研究的人如果具有较为丰富的相关学科的知识,那么他就容易产生独到的见解。人们常说:杂交产生优势。一位伟人也曾说过:科学在两门学科的交界处是最有前途的。也就是说,研究的课题往往是存在于学科边缘上,存在于两个学科或多个学科的交叉点上,这一般属于大多数人尚未涉及的领域,突破点容易找到,而且容易有所建树,容易获得成功。只要我们大量阅读,广泛积累,这种课题是不难找到的。因为,当今学科林立,边缘问题比比皆是。例如以地质学与化学为基础的地球化学,以物理学与生物学为基础的生物物理学等。其他如文艺与心理学的结合,文学与伦理学的结合,中医与西医的结合……都在产生着新的学科门类。如果从宽泛的意义上讲,学科的比较研究,也算是找到了学科交叉。例如文学研究中的跨地域文学比较,同时代作家之间的横向比较,不同时代作家的纵向比较等等,应该都属于此类研究。关键是我们是否广采博取,观察敏锐,善于捕捉。

四、必须有创新的意识

文贵求新,这是常理。不管什么样的文章,新颖独到历来为人们所追求。大学生的毕业论文虽然只是四年专业学习的知识总结,只是高等院校培养学生理论联系实际能力的教学环节,似乎不必有太高的要求;但既然称之为论文,且是学术研究的论文,那就必须具备学术论文的价值。因此就要求学生在选题时,必须具有前瞻意识,有创新的观念,非如此,就不可能达到学术论文的一般要求。

但是,我们强调毕业论文选题的新,也并非一定要有惊人的发现,并非要求其刻意地标新立异。而是要求能在新的角度上,使自己的选题能表现出一定的新观点、新见解,要有自己的一得之见,再不然,能提供一点一般人所不能看到的有用材料,也算是为某个领域的研究增添了一点新的东西。要使同学们明白,"新"是文章的灵魂,没有一丁点儿新意的文章,宁可不做。

大学生毕业论文的新意,一般表现是:①选择前人没有做过的课题,题目、材料、观点全是自己的;②选择前人做得不完全,或是有谬误的旧课题,用新的材料,提出自己的新观点;③选择科技史上前人提出的假说、猜想中存在的问题,或前人忽略不做的课题,从新的角度,用新的方法,赋予新的内容,得出应有的结果;④选择具有发展潜力的课题,用新的材料、新的方法使其不断展开,拓展领域,以求获得系列性成果;⑤选择已有定论,甚至公认为是正确的课题,对已有的观点、材料、研究方法等提出质疑,用新的材料和研究方法,提出与之完全不同的看法;⑥选择学科的交叉点,用多学科知识去论证学科的综合性;⑦运用思维的技巧尤其是逆向思维,对问题和材料提出反向认识,从而得出自己的结论等。

事实上,在人类进行科学研究、对问题的认识不断深化的过程中,某些问题一再被人提起,重新加以研究,这是符合马克思主义认识论原理的。因为真理不会穷尽,人们的认识不会终结。对同一个问题,前人总是从他们当时当地所处的时空环境、人文环境以及个人特有的认识水平出发,提出个人的看法,得出符合当时情境的结论。随着时间的推移，空间的转换，历史的进步，人们认识问题的视角、研究问题的方法以及人生观、价值观的变化，对于同一问题的认识也就会有与前人不同的观点。例如“酒香不怕巷子深”的口号，是一种传统的商业观念，在商品不太丰足、竞争不太激烈的卖方市场时代，这种坐等顾客上门的经营方法，是大多数商家所崇尚的。那种“叫喊得最厉害”的，一直被认为是“想把最劣质的货物卖出去”，历来为人们所不齿。但是，在当今商品经济社会，卖方市场早已转向了买方市场，加之经营者都具备了强烈的品牌意识，在商品质量大致相同的情况下，市场的竞争日趋激烈，甚至很残酷。谁要再抱残守缺，闭关自守，那他肯定是一个失败者。按照现代公共关系的原则：打造好自己的产品，还要广泛地宣传自己，酒好再加上使劲地吆喝，才是最时尚的经营方式，才能在风云变幻的市场中立于不败之地。

以上例证启发我们：是商品经济的大发展，是改革开放的好形势，使我们的观点发生了巨大的变化，使我们能选用新的角度，用新的观念去思考问题、分析问题。从而进一步说明，在学术领域里，对于前人曾经研究过、论述过的问题，我们可以站在新的角度，用新的眼光去重新深入研究。例如，《三国演义》中诸葛亮这一人物足智多谋、赤诚忠心，已成为中国甚至外国人心中的偶像。但有一篇毕业论文在充分肯定诸葛亮整体形象的同时，又根据他误用马谡、拒用魏延这两种材料，指出了诸葛亮人格上的美中不足、白璧微瑕，从而得出了评价任何事物都要一分为二的观点。这篇毕业论文尽管行文还不算老练，但在人们异口同声的喝彩中夹进一些“微词”，道出了自己的心声，写出了以前所没有的新意，确属难能可贵。

对于那些学力比较厚实、思维比较活跃、具有前瞻意识的同学，选题的创新，还要包括站在学科的前沿，有所发明，有所创造。国家对高等院校的毕业生，尤其是硕士生、博士生寄予了无限的厚望，鼓励他们去勇于承担艰巨的科研任务，这是有原因的。首先，高等院校所进行的科研和开发工作，在很大程度上起着科技创新和理论创新的龙头作用。已经和将要应用于社会生产和生活实践中的一些重大理论突破和科研成果，绝大部分是高等院校和科研院所攻关的结果。其中大学生，尤其是硕士生、博士生，功不可没；其次，在高等院校和科研院所聚集着社会上最精锐的科技人才，而且还拥有着社会上最丰富的图书资料，最完备的设备仪器，最先进的实验条件——高等院校和科研院所是最应该，也最能够出成果的地方。

第二节　大学生毕业论文的写作与修改

大学生毕业论文的选题方向，一般是在大学二年级到三年级就基本上定下来了，到了四年级的上学期，就进入写作的准备阶段，而毕业前的最后一个学期则主要是论文的写作、修改、准备答辩的阶段。

一、资料的查阅和收集

（一）资料的功能

这里所谓的资料，就是大学生为撰写毕业论文而收集、摄取的，可供运用的事实、信息、理论及其他相关的材料。资料是从事研究的基础，没有资料就无从研究。对毕业论文来说，资料是形成观点的前提。在撰写中，资料又是表现观点的支柱。所以，资料的占有是否充分，直接关系着论文观点的深刻与否，更关系自己的学术研究是否能超众拔群，其创造性能不能新颖独到。从这个意义上讲，有人认为，科学研究的实力在于资料的占有，占有资料，才能有学术发言权。这些说法的确不为过。过去，大学生写毕业论文时反映最多的问题是苦于提不出新见解，没有新观点。这原因固然很多，但最重要的恐怕是资料准备不充分。有些同学往往凭借阅读时的偶然感悟，而不去收集有关资料，不去考察前人是否已经说过、做过，就匆忙地提出自己认为有价值的所谓“新观点”。实际上，往往会因为重复劳动、无效劳动，或者因观点失之平庸、偏颇、武断而得不到认可。我国古代的哲学家庄子曾说过：“水之积也不厚，则其负大舟也无力”；“风之积也不厚，则其负大翼也无力”。这里的“水”与“舟”，“风”与“翼”，我们拿来比喻毕业论文的资料与观点，就很恰当。巴甫洛夫也曾用鸟翼与风的关系来比喻科学家与事实（材料）的关系，说的都是一个道理。所以，无论哪个专业的毕业生撰写毕业论文，都必须重视资料的搜集和占有（关于资料的种类，第四章第二节已经叙述过，此不赘述）。

（二）资料的查阅

这里所谓的阅读，是指对查询到的资料进行认真审视、甄别真伪、决定取舍的过程。下面介绍两种阅读的方法。

1. 浏览粗读

这是一种用以博览的快速阅读法，不求甚解，但求粗知。一般来说，对查询到的文章，看开头可以知道人家提出了什么观点，看结尾了解其得出什么结论，看摘要可以粗知文章的大致内容，如有可取，再看全文；对查询的图书，看目录、看摘要，看序言或跋语，粗知该书内容，确定可利用的章节，以备下一步精读斟酌。

2. 细研精读

这是指对于那些经过粗读而确定下来可以利用的资料的反复咀嚼、仔细体味、深入钻研的阅读方法。精读又可分为选读和通读。选读，顾名思义，是有选择地对粗读后所确定章节、片段的阅读。这样做，可以节约时间，直取矿藏，以避免荒漠探宝式的茫然。通读是对粗读后所确定的文献资料的全面系统阅读：既详细了解内容，又对它的研究手段、论证方法、表达方式等认真推敲，从中得到启示，以提高自己对问题的认识能力和表达能力。

（三）资料的收集

资料的查询、阅读和收集实际上是一个过程中的三个环节，是同时进行的。即在查询的过程中，通过阅读，只要发现对自己毕业论文写作有参考价值的资料，便随手记录下来。这里所以分解开来讲述，是为了叙述的便宜。

1. 资料收集的内容

资料收集的内容主要是以下三个方面：

一是对于资料中那些富有启发性的、新颖独到的观点，重要的论述及使用的典型例证、可贵难得的数据，要尽可能地原文收集，以便在形成自己的观点及进行论证时参考使用。

二是个人的心得体会。在阅读资料的过程中，由于自己的思维活动与文献资料的碰撞，往往产生思想的火花，这就是所谓的灵感。这种灵感有转瞬即逝的特点。如果在阅读和实验、调查中遇到这类奇异的现象千万不能放过，不论长短、多少，随时记录下来，也许将会成为个人观点形成的有用资料。这一方面，要学习唐代诗人李贺锦囊觅句的做法和精神，持之以恒，多思善想，及时记录，集腋成裘，终究会使自己的理论观点逐步成熟。真正的学术研究往往得益于此。

三是对资料中的不同意见，甚至是相左的观点，以及可疑的值得商榷的内容进行收集。这可以使我们在对前人观点的对比中受到启示，从而修正自己的观点，或使自己的论证更有针对性。

2. 资料收集的方法

资料收集的方法很多，因人而异，在现代记录手段先进的情况下，除了网上下载、书报杂志复印、拍摄翻录和软件储存等方法（现代的大学生基本上都掌握了这方面的技术）之外，卡片、活页、笔记本、剪贴等记录方法，仍然是常用的。

（1）笔记本。这是一种最主要的记录方式。原文抄录、读书心得、内容摘要都可以用笔记本记录。但使用时应注意：一是按内容分类；二是有目录索引，这样便于使用；三是记录时在边眉处留有空白，以利于随时发现同类内容的新资料的填补。

（2）卡片。这是一种根据需要可以多次分类组合，便于保存调配的记录工具，是收集资料的重要手段。它的容量小，精度要求高，除了只记录一项内容外，每张卡片还必须注明资料来源、书刊名称、作者、出版单位和日期，并且要按题分类、标有导片，便于翻检。

例：卡片的格式、写法

<table>
<tr><td colspan="6">公共关系　资料卡片</td></tr>
<tr><td>资料名称</td><td>公共关系学</td><td>作者</td><td>居延安等</td><td>出处</td><td>《公共关系学》第 9 页，复旦大学出版社，1989 年出版</td></tr>
<tr><td colspan="6">简言之就是：公共关系是一种公众关系，公共关系具有管理职能，公共关系是有目的的自觉活动。这些就是公共关系的基本含义。</td></tr>
</table>

(3) 活页。活页的功能及记录方法与资料卡片基本相同,只是容量较大。

(4) 剪贴。这是把没有其他用途的报刊或一些零散资料根据需要剪裁下来,按内容分门别类地粘贴在卡片、笔记本或专门制作的剪贴簿上的一种方法。它可以省时省力。但使用这种方法要注意公共道德,对借来的或在阅览室内阅读到的书报杂志及一切不该剪裁的资料,绝不能随意乱剪。如果实在需要,可使用摘抄、复印等方法。

二、材料的筛选与论题的确定

(一) 材料的筛选

1. 筛选材料的意义

材料的筛选是一个去伪存真、去粗取精、由博而约、由多到少的过程。一般的大学生在选定论文方向以后,在确定论题、搜集资料之前,都有一种茫然的感觉。往往苦于自己对该问题知之甚少,唯恐写不出多少字数的东西。但当自己搜集到大量的资料之后,思维往往又会湮没在资料之中而不能自拔,对资料翻来覆去地阅读,认为哪一种都是自己付出了心血搜集的,且都有用,一样也舍不得丢掉。面对一大堆资料又无能力驾驭,无法从中提炼出自己的观点,无法形成自己的论文提纲——这是初作毕业论文的同学普遍存在的问题。这就要学会筛选,学会忍痛割爱,因为有所失,才能有所得。写作学中把筛选材料比作剪裁,即为了缝制合身的衣服,就必须把不合适的布料剪掉,这是一般作者都懂得的道理。

那么,什么样的材料是有用的?什么样的又是多余的?选择的标准是什么?这要根据选题方向而定。一般来说,要围绕自己的选题,对大量的资料进行由此及彼、由表及里、去伪存真、去粗取精的研究、提炼、加工,找出其与所要写的论文的联系。特别是使用比较的方法,同中求异,异中求同,才能找出真正适合我们选题的材料。例如,某位同学选定的研究方向是曹雪芹《红楼梦》中的林黛玉这个人物形象。那么在审视材料时就必须与作品产生前后的时代联系起来,与作品中的其他人物联系起来,与曹雪芹以及其他时代的作家甚至是外国作家所塑造的类似的人物形象联系起来,同时,还要与文艺作品刻画人物形象的原理联系起来,做综合考察,比较分析,才能研究出《红楼梦》这部作品及林黛玉这个人物的深刻意义。

2. 筛选材料的原则

筛选材料的原则总的来说是:切题、真实、典型、新颖。

所谓切题,就是要围绕自己的选题去选择能切合实际需要的材料。例如,某同学要研究柳宗元被贬永州时期所写诗文的思想及艺术特色。那么,柳宗元因政治斗争失败而被贬永州的大致情况就是必需的材料,因为它们能够证明柳氏当时的思想状况,而这些思想对他所创作的诗文是有直接影响的。至于他在党争中如何失败,以及王叔文等人改革政治的事迹,就距离选题太远了,尽管它们也很真实、精彩,由于不切题,因而就不能用。

所谓真实，是指选取的材料所反映的内容在现实生活或者在科技活动中确实发生过，是经得起核查的事实。比如研究一部文学作品，那么，作者在作品中的具体叙述和描写就是最基本的事实；撰写一篇实验报告，那么，在实验室（区）中得到的结果就是事实。因此，科学研究的材料既不是离开作品的虚拟或假说，也不是丢开实验结果胡编乱造的数据。同学们一定要认识到：材料的真实性，是学术研究科学性的第一特征。大学生毕业论文和一般的学术论文，在使用材料真实性方面的要求是一致的。在写作过程中，使用材料不仅事实不能有出入，对任何一个人名、地名、书名、版本、时间、数据也都必须与历史、事实相统一。

所谓典型，就是所选材料能够充分反映事物的本质，无论是一段情节、一个事实、一句话，都必须具有广泛的代表性，有较强的说服力。个别事例虽然鲜活动人，但不足以概括事物的全部现象；一个人，哪怕是伟人的随意的一句话，也不能说成是放之四海而皆准的真理。例如"文如其人"一词，本来是苏轼评价其弟苏辙的文章深沉恬静不易为人赏识，与他不愿人知的性格相符合。这只是个别现象，并非一般规律，也即是说并非所有为文之人都像苏辙那样"文、人一致"。但后来似乎成了一种通行的观点，而且古往今来被人们普遍拿来运用，甚至由此而推衍出另外一些所谓的规律，什么"字如其人""话如其人"。这就是材料不典型的表现。再如，目前社会上存在着腐败、黑暗的现象，但也是个别人的问题，它不能说明整个社会都黑暗、腐败，不可救药。所以选材具有典型性、代表性，才能使自己的研究具有科学性和说服力。

所谓新颖，指的是所选材料在内容上要能反映新事物，在时间上具有发现不久或刚刚发现的特点。这是最可宝贵的：一来可以给人以新鲜感，二来可以为我们提出新观点提供启示。在科学技术迅猛发展的当今社会，同学们在选择材料时应该学会细心观察和捕捉科技、学术界的新变化、新情况，以使自己的毕业论文能在新颖材料的支撑下，有所发明创造，能给人带来耳目一新之感。

3. 筛选材料的方法

筛选材料的目的如蜜蜂之酿蜜，众采百家为我所用，所以要注意方法。

（1）要选择资料中与自己选题相一致的材料，以提炼自己的观点。比如前人的观点、论证材料、证明方法等等，以便自己从新的角度去补充、强化，从而使自己初步的、朦胧的感觉逐步明朗化，直到产生新的观点。

（2）选择资料中有争议，有交叉的问题。有些问题长期以来莫衷一是，至今难以形成定论。我们就可以在这些地方多做一些记录、整理、分析、比较工作，从而找到自己毕业论文的突破口，形成自己的观点，确定文章的论证角度。

（3）要选择资料中新出现的有待解决的问题。比如进入21世纪，为了适应时代的要求，中小学教材编写进行了大刀阔斧的改革。在实际教学中如何使用新教材，如何提高中小学生的综合素质，教育研究者们提出了不少问题，但因没有实验周期而还未做出详细而中肯的回答。如果同学们对这些问题进行仔细的分析研究，就可以从中受到启发，从而找到解决的办法。

（4）要选择同类资料中不同作者论述时所使用的具有个性化特色的材料、观点。

比如，具有求异思维的人，他们往往站在新的角度，能够从人们司空见惯的事物中发现新的东西。“班门弄斧”这个成语，本来是指在行家面前卖弄本事，不知天高地厚的意思，带有明显的贬义。但著名科学家华罗庚却能反其道而用之，他曾说过大意是这样的话：下棋找高手，弄斧到班门，这是我一生的主张，只有不怕在能者面前暴露自己的弱点，才能不断进步。这种精神，使“班门弄斧”那种约定俗成的见解一下子变得有了全新的意义。如果同学们大量掌握这一类材料，就可以循着前人的思路，打开自己的眼界，拓展自己的思路，就可以从浩瀚的资料中找到闪光点，为自己的新发现提供启示。

（二）论题的确定

这里说的论题，与前面所说的选题既有明显的不同，又有必然的联系。选题，是写作毕业论文准备阶段所选定的大致方向。比如要研究历史，是古代史、近代史、现代史，还是某个时期的某个事件或人物。研究地理，是自然地理、人文地理，是地况、地貌，还是环境的开发与保护……而论题则是在我们经过大量地搜集资料、筛选材料的过程中，在基本熟悉材料、消化材料、理解材料的基础上，从材料中发掘的、由我们自己思考而来的观点，或者就是我们要写的毕业论文的论点。这是整理材料、审读材料的结果，是我们受到启发之后思想的结晶，是毕业论文写作的开始。

1. 确定论题的方法

确定论题是毕业论文写作的关键。古人说：“意在笔先”“意到笔随”，论题确定了，只要材料顺手，便可水到渠成。当然，对于初作论文的大学生来说，要想确定一个明确而有意义的论题，的确不是一件容易的事。从中学到大学，在多年的课堂学习中，他们所训练的绝大多数是记叙文的写作，即使是一般议论文的写作，也多是一事一议，就事论事，从来没有进行过搜集资料、选取材料、提炼论题的训练。写毕业论文，是这些工作的初步尝试，所以许多同学无从下手。等到在图书馆、资料室、电脑网络中花费了九牛二虎之力收集到了大量的资料，但面对它们又是一片茫然，仍然不能从中看出什么。这就存在着方法问题。

首先，每个同学都必须学会对材料进行认真审读、比较，从中提炼论题。要能够从繁复芜杂的材料中理出头绪，用敏锐的眼光从惯见的事物中发掘出新的不寻常的认识。例如，你对陶渊明这个伟大作家很崇拜，很想研究他。你想了解一下在陶渊明之后，历代人们对他的评价，于是你找到了自晋至清代的学者文人对陶氏评价的论著及观点材料。这些可谓是多如牛毛，怎么办？这就要比较，从前到后进行排队，看历代评论者的态度，再联系历代评论者所处的背景，考察他们为什么会有这样或那样的态度。这样就可以看出，自晋至清，人们对陶渊明的由冷到热，由漠视到推尊，是人们所处时代的时尚不同而导致的期待视野的不同——这就是你经过比较、分析以后的结晶，就可以作为你毕业论文的观点。

其次，采用变通的方法，改造使用已有的观点，加上全新的材料，形成自己的论题。在审读材料的过程中有时会发现，自己从研究材料中得来的论题，早已被别人说过。遇到这种情况，不要懊悔，只要你认为还有论述的必要，就可以用变通的手法：一是把别人的高明见解经过自己的消化吸收，重新构思，用不同的材料从另外的角度重新证明这一观点。例如《水浒传》这座文学宝库，探视者可谓数不胜数，而"官逼民反"的论题早就有人怀疑过，可谓大胆，也确实是高见。但由于时代的原因，由于种种忌讳的存在，许多论者欲说还休，犹抱琵琶半遮面，都未敢深入大胆地展开论述。而我们可以打消禁忌，大胆探求。比如从"七星聚义"的性质，从李逵等一批流氓无产者上山的初衷，从卢俊义、朱仝等上山的背景，从众官军降将上山的原因等方面去论证"逼上梁山"者，实非全是"官逼民反"：有些是见财起意，拦路抢劫，触犯刑律而上山；有些是贪图大块吃肉，大碗喝酒，论秤分金银的享乐生活而上山；有些则是良民而被梁山人逼而为盗的……这样，就使前人所提出的观点更丰富、更明白、更具有说服力。二是可以改变论述的角度，重新审读材料，形成自己的论题。比如对《金瓶梅》的研究，我们在阅读原著中看到了作品所反映时代的商品经济发展状况，又从别的研究材料中看到了人们对这一问题的同样看法，那么，我们就可避开整体的论述，而从某一个人如西门庆的商品经济意识的角度去确定自己的论题，然后从西门庆的所作所为是时代的缩影的方面进行论证。这样，虽然基本观点没变，但由于缩小范围，改换了角度，就等于树立了自己的观点，也就具有了创新的意义。

再次，要学会放弃。有时会遇到这样的现象：搜集了大量的材料，但经过反复审视，可能会一无所得，这对于选题来说可能就是一个"贫矿"，根本就炼不出你所需要的论题，那就干脆丢弃，重新从另外的角度选题或搜集资料；或者是缺乏思维的碰撞，一时得不到启示，产生不了灵感。这时也千万不要陷在里面不能自拔，可以先放下，留待以后搞其他研究使用。

最后，主要是对学习理工科的同学写毕业论文而言的。这些同学在确定论题时，除了从材料中提炼以外，还有几种方法是比较便当的。一是从科研的结论出发。比如跟随导师做某项科研工作，基本结束后有了明确的结论，而且这个结论有明显的创新性，那么就可以拿来作为毕业论文的论题。二是从科研的结果出发。即在搜集材料过程中往往只有一些实验结果或考察记录，并没有明确的结论，这时就可以从"结果"出发，采用逻辑推理及综合、分析的方法，从中得出符合"结果"的论题。三是从科技活动实际出发。有时科技活动结束了，既无结论也无结果，亦无文献资料。这时就可以把科技活动这一事实本身作为论题，写出科技活动的过程。例如，一位学生物的同学运用自己所学的知识进行某项食用菌的培植实验，之后，完全可以把培植过程作为中心，撰写一篇实验报告。如果实验有结果，就总结一下经验；如果实验无结果，就查找一下原因，提出改进的意见。

2. 论题的优化

有时，在审读材料的过程中，经过认真的分析、比较、提炼，可能会产生不少观点，但这些不见得都适合作为毕业论文的论题。这就需要做进一步的斟酌、推敲，舍弃那些不适合写作、没有多少材料可以用来做证明的观点，而把我们认为最正确、最有创新意义的见解保留下来，作为毕业论文的论题，这就是优化。被优化的论题的基本特征是：第一，正确性。即具有科学性。它能够探求真理，明辨是非，能够获得与事物的本质及其发展规律相一致的认识。最起码不会贻害读者，造成不良的社会后果。第二，深刻性。即能够透过事物的现象，抓住事物的本质和发展规律，形成具有一定深度的学术观点。而不是只停留在事物表面的描写上，停留在感性认识阶段，讲一些一般人都懂得的肤浅的道理。第三，鲜明性。即赞成什么，反对什么必须旗帜鲜明，而不是首鼠两端，犹豫不决，或含糊其词，不知所云。第四，新颖性，即具有创造性。虽不是"发前人所未发，言前人所未言"，最起码也要有自己的一得之见，而不是总是一味地重复别人。

以上四点是毕业论文论题的基本特征，只有同时具备了这四个特征，做出的论文才能称得上是优秀的或较为优秀的论文。

三、结构的安排和调整

（一）结构的含义及作用

结构就是文章内部的组织建构。其作用就如人体的骨架，使血肉筋脉有所附着。又如房屋的间架，使所有建筑材料统为一体。文章的结构是观点、材料、叙述、议论等赖以附着和依托的骨架，安排结构就是文章的布局谋篇。在经过大量搜集资料、筛选材料、确定论题之后，还必须解决如何围绕论题组织材料、进行论证的问题，这是结构安排的首要问题。要想使结构安排得最恰当，最有力，最能发挥作用，使之既符合人们的认识规律，又符合具体内容的逻辑性，从而使文章以最理想的组织形式出现，就必须统观全局，统筹安排。相反，如果没有一个合理的结构，再好的材料也会杂乱无章，发挥不了应有的作用，再好的论题也会被湮没，得不到充分有力的证明。

（二）结构的内容

文章结构按常规说法有六个方面：即层次和段落，过渡和照应，开头和结尾。

1. 层次和段落

层次是从思想内容上对文章进行的划分。一般应体现出客观事物发展的阶段性，事物组合的类别性，理论的系统性，行文的条理性以及分析、认识、实验的程序性。比如事物发展的一个阶段，事物特征的一个方面，理论中的一个观点，诸多问题中的一个侧面，认识中的一个环节，实验中的一道程序等，都可作为一个层次。在具体类型上，有以事物发展在时间上的先后为序的"时序式"；以空间位置转移为序的"位序式"；由此及彼、由表及里、围绕中心层层推进的"递进式"；把客观事物分成若干平行部分分别论述的"并列式"；先提出总论点，再分成若干分论点进行论述，最后得出结论的"总分总式"等等。

段落是从文章的语言表达形式上进行划分的。它是思维和表达中的间歇和停顿，是内容上的转折，是意义上的强调。它是组成文章的基本单位，又称"自然段"。它不仅是结构的问题，更重要的是直接关系到表达效果。因此，在安排段落时，要注意以下几方面：第一，要注意段落的单一性，即一段只说明一个意思；第二，要注意段落的完整性，即一个意思在段落中也要有首有尾有中心；第三，要注意段落的逻辑性，即要注意本段与上下段乃至全文之间的一致性，本段内句与句之间的次序符合逻辑；第四，要注意段落的匀称性，即段落设置要长短合理，疏密相宜，尽量匀称。

2. 过渡和照应

过渡是文章层次与层次、段落与段落之间的衔接与转换，是作品在结构上、意义上的联络与贯通。它的作用是使文章自然天成，浑然一体。过渡的方式主要有以下几种：第一，小标题。两个层次之间加上小标题，可起到自然过渡的作用。第二，过渡句或过渡段。即在层次、段落之间用一句话或一段话或承上，或启下，或二者兼有，使两个部分意义转换。第三，关联词语，即利用表示转折、递进、因果等关系的词语使上下文之间意思转接关联。

照应，即古人所谓的"草蛇灰线，伏脉千里"，是作品在内容上的前后关照和呼应，也是文章在结构上、意义上相互联系的一种方式，能增强文章的整体感和严谨性。具体方式有：题目与正文的照应；开头与结尾的照应；图表与释文的照应——这种照应不是靠内容或语言上的前后重复，而是靠前有伏笔，后有交代；前有涉及，后有着落来实现文章内容和结构上的联系。

3. 开头和结尾

开头是文章的起笔，是定方向的地方。开头是至关重要又很难写的地方。如果文章的头开得好，写作就能文思泉涌。正如李渔《闲情偶记》所说："开手笔机飞舞，墨势淋漓，有自由自得之妙，则把握在手，破竹之势已成，不忧此后不成完璧。"开头重要，开头难写，我们一定要慎重对待。开头的方法很多，但毕业论文一般以开门见山为好。一开始或总领全局，揭示主题；或诠释题目，说明含义；或指出对象，提出论点。这样开头直接入题，一来可以像剥茧抽丝那样为自己写作下文找到一个"顺头"；二来可以抓住读者，让读者一开始就能把握住全文的基本精神。否则，绕来绕去，入题缓慢，就犯了大忌。

结尾是文章的收束，是对开头的呼应。一般来说，理论性、学术性文章开头提出问题，而结尾则是解决问题的地方。有时，人们粗览文章，看罢开头和结尾，就能大致知道要说明什么问题，已经解决了什么问题。所以，文章的结尾同样需要给人留下深刻的印象。至于结尾的方法，通常是水到渠成，自然收束。要么是正文的逻辑发展，要么是正文的概括和综合(但绝不是简单的重复)，除了科技类说明文体，一般不用"耐人寻味"式的结尾。

（三）结构的安排和调整

虽然提纲是学生整理思路的过程，是布局谋篇的具体体现，有些详细提纲甚至可以说已经具备了毕业论文的雏形。但即使这样也不能算是文章格局的定型，还需要经过反复的修改和调整的过程。调整结构应从以下几方面着手：

1. 看中心是否鲜明突出

在提纲列出以后，要反复审视，看提纲所反映的中心与自己确立的中心是否一致，与文章的论题是否有相悖之处。力争做到各层各段围绕中心,由中心出发,再向中心聚拢。“驱万途于同归,贞百虑于一致;使众理虽繁,而无倒置之乖;群言虽多,而无棼丝之乱。”如果发现有游离中心之处,要坚决予以调整,对不能突出中心的材料,要舍得割爱。同时,也要注意及时抓住灵感,在修改、调整过程中产生的新见解、新观点,要及时补充进去,以完善原有观点。

2. 看层次划分是否恰当相称

具体来说,一是看各层次概念的外延之和是否等于文章中心的外延,不能大,也不能小。一般来说,一篇文章围绕中心要分为几个层次来证明,每个层次说明一个意思,几个意思加起来,要等于中心的意思。有时,一个母层次包含着几个子层次,几个子层次各表达着自己的意思,它们之间是相互联系的,并且各个子层次的外延之和要等于母层次的外延,它们都是为中心服务的。例如一位同学写了一篇关于中学语文课堂教学的文章,把语文课堂教学划分成“口语交际教学”“课文阅读教学”和“写作教学”三个层次,那么这三个层次就是子层次,它们的概念外延之和等于“语文课堂教学”这个中心层次的外延。但如果他把“口语交际教学”改为“说话训练”,那么这三个子层次概念的外延就小于中心层次的外延,因为“口语交际教学”中不仅有“说话训练”一层意思,还包含“听话训练”一层意思。相反,如果在三个子层次之外又加上了“课外语文活动”,那么子层次外延之和就大,已经超出了“课堂教学”的范围——这就叫不恰当,就需要调整。二是看各个层次在划分上有没有位置提升或下降等越位现象,看各母层次和子层次在内容、意义上有没有包容、重复和交叉。例如作者把“作文教学”这一个层次改为“议论文教学”和“作文教学”两项,明显不是一个等级的。“作文教学”是一个母层次,其中包含着“议论文教学”这个子层次。如果硬把它们并列排放,“议论文教学”的位置就是越位,就需要调整。三是看层次的划分是否用同一个标准。例如作者把“阅读教学”划分为“文章作品教学”“文学作品教学”和“朗读教学”三个层次,这就是在同一层次划分中使用了不同的标准,前两个指的是阅读教学的文体,第三个指的是阅读教学的方法,这种划分也不恰当,也需要调整。

3. 看整体结构是否完整

这就要求全面地审视并掌握结构的基本内容,看应有的部分有无缺失,部分之间衔接是否紧凑,过渡、照应是否自然通畅;看安排在每个层次、段落下的材料能不能说明该层次、该段落所要表达的意旨,有哪些遗漏需要添加、补充,而哪些材料又是多余的,需要删减等等。一般来说,为了说明一个层次的意旨,有两三个具有典型性的材料就足够了,用得多了或是少了,就是不适当,就应该调整。

总之,安排结构的过程只不过是为毕业论文写作整理思路、梳理材料、制订框架的过程,不可能做得尽善尽美。尤其是初次写毕业论文的同学,更不必急于求成。在结构粗定以后,最好送给自己的导师审阅,争取得到指点。根据导师的意见,反复推敲、斟酌,认真做好修正调整工作,力争使论文结构提纲趋于合理,有助于写作过程的顺利进行。

四、论文的修改与定型

(一) 毕业论文的修改

古人拿销铜与铸器来比喻读书与作文。这个比喻用来比喻毕业论文的写作同样适合。搜集资料、筛选材料、确定论题、结构布篇,就好比是销铜,需要费很大的力气和很长的时间,而执笔行文则如铸器,只要"识得模子,一冶即成"。我们顺着这个思路比下去,则要再加一道工序,那就是打磨——即论文的修改。比如器皿初具模式,还粗糙得很,需要精心琢磨,有时还要上光、绘彩。同样的道理,论文初稿写成,只算初具形态,需要认真修改。尤其是一篇有价值、有分量的论文更不可以一次定型,更需要仔细斟酌、查漏纠错、润色加工。有的同学费了九牛二虎之力写成了初稿,于是就长舒一口气,认为万事大吉了,毫不重视修改工作。结果,拿出的论文等于是半成品,根本经不起推敲,到了答辩时,面对答辩委员会的提问,不能自圆其说,受窘着急,悔之已晚。

其实,作为即将毕业的大学生,对论文修改的意义并不是不清楚。平时写作课中老师的讲授,历史上流传下来的古人修改文章的佳话,虽不说是什么金科玉律,也是经验之论,应该牢记在心的。只是由于缺乏写作学术论文的实践,没有切身体会到修改对于一篇成功的学术文章的价值。少数同学也可能没有把毕业论文当作一次严肃的科研任务来对待,只当作平时作业,认为可以草率马虎,应付过关。所以,修改这一课还是要补的(毕业论文的修改,与一般学术论文相通,见第四章第三节)。

(二) 毕业论文的定型

毕业论文的定型是指初稿经过反复认真修改定稿以后的固定形态。一般的学术文章由于学科门类不同、研究课题不同或发表方式不同,因而所具形态也不相同(详见第四章第四节)。但是,毕业论文(学位论文)是大学毕业生的学术习作,其形态虽然与一般的学术论文有相同之处,但区别也相当明显,因而有必要进行具体说明。

1. 社会科学类毕业论文的形态要求

社会科学类毕业论文的形态要求一般包括:题目、目录、摘要、正文、致谢、注述、参考文献等方面。

(1) 标题。标题是毕业论文的旗帜,是直接表达和提示主题或中心的,应仔细推敲设计,力争鲜明、准确,让人一目了然。不能像文学作品那样为了引起读者的好奇而进行艺术加工,应采用直接、正面提示论文内容的方法。标题字数不可过长,一般以十二三字为宜,若字数少不能涵盖题旨,可列副标题做补充。标题书写应在稿纸上端第二行正中位置,两端空格尽量均等。若有副标题,可在下一行用破折号表示题目的说明或延续。

(2) 署名。一般论文署名的作用:一是表示文责自负;二是表示对自己劳动成果的珍视;三是如果发表便于别人联系。毕业论文的署名还多了一个特殊的作用,就是方便导师评阅，所以署名不能用化名或笔名。署名应放在标题之下隔一行正中位置，而且要注明专业、年级、班级，同时应署有导师名。

(3) 目录。对于篇幅较长，结构较复杂且有小标题的毕业论文，设置目录很有必要，它是一个导读次序表，可以展示全文总标题与各层次之间的关系，让导师一开始就能粗知文章内容。目录设置应仿书籍目录，文章各部分内容均应在其中显示，并在每个目次前标序号，后标页码，便于查找。

(4) 摘要。摘要即文章主要观点的提示。它的作用是便于导师迅速抓住论文的主要内容。摘要的撰写要简洁、明确，有高度概括力，字数一般在 200～300 字之间，外文摘要一般在 250 个实词左右。也可根据需要或长或短。

(5) 正文。正文包括绪论、本论、结论。绪论是毕业论文的开头，用以对论文的主旨、写作动机和理由、研究的方法等加以简要说明。绪论有无皆可，因题而异。绪论的撰写如同文章的开头一样，要简捷、明快、概括，尽快入题。本论，是论文的主体，是作者对论题所做的周密的分析和论证，是作者研究成果的具体描述，体现着作者的水平和文章的价值。本论部分在全文中占篇幅最大，要注意结构的严密。

结论，是全文的收束。结论部分的内容和形式须与绪论部分相照应，对本论部分做归结；有时需对本论部分提出的重要问题做进一步阐述，使之得以强调和突出；有时将论述的问题做出综述，使之更加条理化、明晰化；有时从研究的现状、结果出发做进一步的推想——这就决定了它不能是全文简单的归纳，更不能是对全文内容的简单复述。

(6) 致谢。致谢附于正文的结尾部分。是对在该课题研究或毕业论文写作过程中曾给予指导、审阅、修改、提供文献资料的老师和同学表示的谢意，是治学者应有的风范，也是一种礼貌。

(7) 参考文献。参考文献附于论文之后，目的有三：一旦发现引文有误，便于重新查找；便于指导教师从中看出论文作者阅读的范围和努力的程度；表示对他人劳动成果的承认和尊重。

(8) 注述。注述是对文章中某些文字加以解释或对引用资料注明出处。前者是使读者易于理解，后者是表示对他人劳动成果的尊重、增强资料的可信度并便于查阅原文。(有关注述的要求，第四章第三节已有讲述)

(9) 论文装订。毕业论文誊清或打印完毕，经过反复检查没有什么问题，可以装订成册，加上封面。如果学校发有统一的论文封面，要严格按照要求填写，如果没有，可自制封面。封面设计要朴素大方，要写出论文题目、学校、院系、年级、班级、作者名、指导教师名，完成的年、月、日。封底可用一张白纸，然后装订成册。

2. 自然科学类毕业论文的形态要求

自然科学类毕业论文的基本体式与社会科学类毕业论文大同小异，一般仍由标题、署名、摘要、引言、正文、讨论或建议、致谢、参考文献等部分构成。但是由于其学科分类不同，研究的对象、手段、方式方法各有特点，因而在具体要求上也有不同程度的区别。下面就个别部分的不同要求予以说明，其余则可参见前文社会科学类毕业论文的相应部分及第四章第四节。

(1) 关于标题。自然科学类毕业论文的标题一般要求用十分准确、精练的语言揭示文章的中心内容，很少用概括性的语言阐明文章的基本观点，更不能用夸饰的语言标示题目。特别是在校的大学生们，对学科领域里的学术发展还知之甚少，从事科学研究的能力还很有限，即使在学术研究中有一定的突破，也多属于一定范围内的阶段性成果，所以在给论文拟标题时，要尽量避免使用“……研究”“……规律”“……发现”等一类与内容严重不符的夸大其词的语句。用“……初探”“……试验”“……观察”等语句为标题就比较合适，一来显得谦虚，符合学生的身份，二来与自己研究的内容也相一致。

另外，自然科学的毕业论文每个层次多使用小标题，但这与社会科学毕业论文的小标题是每层意思的分论点不同。自然科学论文中的小标题是为了清楚地表现研究者工作的全过程，是用说明性的文字分别表述研究工作各阶段的手段、方法的。例如《几株植物固氮菌的形态特征及营养特征的观察》一文有两个小标题：一是“材料与方法”，主要说明菌种来源、菌种分离，使用了什么样的培养基以及固氮活性的测定方法；二是“结果与讨论”，说明观察的结果及分析。这些小标题都不是作者对研究对象的理性概括，而是对研究工作的说明。

(2) 关于正文。自然科学毕业论文的正文部分从性质上说，与社会科学毕业论文相同，是文章的主体，是表现科研成果及作者学术水平的主要部分。但自然科学的门类较多，毕业论文又可分为理论型、实验型、评述型、描述型等，这些不同类型论文的正文除了共同的要求外，在写作方法上又各有侧重。一般来说，理论型论文着重于论题的确定，理论的科学论证、逻辑推理以及对谬误的批驳；实验型论文着重于陈述实验装置、材料、观察方法以及关于实验结果的分析与比较；描述型论文着重于科学的观察、调查、实验方法及科研结果的具体描述；评述型论文则强调在客观叙述某一课题的成就、水平、情况、问题、发展趋势的基础上，进行具体的分析和评论，并提出作者的观点和建议。

(3) 讨论和建议。一般的毕业论文的结尾就是结论，是经过严密的逻辑推理以后所做出的最后判断，是全文思想的精髓。但自然科学中不少论文往往得不出相应的结论，那就只好不要结论，而进行必要的讨论，也可以在讨论中提出意见或建议，或尚待解决的问题，有待以后深入探索。

第三节 毕业论文写作容易出现的问题

在校的大学生绝大部分都是初次接触学术论文写作，在诸多方面很难做到尽善尽美，比如在选题上，在结构上，在论题的确定上以及在论证及表达上，都难免会有这样那样的问题存在。所以我们在这里特意把毕业论文中容易出现的错误提出来，以使大学生写作毕业论文时注意。

一、选题不严格

(一)选题超出了自己的专业领域

有些同学初次涉足科研,对什么是科研,什么是学术论文,懵懵懂懂,不知道在本专业领域内的某个方面或某个侧面去寻找主攻方向,而是凭偶有所感或一时的兴致,就贸然地进入另外的学科领域,把自己本来很陌生的问题拿来做研究。例如,一位同学读到中晚唐诗人张祜的《宪宗皇帝挽歌词》及其他反映唐宪宗宠信宦官,最终被宦官所毒杀的事件的诗歌,了解到唐文宗及宰相王涯、李训等为诛杀宦官失败而酿成的“甘露之变”事件之后,对宦官弄权之害颇感激愤,于是萌发了作文的念头,开始搜集资料,确定论题。由于超出了自己所学专业,由文学而进入了史学领域,结果,毕业论文半途夭折,不得已推倒重来。费时费力,无功而返。同样道理,假如一位同学本来在一般的哲学领域涉及较深,但他忽然要去搞什么经济学研究;一个学普通物理学的学生,有感于计算机软件开发的重要与走俏,去选择计算机软件开发研究;一个学生物教育的师范生却要去搞什么新物种的培植实验等等,这不能说没有成功的可能性,但作为在校大学生,在专业知识的积累、资料搜集的途径、进行实验的时间等方面都有不可逾越的障碍。

俗话说,“隔行如隔山”。而事实上,隔山容易翻越,但隔行要想越过可就需要更长的时间、更大的毅力、更多的艰辛。须知每一门学科,每一个专业领域,都有自己独特的性质,不是长期从事学习和钻研的人,想一下子进入是非常难的。一个学生,在大学三四年的时间,所学的本专业知识还很有限,如果毕业论文选题超出了自己的专业领域,想做好可就更难了。所以,我们在本章一开始就强调大学生毕业论文选题一定要“把握本专业领域”,这样做起论文来才能顺手,才能做好,同时,也便于导师的指导。

(二)选题范围不适当

范围不适当,是指范围过大或过小,这也是毕业论文选题中存在的较为普遍的问题。有些同学虽然是在本专业领域内选择研究方向,但由于选题的指导思想有偏差,也会出现做不出来,或做出来没有价值的现象。比如,有的同学认为,既然是毕业论文,就应该是自己四年来知识学习的总结和升华,应该好好显示一下实力。于是在选题上贪大求深,求全责备,恨不得把自己见到的、听到的、想到的、领悟到的全写出来。例如,一位学中文的同学非常热爱中国诗歌,于是就选择了中国诗歌的鉴赏作为课题,并把题目定为“中国历代诗歌创作的鉴赏研究”。照此推理,他如喜爱中国小说或中国散文,他就可以做“中国小说研究”或“中国散文研究”。殊不知,中国诗歌、小说、散文,历史悠久,汪洋浩瀚,再加之历代人对它们的研究,简直汗牛充栋。这一类题目,即使是一部大书也不一定能够完成,何况是一篇几千字的毕业论文,更何况是一位在校学习只有三四年的学生,对中国文学的了解还只是基础和大概,所读作品十分有限。退一步说,即使他选择的是某一位作家,例如“苏轼及其诗词创作”,想进行全面的研究也是不可能的。这就是因为选题范围过大，学生根本无从下手。

另有一些同学对毕业论文存在一种畏惧心理，他们认为写毕业论文就是搞学术研究，而学术研究是专家、学者、教授们的事，要有广博的知识和渊深的学问。自己是个学生，才读了几年书就去奢谈什么学术研究——认为高不可攀。由于缺乏必要的勇气和信心，因而在接受任务后，在选题上畏首畏尾，左顾右盼，不敢下决断。这样，在畏难情绪的支配下，就会有贪图省事、应付过关的糊涂思想，选题自然不会恰到好处，就会出现选题范围过小或太容易的现象。例如，一个学中文的对一篇文章的赏析，一个学数学的对一个公式的推导，一个学物理的对一个定理的证明……因为这些题目是对个别事物的分析，文章仅限于"一事一议"，有点像平时的小论文，所能展开的内容有限，不可能考查出学生专业知识和理论掌握的情况，更不能看出他们运用所学知识和理论对实际问题进行分析和研究的能力。

总之，贪大求深、超出自己的知识和能力的范围过大的选题，或者畏惧不前，降低对自己的要求，不能正确反映自己能力和水平的范围过小的选题，都是毕业论文选题不适当的表现。所以我们提倡选题大小适宜，难易适度，研究的题目要量力而行，凭自己的力量"跳起来摘到苹果"。

（三）选题缺乏新鲜感

缺乏新鲜感也是毕业论文选题不严格、不科学的表现。大学生毕业论文的选题不一定非要别出心裁，发前人所未发，只要能有一定的新意，能表达出自己的心声，而不是一味地人云亦云即可。

选题缺乏新鲜感有两种原因：一是确定选题时不注意了解前人的研究情况，不注意搜集和阅读有关方面已有的论述材料，而是凭感觉，想当然，随意定题。结果给人以似曾相识之感。例如《论社会主义新时期的法制建设》《论李清照词的婉约美》《论当代农民致富道路上的不利因素》《当前中小学素质教育初探》等等，题目本身并无过错，但这些都是别人谈过的，我们拿来再谈，就缺乏了新鲜感，这势必会影响读者的接受心理，影响到论文的效果。关于选题如何出新，本章第一节已经说过。这里进一步强调的是：要多看前人的成果，通过比较、鉴别，避免重复，争取不要失之太泛。

另外一种情况是在具体命题上缺少锤炼，以致用词陈旧，缺乏吸引力。试比较下面几组题目：《说"三"道"四"》与《谈谈古汉语中数目字的虚指问题》；《从童年回忆中寻找精神慰藉》与《论〈从百草园到三味书屋〉的主题》；《按图索义，探史发凡——〈中国古代名物图解辞典〉序》与《中国古代名物图解辞典编辑说明》；《高天厚土兮谁知余之永伤——论〈三国演义〉中魏延的悲剧》与《试论〈三国演义〉中魏延的形象》。前者都是经过了作者精心地雕琢，因而字句精美，题旨明白，而且透着鲜活的气象；而后者则是极普通的字词，尽管表达的意思也很明白，但总给人以一种陈腐俗陋之感，当然无法吸引读者。

二、观点有偏颇

(一) 爱走极端

学术论文具有科学性,在评价上要有合适的"度",超过了一定的度,真理就成了谬误。例如在"文革"中批《水浒传》,批宋江,主要是说《水浒传》和宋江只反贪官,不反皇帝,从而引起对这部文学名著的不公正的评价。"文革"结束后,学术界有了宽松的环境,思想也解放了。一些好心的评论者为了强调《水浒传》的价值,又提出了《水浒传》既反贪官又反皇帝的观点。在这种情况下,某大学中文系的一位同学在做毕业论文时就着力去分析《水浒传》的"反皇思想"。提出《水浒传》不仅反贪官,而且反皇帝,甚至还富有较深刻的反皇思想。事实上,就《水浒传》这部作品本身看,既不能说它的指导思想是什么"忠君思想",从而贬低它的价值,也不能为了强调它的思想意义,就断言它具有"反皇思想",这种走极端的态度是要不得的。学术论文的写作与文学作品不同。文学作品有一种对比方法,为了强调某一方,可以大大压低另一方,这叫作"强此弱彼"。比如白居易为了夸大商人妇弹琵琶的美妙,就极力贬低江州的地方音乐只是"山歌""村笛",且"难为听";韩愈的《石鼓诗》、李白的《将进酒》都使用过这种方法。但学术论文的观点具有客观性,是客观事实的反映,写作不能意气用事,只能以实事求是的态度。

(二) 顾此失彼

有些同学的毕业论文的观点往往缺乏辩证法要求的全面性,不能一分为二地看问题。比如在评价某些文学作品或某位文学大家时,只讲其伟大成就,而忽视其局限性和不良的方面。例如李白,是举世瞩目的伟大诗人,他在盛唐诗坛上的地位正如雨果在法国、拜伦在英国一样。然而公正地说,其作品只能证明他是一位才气过人的诗人,他的诗是一流的浪漫主义诗歌。"其识污下,诗词十句九句言妇人、酒耳"(王安石语)。也就是说,他对人生的态度,与当时的文人并没有多大不同。早期的生活就是饮酒作诗,四处旅游。后来跑到京城,因为贺知章的原因,被玄宗留在宫中做一名翰林供奉。这并非一个官职,只是一个文学侍从。李白却很骄傲,写了不少诗来夸耀自己的得意。可是,一旦"攀龙忽堕天",他又恢复了饮酒浪漫的生活。他把自己装成一个飘飘然有仙风道骨的逸士,不时地在诗里讽刺一下政治,好像朝廷不重用他,就失去了天下大治的机会似的。最能证明他识见低下的是晚年竟糊里糊涂地做了永王李璘的幕僚,结果落得流放身亡。李白的为人及其诗歌中存在的不足,其实也不是小节。但有些同学在做毕业论文时视而不见,避而不谈,只是跟在别人后面,寻章摘句,只大谈其伟大。这就难免出现偏颇,犯了顾此失彼的毛病,很难对李白及其作品做出全面准确的评价。

(三) 妄下定论

这种毛病是作者对材料不做认真分析,或者是断章取义、主观武断所造成的。例如一篇题为《梁山泊人的战争观》的毕业论文，作者在列举梁山人打江州、打高唐州等几次大的战役以后，就断然定论，说梁山人发动的战争“都是解民于倒悬的农民战争”。这实际上是一种缺乏具体深入分析的、想当然的结论。事实上，这几次战役与农民没有任何联系：打江州为救宋江，打高唐州为救柴进，打青州为救孔明，打华州为救史进、鲁达，这都是为一个“义”字。打大名府则更是无谓的战争，梁山人为赚卢俊义上山反陷其入狱，为救卢俊义而大打出手。打东平、东昌二府则完全是一种赌博的行为，就如一场儿戏。打祝家庄、曾头市则只是为了出口恶气，战争已毕，载上粮草钱帛，得胜回山。所以这几次战争，完全是为了梁山自己的事业，哪一次与农民都毫不相干。毕业论文的作者所以持那样的观点，大概是为了迎合庸俗社会学的需要，或者受传统教育影响，形成了心理定式。这是学术研究中最要不得的思维方法。

（四）观点抽象不确切

有些同学写毕业论文时也许自始至终都没有明确的意识，对自己的选题缺乏深入的钻研，对选到的材料未做具体深入的分析。更可能是态度马虎不认真，贪图省事，不肯下功夫，因而提不出确切的、具有针对性的观点。到了快要交稿的时候才临时抱佛脚。因为平时听课，记住了一些放到哪里都正确的标语、口号式的名词，于是就“拿来”，不管是否对号，只管入座。结果空乏无力，不能说明任何问题，更不要说什么学术价值了。例如一篇题为《诵读千古诗文　传承民族文化》的毕业论文。作者本意是要谈在中小学语文教学中应大力提倡背诵古诗文以传承民族文化的，但他的开头是这样的：

> “滚滚长江东逝水，浪花淘尽英雄。”我们的祖先以其无穷的智慧，创造了五千年中华文明史，留下了极其丰富而宝贵的物质财富和精神财富，它们世代相传，绵延不息，成为中华民族传统文化。

结尾部分是：

> 中华民族传统文化的长河源远流长，它终将哺育我们和后世子孙茁壮成长。让古诗文从我们的口中琅琅诵起，那绣满基因密码的传统文化的金丝带，必将在中华民族一代又一代生命中传递。

这里我们且不说文气是否贯通，语脉是否连贯，单从所谓的引言和结论中，根本看不出作者要得出什么结果。这种看似正确的“口号”，没有任何个性，笼统、抽象，用来作为集会时演讲词的开头和结尾，做富于鼓动性的宣传口号倒是可以，作为毕业论文的开头和结尾却是极不合宜的。

毕业论文观点偏颇的毛病还有一些，比如望文生义、穿凿附会，抓住片言只语无限推论，以至钻进死胡同的做法；没有真知灼见，故作标新之举，追求与众不同，专门猎奇搜怪，自认是惊人之笔的做法，都属于不正常现象。因篇幅所限，不再列述。

三、分析欠科学

（一）分析不足，论据欠缺

这种现象一般出现在某篇论文的个别部分。在论析时讲了一大堆道理，也很正确，就是缺乏必要的论据来支撑，以证明其正确性。例如下面一段文字：

> 司空曙长于抒情，特别擅长表达当时的情绪和心态。他非常重视环境气氛的渲染和烘托，因而他的作品情味浓郁，给人以丰富细腻的艺术感觉。他不是刻意地去提炼某些感受，使之上升为概括力极强的警句，从而显得深刻凝练。而是以散淡的、发散的形式将他的主观感觉从每一个字里散发出来，传递给读者。读他的诗你会感到全身心被他的意境所包围。

这是一位中文系学生毕业论文中的一段话，这些理论分析很正确，也很精辟，很符合大历诗人司空曙诗歌的艺术特色。但是，由于没有具体的例证，没有一首两首诗，哪怕是一联两联诗句的具体分析，所以读起来给人一种抽象空泛的感觉，说服力也相应地大打折扣了。

（二）堆砌材料，缺乏分析

一是有些同学在前期搜集材料时记录了许多新鲜事例、权威的论断、轶闻趣事、警句名言，在写作时觉得这些材料都非常精彩，所以一股脑儿全部放了进去。结果到处都是例子、摘引，却单单没有自己的独到见解，使论文成了一个材料库。例如一篇评价陶渊明文、赋特点的毕业论文，说陶渊明的文、赋宋代以前并不被人重视，一直到宋代才受到人们的推崇，接下来引用了欧阳修、李格非、陈知柔、苏轼、唐庚等人的大段评价。作者在最后说："在宋人看来，陶渊明不仅是诗冠古今，而且是文雄六代了。"的确，作者的观点、文章的思想是靠论据来支撑证明的，没有论据，再好的理论也只能是空谈。但是，过多过滥的材料只能湮没观点，更何况此文的作者在引用了大量的材料后并没有提出自己的观点。虽然古代人的论述极其精当，但那并不能代表自己的意见。

另一种情况是引用材料后缺乏抽象和分析，或只是轻轻一点，没有透彻的说明。这样，即使罗列材料再多，论文也没有深度，甚至谈不上是学术研究。例如一篇评价大历诗人韩翃诗歌的毕业论文，在谈到韩翃脱离时代风尚，仍然因袭着盛唐诗风搞自己的创作时，提出韩诗具有"滞后"的风格。作者说，"很明显，韩翃的诗和同辈诗人大不相同，而是色彩浓重，珠光宝气"。然后举出韩翃的《送夏侯侍御》《宴杨驸马山池》《别李明府》《汉宫曲》等八首诗歌中的二十多联诗句，最后说："从这些看上去珠光宝气，其内涵又十分空虚的诗句中可以看出，韩翃与其他大历诗人的差别十分明显。难怪明人胡震亨在《唐音癸签》中说：'使事堆垛堪憎，见珍朝士以此，见侮后进亦以此'。"至于这种珠光宝气的诗怎么不好，这种装饰风格如何滞后，怎么见得韩翃的诗与同辈诗人有很大的差别，又怎样"见侮后进"，都没有具体分析，这让读者仍是一片茫然。

（三）分析生硬，不合情理

有些同学为了证明自己的观点，使用了大胆推理的方法，结果使自己的分析成了强拉硬凑的无稽之谈，以至于写出的论文让人啼笑皆非。例如一位同学为了说明《水浒传》中"官逼民反"的"民"都是农民，就使用了这种方法。说"李逵虽然现在为狱卒，但他早年曾在家乡务农，他的哥哥李达还在地主家做长工；鲁智深虽是军官出身，但在古代当兵的有几个不是出身农民家庭？宋江虽为县衙小吏，但他的父亲不还是农民吗？至于林冲，是八十万禁军教头，但如果我们上推三代，难道他祖上还不是农民吗？"我们认为，分析文学作品要以作家的描写为依据，那才叫实事求是。可是这位同学的分析却抛开了作品描写的实际，采用无中生有、无据推理的方法，难免要说歪理、谬理。这是一种不良的文风，自然写不出高水平的论文。

（四）论证不能紧扣中心

论证围绕中心论题，是议论性文章最基本的常识，毕业论文更应如此。一些同学并非不懂这个道理，而是缺乏实际操作的经验，因此在行文中不自觉地犯下了游离中心的毛病。例如一位同学的毕业论文题目为《浅谈如何优化中学生的书写环境》。他的本意很明确，题目本身就是中心论题。可是在写作中却大量罗列近年来高考中考及中学生平时书写中的不规范现象，说明了中学生书写是一个堪忧的问题。接着又大量列举了国家教育行政部门对中学生书写要规范化的要求，说明了国家对中学生书写的重视。一篇六七千字的论文，单这些游离中心的话题就占去了近一半之多。下面又是关于中国文字书写的各种技巧、各种书艺的审美价值。一直到最后才写到什么是汉字书写环境，如何优化中学生的书写环境，可惜已经草草结尾。——全文五分之四的篇幅都没有扣住题旨。这种现象虽然不常见，但也须提出来请同学们警惕。

除了上述几种，大学生毕业论文中分析不科学的毛病还有：论证重复冗余、析理逻辑混乱、观点材料不统一等现象，这都是作者思路不清，或缺乏仔细推敲所造成的，都应认真修改调整。

四、表达不规范

（一）入题缓慢

一般的文艺性作品的开头讲究的是娓娓道来，纡徐渐入。毕业论文不同，讲究的是开宗明义，直奔主题。要求作者对自己文章的中心有清楚的把握，一下笔就直接进入中心问题。但有些同学不明此理，开头文字过长，而且往往是从远离中心的地方说起，以至迟迟不能进入正题。例如一位师范大学中文系的学生写了一篇题为《漫谈中学生写作能力的培养》的毕业论文，全文不过六七千字，仅开头部分就占去了两千字之多，对什么是创新思维，新世纪对创新思维的要求，以及形成创新思维的必备条件等方面大谈特谈。由于没有紧扣题旨，因此，读者尽管能耐着性子读很长时间，但根本看不出与中学生作文能力培养的关系，倒有可能认为是一篇关于创新思维方面的论文呢！更有甚者，一些同学不知何时学会了一种类似八股文的作文方法，开头从国内、国际的形势入手，说一些空话、废话，使读者兴味索然了才进入正题。这是一种早就受到批评的、最要不得的文风。

（二）段落层次安排不匀称

一般来说，一篇毕业论文要论述地位相等的几个问题，这几个问题在结构上应该是并列关系。那么，在内容安排上就应该相对均匀一些，从而使文章的结构显得均衡，文面也显得美观。但有些同学似乎不太明白这个道理，在层、段安排上很随意。例如一位中文专业的学生写了一篇教研类的毕业论文《让文学鉴赏法走进中学语文课堂》，内容安排三大母层次：一是文学鉴赏在中学语文教学中的作用；二是中学语文教学常用的几种文学鉴赏方法；三是上好文学鉴赏课应注意的几个问题。这位同学在程序安排上没有过错，文中的具体表述也基本正确。可是在各层次内容多少的分配上出现了过轻过重的毛病。因为第二个母层次的内容又包括了四个子层次："反复诵读，整体感知"；"咬文嚼字，品味语言"；"发挥想象，品味意境"；"跨课阅读，比较异同"。占去了全文五分之四的文字，而一、三两个母层次一共才占了五分之一。这样，三个本来地位相当的部分在结构上出现了不均衡的现象。如果把第一个母层次缩短一些，变为引论，第三个母层次改为结论，提出应注意的问题，而把几种文学鉴赏法分列为几个平等的部分，这就使文章结构显得匀称美观了。

（三）结尾草草或拖泥带水

毕业论文具有学术研究的性质，它的结尾不同于一般的议论文。它好比全文的缩影，是作者从理论高度将全文内容再度升华，有时需要对本论中提出的问题做再次的强调和突出，有时从研究的现状、结果出发对该选题的研究做进一步的推想等等。这就决定了毕业论文的结论部分既不能三言两语，草草收兵，更不能对论述过的内容做简单复述，烦冗拖沓。但一部分同学不懂得这层道理，不会合理利用结尾。例如这段文字：

> 总之，以上是我读大学几年来的研究探索。由于个人读书不多，能力有限，所以研究不深不透，也许就称不上是学术研究。但是，不论怎样，这是我研究的开端，算是我走进学术领域里的一张门票。我有决心，有信心进行继续探索，向老一辈学人学习，争取做一个真正有建树的人。

这是一篇毕业论文的结尾，单从这段文字，看不出作者所研究的是什么问题，同时，这样简单的客套话，也不像是学术论文的结尾，因为它等于什么问题都没有说。再如一篇题为《庾信晚期文学风格探源》的论文，作者从“屈骚精神”“汉魏风骨”“太康风貌”三个大方面分别阐述了庾信晚年诗、赋风格的渊源，占有材料很多，非常令人信服，但结尾处大量引用沈德潜、叶燮等人关于胸襟视野与诗人诗风的关系，占去上千字的篇幅，一直到最后才说，庾信晚期诗、赋风格形成的过程给予我们的启示是：胸襟和视野对于一位伟大作家的无比重要性。虽是引经据典，结论也非常深刻，但由于过于冗长，也给人一种旁逸斜出、拖沓累赘、不能干脆结论的感觉，这自然影响了论文的质量。

（四）思路混乱

这种毛病一是表现在层次安排上，把不同等级的概念或论证放在同一个层面，显得内容纠缠不清。例如一位学习动力工程的同学写了一篇题为《柴油机活塞的有限元计算》的毕业论文，读了他的文章可知，除了“前言”和“结论”，中间应是三大块，一是“计算模型”，二是“边界条件”，三是“计算结果与分析”，这是三个母层次。其中“边界条件”又包括了三个子层次。但作者把这一母层次与三个子层次并列排放在一个同等的位置上，于是出现了下面的现象：

一、计算模型
二、边界条件
三、活塞顶燃气侧与燃气的热交换系数
四、活塞与缸套冷却水间的放热系数
五、活塞内腔的热交换系数
六、计算结果与分析

这其中的“三、四、五”都是子层次，这样排列就是子层次的越级越位现象，暴露了作者思路的混乱。

思路混乱的另一种现象是作者在行文中缺乏逻辑性，语言表述不遵循一定的原则，让人读起来非常费力，以致不能理解。例如“冯友兰的《中国哲学史》和对此做进一步的探讨，确有重要意义”，这就是一句不合逻辑的话。作者的本意大概是说，对冯友兰的这部著作做进一步研究很有意义。但由于行文缺乏逻辑，产生了歧义，到底是我们对这部著作做进一步研究，还是冯友兰对自己著作的进一步研究，就说不清楚了。

（五）语言文字不规范

众所周知，多年来，中小学语文教育只注重学生技能的操练，而忽视了语言文字基本功的培养。进入大学，所学专业各不相同，更是缺乏语言表达方面的训练。中文专业的学生经过几年语言文学的熏染，在执笔行文上差强人意，但还存在着种种不足。中文专业以外的各个学科虽然也开设过“大学语文”或“公共写作”，但由于是非专业课，课时量小，再加上学生认识不足，重视不够，仍未起到补救的作用。平时偶有作文练习，别的不说，单是语言一项就让人看了头疼。到了大学快毕业，做起毕业论文来，更多的问题就都暴露了出来。归纳起来大致有以下几个方面:①词汇贫乏,文章没有生气,更无所谓文采,读之味同嚼蜡;②语法、句法不通,要么缺少句子成分,要么成分搭配不当,要么没有逻辑,文意难以表达;③故意卖弄学问,造句半文半白,文言词语,用得似是而非,让人读之生厌;④不辨文体特征,滥用修辞手法和抒情描写等表达方式,写出的文章四不像,让人啼笑皆非;⑤过分夸饰,堆砌辞藻,给人华而不实之感;⑥企图标新立异,猎奇用怪,生造杜撰词语,拆用成语,表意不准,不知所云;⑦不求甚解,不懂装懂,滥用名言、警句,误用成语、典故;⑧不懂锤炼,不会简洁,语言拉杂、烦冗;⑨过分简约,论证不周密,让人摸不着头脑。

这些问题都不容忽视。每一位大学毕业生都要把毕业论文的写作,看成检验自己综合能力的过程。要在语言文字上精雕细刻,做到准确、严密、生动、深刻。

第四节 大学生毕业论文答辩应注意的主要事项

答辩是对大学生毕业论文的最后验收。它是校方、系(室)及指导教师审查毕业论文质量的重要步骤,也是对大学生们的一次重要训练。因此,无论是组织者还是答辩人,都应予以高度的重视。

一、了解毕业论文答辩的功能

了解毕业答辩功能的目的是让同学们提高认识,端正态度,从而认真地对待这项工作,答辩的功能主要有:

(一) 考核论文质量,评定成绩

即答辩委员会在听取论文作者自我陈述及回答问题的基础上,对论文质量进行全面考查,然后经过集体审议,按照毕业论文的评定标准评定论文等级,这是举行论文答辩的最基本功能。

毕业论文质量考查,主要着眼于这几个方面:在总结前人研究成果的基础上,是否提出了新观点;对已有定论的学术问题,是否能以新的例证进行充分的论述,是否有新的补充;对有关学科的研究情况和发展趋势,是否进行公允的评述,能否加入自己的观点;论题是否具有积极的现实意义,是否能言之成理。其他还有:体式是否完整,结构是否均衡,论辩是否清晰,逻辑是否严密,语言是否合乎规范等等。如果这些方面都符合要求,这将被视为优等论文。

当然,毕业论文质量的考查与评估,不能单凭论文本身,还要重视作者的答辩情况。如果论文基本符合上述标准,仅仅因为行文中的个别漏洞,如一处两处的误笔,某些词语句子使用欠准确、流畅,或某一处材料值得进一步推敲等等。对于这些漏洞,如果答辩者在答辩准备过程中已有发现而未来得及修改、完善,但在自我陈述和答辩中能够主

动予以澄清、说明、更正。那么，这些都不应该影响论文成绩的等级评定。

（二）修补论文漏洞，完善论文

这是从有益于论文作者角度而言的答辩功能。由于大学生们初次撰写学术文章，难免会出现种种遗漏，如上文提到的体式上、结构上、观点上、语言表达上的不足，有些同学在准备答辩的过程中已有察觉，并在自我陈述中做了相应的解释、说明或更正。而有些问题，他们在修改中未曾发现，一直到答辩也没有意识到，但是在主辩教师的提示下，经过自己的迅速思考和分析，认识到了问题的存在，并在答辩中予以修正或补充。这实际上等于又一次接受了老师的指导，而这种指导更具有针对性，其效果就如坐在一个高明的医生面前，很快地明白自己的病根病源，这对于最终完善论文，提高论文质量，有很好的补救作用。

（三）师生相互启发，增进学术交流

这是论文答辩的最高功能。“答辩”，除了回答提问一层意思之外，恐怕重点应该在“辩”字上，而这个“辩”字，在主辩教师一方，从某种程度上说，主要是向答辩人提出辩驳。而在答辩者一方，则主要是辩白、辩解，这样双方会形成辩论。而在答辩过程中的辩论，可能就是师生双方在学术见解上的交锋—交流—深化的过程。首先，在某一学术领域，主辩教师有可能涉足不深(即使专家的研究，也不能遍及所有领域)，而某一位同学的论文又很富于新意，甚至有独到的创见，教师通过学生的自我陈述和答辩，会从中受到某种启发。其次，主辩教师所提的问题在很多情况下并非是辩驳，而主要是对答辩者的诱导，像指点迷津那样进一步激发学生的思考。特别是教师从该课题研究的方法论角度的指点，更能帮助学生总结、掌握科学研究的方法和技能，鼓起他们对该课题做深入研究的劲头。再次，在答辩过程中，如果出现主、辩双方对某个问题不同见解的交锋，那将是一种最佳境界，说明了这里具有“真理面前人人平等”的学术氛围——一方面，可以充分展示主辩教师虚怀若谷的气度，另一方面又体现了学生敢于挑战、勇于进取的精神。更重要的是，经过激烈的争论，即使谁也说服不了谁，主、辩双方也都可以从中受到启发，达到学术交流的目的。

当然，毕业论文答辩的功能还不仅仅是这些。随着各高校学业管理规范化的实现，近些年来，成人高等教育中的电大、职大、函大学员也要撰写毕业论文，也要进行论文答辩。由于个别学员(当然也包括在校的个别学生)学习目的不正确、学习态度不端正，因而在撰写毕业论文时潦草应付，拼凑抄袭，更有甚者找人捉笔代劳，想凭侥幸蒙混过关。鉴于此，论文答辩的功能就又多了一项，即还要用于考查其真实性。如果不是自己辛苦劳动的结果，通过主辩人的问话，真相便可毕现了，这对那些弄虚作假的人来说，实际上起到了警示的作用。从这个意义上讲，毕业论文答辩还具有考核学生治学态度、纠正不良学风和文风的功能。

二、了解毕业论文答辩的程序和要求

了解答辩的程序和要求的目的是，为了让同学们懂得答辩的常识，做到心中有数，从而在技术上做好准备。

（一）答辩委员会的组成及职责

毕业论文答辩是以学科专业为单位成立的答辩委员会对毕业生论文的集体审查。委员会由校、系、专业领导及相关教师组成，一般为5～7人，从中确定一位学术水平较高的委员为主任委员，负责答辩委员会的召集工作，并可配秘书一名，负责联络、记录等事项。每个委员负责一定数额毕业生的主辩任务。

答辩委员会的职责是：举行毕业生毕业论文答辩，评定论文是否通过；按毕业论文的成绩标准，评定论文成绩档次（一般分为优、良、中、及格、不及格五档）；对成绩特别好和特别差的毕业论文写明具体理由，良好、中等和及格者写出简单的评语，由答辩委员会集中写意见，三人签名有效。

（二）毕业论文答辩的程序

(1) 论文作者先自我陈述选题的意图、论文的主要观点、使用的主要材料及论证的过程；

(2) 答辩委员会向作者提出问题，作者要即时回答，或限时做准备后回答（限时长短各学校自有规定）；

(3) 答辩人退场，按顺序请另一答辩人入场；

(4) 参与答辩人全部答辩完毕，答辩委员会集体评定各答辩者的论文是否通过；

(5) 答辩委员会评定之后，召回答辩人，当面向其宣布是否通过（论文等级之后评出，校方批准后公布）；

(6) 对论文答辩未通过的同学，根据情况对其论文提出修改意见，允许半年后另行答辩。

（三）毕业论文答辩的具体要求

1. 对答辩人的具体要求

答辩开始，答辩者应向答辩委员会做简要自述，内容包括：

(1) 自我介绍：包括姓名、专业、年级、班级；

(2) 论文情况介绍：包括选题的背景、意义、论文的观点、使用材料，论证过程，得出的结论，进一步的设想、建议。

答辩人的自述首先要热情友好、彬彬有礼、文雅得体，使整个答辩有一个好的开端；其次，要遵守和利用好自述限定的时间。自述一般为十分钟左右。因此，要集中精力、条理清楚地述说，忌烦冗，忌无序，忌超过时限，也不能过于简括，以致自述不圆满，达不到目的。

2. 对主辩人的要求

答辩人自述完毕，主辩教师应针对答辩者的论文内容提问。提问要考虑到学生们的研究能力和水平，不能超出论文的范围太远。以能够大体衡量学生的知识水平和研究能力为标准。主要内容包括以下几方面：

（1）考查文章是否为本人撰写，并通过答辩人对自己文章的理解，考查其治学态度；

（2）引导答辩人对自己毕业论文中具有创造性或富有新意的观点做进一步的阐述和发挥；

（3）对毕业论文中不清楚、不详细、有错误、不完善的地方进行询问；

（4）请答辩人就自己的文章做自我评价，并说出对自己所选课题的进一步研究打算；

（5）提出其他相关问题，以考查答辩人的学术水平、研究能力和语言表达能力等。

总之，毕业论文答辩本身是一种严肃的活动，答辩委员会成员一定要坚持学术标准，坚持实事求是的学术态度，并且在答辩中发扬学术民主，以保证答辩的公平、公正、有效。每一位参与答辩的同学也要充分认识到论文答辩对自己的重要意义，要以饱满的热情，审慎的态度对待答辩，争取圆满、成功。

三、做好毕业论文答辩前的准备

（一）最后审读论文，设法修补漏洞

准备答辩是一项严肃认真而又艰苦的劳动，准备得好坏，充分与否，直接关系到能否通过答辩，学位论文的答辩还关系到是否能取得学位，甚至能否顺利毕业的问题。所以，每一位准备参加毕业论文答辩的同学，在准备答辩报告之前都要再一次慎重地审读论文，进一步推敲：观点是否偏颇，材料是否核实，即使是临阵磨枪，也要认真仔细。一直到自己尽心尽力了，认为较为满意了，再去准备其他方面。

（二）准备答辩报告（提纲）

这一项实际是对主辩教师可能提出问题的预测，主要包括下面几点：

（1）自己选择此课题的缘由，该课题的学术价值、理论意义和现实意义是什么。

（2）目前国内外学术界对该课题的研究状况，有哪些人对什么问题进行过研究，他们提出的主要观点和研究的成果如何。

（3）自己的论文选题在这一学术领域有何新的发现、发展，基本观点、立论的依据和论证的思路是什么，主要提出和解决了哪些问题。

（4）写作时自己主要参考了哪些资料，论文中重要的引文、版本和出处是否清楚，熟悉的程度如何。

(5) 自己论文中哪些问题应该涉及或应该解决,但因力不能及尚未涉及,或论述不清楚,不周延。有哪些是最薄弱的环节。

(6) 课题中有哪些尚有争议、尚待解决的问题,自己认为下一步应该如何去探讨、研究。

按常规,以上几方面基本可以涵容主辩教师提问的内容。但有时也会提出一些预料之外的问题,对此要想做到准备好有确切针对性的资料是很不容易的。所以,每个同学在答辩前的准备,不能带有任何侥幸心理,不能像押宝那样去揣度,一定要把问题想得更全面一些,力争能在临场发挥时对答自如。若草率马虎,准备不周,临场就会出现尴尬局面。自己认为预测没有遗漏之后,就要按序誊写,整理出一个简明而有条理的答辩报告(提纲),答辩时可以带进考场,以备参考。

(三) 准备应用的物质材料

这一项是类似于道具的辅助表达方式的准备。有些学科门类的答辩,比如理、工、农、医、生、化等,还要借助于实物或现场演示才能完成。所以,诸如自我陈述中要使用的图表、照片、插图、幻灯、投影仪、实物模型、当场试验演示的配套仪器等等,都是答辩时的辅助材料,要随身携带,以备使用。

四、要重视答辩的临场发挥

在读的硕士生、博士生对论文答辩已经有了一定的经验。但对于本科生来说,却是第一次。不少同学在此之前甚至不知答辩为何物,所以要在技巧方面给予指点,以使其心中有数,临场发挥,操作有术,能顺利通过答辩。

(一) 认真倾听,把握题旨

这是最基本的一条。只有专注地听取主辩教师所提的问题,快捷地思考,弄清问题的主旨,才能针对问题进行有效回答。面对主辩教师的提问,答辩人首先要全神贯注,充分运用注意的分配能力,边听、边记、防止遗漏,同时要沉着冷静地思考,了解所提问题的实质,分析质疑的指向,看是针对论点的,还是针对论据的;是针对结论的,还是针对论证过程的,等等。千方不能弄错题意,造成答非所问的尴尬局面。

(二) 回答简洁,条理分明

答辩中,由于给予每位同学的时间是有限的,需要抓紧时间,进行概括而明了的回答。所以答辩者要针对主辩教师所提的问题,就事论事,就事说理,切忌烦冗拖沓,横生枝节。要做到干净利落,切中要害。这样,一来可以避免言多有误,二来可以避免言多冲淡主题。另外,主辩教师提出的问题如果包含多层意思,那么回答时要注意条理,一层一层、一条一条地分别说明,最好使用序号使之条理化。

（三）坦率直言，不做强辩

当主辩教师对自己论文中存在的不足或失误之处予以指出时，答辩人应该以虚心的态度，坦率承认。特别是在答辩中出现的失误，比如因精神紧张而造成的口误或思路混乱，如果老师质疑，就应该表示歉意，并当即纠正。切不要急于掩饰，甚至强词夺理。而对于主辩教师所提的较难的问题，比如自己只有过粗略的接触，或者自己根本就不知道的问题，它们可能超出了答辩者的论文范围(一般不会)，这时，答辩者应该坦然相对，直言相告，或者可以委婉地表示以后向老师请教。总之，答辩中谦虚坦诚的态度能博得主辩教师的好感，而对失误强作辩解、粉饰，反而对自己不利。

（四）把握分寸，善进善退

对于自己论文中研究最透彻或最具有创新意义的地方，在自我陈述时可能会最得意。但不要得意忘形，要掌握好限度，一般要采用请教、探究的语气，委婉道出，而不能夸夸其谈，给人以洋洋自得的感觉。即便是主辩教师听得最满意的地方，自己也要注意详略得当，见好就收，说到即止。切莫忘乎所以，一发而不可收，以至于画蛇添足，前功尽弃。

（五）面对难题，巧于应对

有时，主辩教师提出的问题包含的范围较广，涉及面较大，可能会使答辩者一时难以下口。这就需要通过巧妙的设问或设想，对题目加以限制，使范围缩小，只抓住主要方面予以回答。如："老师，您的这个问题我是否可以从这个方面去回答……""我想：您的问题是不是主要指……"这样可以拨开丛杂的头绪，抓住其中主要的一点，然后以纲带目，以点带面，既说清了主要方面，又涉及了次要方面。这不是有意回避，而是巧妙梳理，主辩教师会满意的。

而对主辨教师提出的特别难答的问题，答辩者更是要沉着冷静，思考对策。一般是采用避开障碍，迂回而进的方法，争取主辩教师的提示，或者干脆请求老师把问题重复一遍。老师的重复不可能是原话再说一遍，而是重新组织语言。这样就有可能给答辩者提示了回答的切入点。同时，在老师重复的时候，答辩者也争取了思考的时间。一般来说，有了老师的提示，又经过认真思考，较难的问题应该能答出来了。即使回答得不能尽如人意，老师也会为答辩者面对难题勇于进取的精神而感动，留下较好的印象。

值得提醒同学们的是，如果遇到了自己的确不能回答的问题，要如实相告，千万不要强不知以为知，硬充好汉，结果答非所问，这是一种不良的作风。

五、答辩中应注意的三个问题

毕业论文答辩，不仅仅是对毕业生学术科研能力的一次检验，同时也是对毕业生综合素质的一次全面检查。所以，在进行答辩时，每一个答辩者必须注意以下细节问题：

（一）态度端正，树立自信

首先，要防止和克服对毕业论文答辩存在的不良心态。诸如畏惧情绪，对答辩不知所措，感到恐惧；掉以轻心，把答辩不当回事，企图应付过关；反感抵触，认为校方故意设卡为难等等。要把答辩当成严肃而光荣的任务认真完成。其次，要树立坚定的自信心：课题是自己经过刻苦钻研精心设计确定的，文章是自己亲手写成的，自己对文章内容的方方面面说起来能如数家珍。同时，答辩前自己已经做好了充分的准备：熟悉了答辩的各种规定、进行的程序、答辩的要求，并且向老师请教过答辩的经验。加上上场前设计好了自己的答辩报告，再经过同学之间的模拟答辩，反复演练，可以说有了充足的把握，在考场上从容应对，通过答辩是绝对没有问题的。

（二）带齐答辩用品

参加答辩时，一般应带上论文原件、答辩报告（提纲）等主要资料，以备临时查阅。还有类似于道具的辅助表达手段，即答辩前准备的“物质材料”。有特别规定的，按规定要求去做。还应当携带书写工具，记录主辩教师所提出的问题及指导性意见。

（三）谦虚谨慎，讲究礼貌

首先，要有得体的穿着打扮，入场后主动向老师问好，表示对答辩委员会的尊重，愿意接受老师们的指教；其次，对主辩老师的提问，即使是自己得心应手的，也要以谦恭的态度，平静作答，不可面露倨傲之色；再次，对主辩教师提出的与自己针锋相对的问题，要以民主的学术风格对待，切不可以为老师有意刁难而带有不满情绪，与老师面红耳赤地争辩，从而给人以不懂规矩、没有礼貌的印象。要心平气和地做有理有据的阐述，以理服人。最后，无论答辩的结果是何种情况，老师给予什么样的评价，当答辩结束后，都要向答辩委员会致谢，然后从容地、有礼貌地退场。

思考与练习

1. 给自己的毕业论文写一则300～500字的概述，清楚地说明研究方法和研究结论，并对研究结论及其推广价值做出实事求是的评价。

2. 根据答辩的需要，给自己准备10张答辩卡片。每张卡片针对一个虚拟的提问进行回答，每一个问题的回答内容不超过300字。

第七章　科研项目的申报、开题、组织研究及成果验收

根据我国现行的科研项目管理制度，科研工作者和爱好者应当了解、熟悉项目管理的目标和任务，学会填写项目申报表(或项目申请书)，了解开题报告的写作要求，学习项目研究的组织方法，探索研究经费的计划、筹措和使用方法，掌握研究成果的形成规律，了解成果验收的方法和步骤等等。

本章内容，即从下述九个方面介绍一些常用知识和方法技巧，目的在于帮助学习者掌握争取项目的方法，学会研究组织管理以及成果的申请验收；了解科研项目管理、运作制度改革的发展趋向，在新的条件下，走出教育科研工作的新路子。

一、科研项目管理制度的基本内容

科研项目管理制度，是由各级政府科学技术管理部门组织的，以科研项目立项审批和管理为主要内容，按照预期计划实施研究工作的基本制度。现行科研项目管理制度的基本内容包括：科研总体规划、选题目录编制、项目申报、评审立项与资助、研究计划落实、成果验收等六个方面。

1. 科研总体规划的制定

科研总体规划的制定通常由政府行政主管部门主持，一般程序是：先请专家和专业管理人员进行规划论证，提出规划的指导思想、研究目标、重点任务等，经过充分讨论和严格论证，最终确定规划内容，并报请领导集体讨论通过后付诸实施。

科研规划包括 5 年及 5 年以上(一般为 10 年和 15 年)中、长期研究目标和项目的规划，也包括年度科研规划。中、长期规划主要着眼于宏观布局和总体目标的设计；年度计划是实现中、长期规划的阶段性过程，计划内容要更为翔实，总体任务分解要科学具体，阶段性研究思路要清晰，既要考虑项目的层次目标和社会效益，又要考虑研究能力和实施效果。

2. 选题目录的编制

为了有效实施科研规划和年度计划，需要进行选题目录的编制工作。选题目录编制的具体任务在于：根据规划的目标、方向和重点，确定若干比较具体的项目选题范围，为申报人的项目申报，提供选择和论证的研究方向和主要项目。在通常情况下，科研选题目录中所确定的项目是比较宽泛的，只从研究工作的外延范围为申报人提供大致的选题范围。申报人的选题，则要在符合范围的前提下，选定比较明确、具体的研究项目。

例如，某省教育科研主管部门颁布的《选题目录》包括10大研究板块，其中一块是"关于教育教学方法更新和改进的研究"，以下又提出了较为明确的层次："学前教育方法研究""学前教材和教学方法的探索""小学生心理特点的分析与研究""中小学学科教学方法研究"等等。项目申报人则需要根据工作需要，结合自己的长处和爱好确立具体而又新颖的选题，如《在小学体育课教学中强化独生子女群体意识培养的系列研究》《对学前教育知识超前教育现状的调查与分析》《关于初中二年级英语教学中缩小两极分化现象的实验研究》《城乡初中女生性格差异的调查与分析》等等。一句话，不能盲目地按选题目录照搬选题。

3. 项目申报

对于申报组织单位来说，项目申报工作宣传的力度和组织的广度，是做好项目申报组织工作的重要前提和条件。申报组织工作包含三个阶段的任务：一是做好宣传，发放选题目录和项目申请书，让申报人明确申报项目范围、重点和申报时限；二是做好申报材料的收集工作，为提高申报材料的填写质量，必要时应当开办"项目申报培训班"，提高申报人员的选题论证的能力；三是做好申报材料的"形式审查"工作，对上交的项目申请书，进行全面细致的检查，项目申请书中的每个部分都填写完毕并符合规范，方能通过"形式审查"。

对申报人来说，填报项目申请书是申报项目的第一步，也是最基础的一个环节。填报项目申请书要做好三个环节的工作：一是做好选题论证工作，既要按照选题目录规定的范围选好题目，又要对所选题目进行严格、细致的科学论证；二是依照"填写要求"（或"填表说明"）认真填写项目申请书，表格中规定的内容一项也不能少，都要填写完整，做到表述规范、全面，字迹工整；三是做好项目合作单位和申报人所在单位"推荐意见"的填写工作，对申报人的研究能力、科研水平、完成项目的基础条件和时间保障等，均要做出符合事实的评价和说明。

选题论证是申报人要做好的重点工作。其基本策略是，既要对所选题目进行科学的、全面的论证，确保课题研究的客观价值和创新性，又要合理估计"选题撞车"的可能性，尽量避免与他人选题相同。在无法避开或难以判断"撞车"可能的情况下，就要靠选题论证的科学性、组织方案的严密性和研究人员的实力去竞争。在这样的竞争中，项目研究的前期准备和前期成果，也起着至关重要的作用。

4. 评审立项与资助

评审立项与资助，是项目管理部门的重要工作。评审可一次完成，也可进行初评和终结评审，这些任务一般聘请专家完成，评审工作最好采用申报人匿名的方式进行，以避免评审工作中可能出现的不正之风。资助标准的确立，应当根据研究项目的复杂程度和研究成果的数量和质量来确定。资助经费到位应当迅速，不要影响项目研究工作的正常进行。

评审立项与资助工作面临着改革的要求，行政操作和内部专家评审有很大的局限性，这同科学技术创新的要求差距很大。引进外部专家评审和由中介机构进行评审操作，理应成为这项工作改革的主要内容。这是提高评审质量的保证，也是杜绝科技工作腐败现象的必由之路。

项目经费投入太少，同日益增长的科学研究与技术开发需求相距甚远，因此出现了低标准资助、平均分摊经费的普遍现象，直接导致科研立项和研究工作“低水平运行”和“重复炒作”的现象，这些问题只有通过国家加大投入、多渠道筹措科研经费等方法来加以解决。在具体操作过程中，还要拉开重点项目和一般项目的资助标准，确保重点项目的创造性突破，尽可能减少“低水平重复运行”的资源浪费。

5. 研究计划的有效落实

项目管理和研究工作是系统性工作，提高管理效率，是保证研究工作按预定目标完成研究任务的具体保障。在这个方面，目前项目管理者采取的主要措施是“分期下拨资助经费”的单一方法，应当说这是一项不得已而为之的措施。这个措施的弱点在于会影响那些快速项目的进展速度。事实还证明，单靠开题报告的如期上交和“中期成果”的检查落实，无法保证项目管理效率的切实提高。

研究计划有效落实的主体是研究工作者。严格按照项目计划加快研究工作，确保项目研究任务按期或提早完成，尽早拿出高质量的科技成果，这是研究人员水平、能力、责任心和科研信誉的综合体现。

无论对于专业研究工作者，还是对于业余科研人员，都需要有一种研究管理的激励机制，来促进研究计划的有效落实。最便捷的办法是采取“科研信誉积分制”的管理办法，对按时完成项目研究任务者增加“信誉积分”，反之则减少。在以后的项目评定中，把“信誉积分”的高低作为是否立项、是否承担重点项目的重要依据。

另外，项目管理工作应当弱化“计划经济”遗留的消极影响，将管理工作的重点从“立项管理”逐步过渡到“成果管理”和应用转化上，不是根据立项下达经费，而是根据成果水平和研究的实际投入补助经费。这样做既公正、客观，又可利用市场机制提高经费使用效率，促进研究者多渠道筹措研究经费，甚至通过银行贷款投入研究。既可节约支出，又能确保项目论证的科学严密和研究计划的有效落实，从根本上提高科研管理效率。

6. 成果验收

成果验收包括项目结题和成果验收两个组成部分。项目主持人完成研究工作后，要及时上交项目结题报告，对研究计划的落实、研究进展和成果的数量、层次进行完整、客观的说明；对成果验收的时间和方式，提出具体的要求和建议。（具体步骤详见下文）

对于提前发放资助经费的项目，在验收成果的同时，还必须对项目经费开支情况进行审查；完成之后下拨经费的项目，成果验收合格后，要对其研究投入进行审计，并且迅速兑现经费承诺。

二、怎样填写项目申请书

填写项目申请书，是项目申报最重要的基础工作。从某种意义上讲，项目能否批准，首先取决于项目申请书填写质量的高低。一般来说，项目申请书的填写要做到规范性、科学性和完整性的统一。

1. 规范性

规范性是项目申请书填写的基本要求，也是反映项目申请人（即主持人）科研工作基本素质和研究经验的重要基础。规范性主要体现在三个方面：

一是项目名称要规范。项目名称的内涵和外延都要清清楚楚。如果你的项目名称是《创造教育问题》，就有许多不明确的方面，你是指教育目标，还是教育方法？是主要针对教育者呢，还是主要针对被教育者？再说，教育既涉及各个教学阶段，又涉及许许多多的学科，还涉及德、智、体、美、劳等多个方面。因此，项目名称一定要切实、明确，而且要符合规范的格式。一般来说，标准的格式应当是《……的研究》，上例名称如果改为《初中语文创造性写作训练程序的研究》，或者《中学物理教学增强学生空间思维能力的实验研究》，就能比较充分地体现出项目名称的规范性特征。

二是学科范围和项目研究层次要规范。一方面，你所拟定的项目名称要属于具体的学科类别；另一方面，项目名称反映出来的研究工作，必须体现出理论研究、技术研究、应用开发三个不同的层次。例如，把项目名称写为《对创新问题的思考与研究》就不妥，国际、国内的学科分类都没有一个"创造学"之类的学科，"创新问题"涉及理论、技术和应用三个层次，而这些在项目名称中都没有得以明确。又如以下三个项目名称：《对高中立体几何创新思维理论要素的研究》《高中立体几何教学创新能力培养的实验研究》《高中立体几何创新教学方法的推广》，三个名称的内涵和外延都很清楚，学科范围限定准确，而且，三个项目名称分别属于理论、技术与方法、应用推广三个层次的研究。这样为项目确定名称，就符合学科定位规范性的要求。

三是栏目填写要规范。首先，文字书写要正确、规范。很难想象一份错别字随处可见、文字书写看不清楚的项目申请书，能通过形式审查和专家评定。其次，封面和主页（通常为第1页）填写内容要规范，同栏目名称要一一对应。例如，不能把"专业技术职务"填成"行政职务"，不能把"应用开发和推广"项目填到"基础理论研究"栏内等等。再次，是学科代码要规范、精确。要分清楚所属学科的一、二、三级代码数据，根据"填表说明"的要求精确填写。如果要求填写二级学科代码，你却填成一级或三级学科代码，就会直接影响项目收集过程的归类，给鉴别和评审带来不利影响。最后，每一个栏目中的内容填写，都要同表题规定一一对应。如果一个栏目的表题是："本课题研究的现状、趋势、理论意义和应用价值"，你就要抓住四个主题，逐一填写：①"研究现状：××× ×××"；②"发展趋势：××× ×××"；③"理论意义：××× ×××"；④"应用价值：××× ×××"。而且，最好每一个部分的填写内容都划分成一个独立的段落，层次分明，让人一目了然。

2. 科学性

科学性是体现项目选题质量最重要的因素。项目申请书填写的科学性，主要体现在四个方面，即项目名称的反复推敲与筛选；立项依据和研究方法的精确论证；项目研究计划的周密；对研究目标和成果进行合乎实际的科学定位。

（1）项目名称（又称课题名称）的科学筛选。这个问题其实同“学术论文选题”很相近，同样要满足科学性、创造性、需要性、可行性等要求。（具体方法详见本书第四章、第六章中的有关内容）

（2）立项依据和研究方法的科学论证。对立项依据进行论证，目的在于阐述申报项目的科学价值，让项目管理者和评审专家确信你的选题具有充分的科学性和研究价值。对项目研究方案设计的表述，目的在于说服项目管理者和评审者相信：项目研究方法科学，合乎研究规律。同时，立项依据和研究方法的科学论证，也是项目名称选择的最有效的理论支撑和技术支撑。因此，确保二者的科学性，是项目申请书填写中最为重要的内容。

（3）研究计划和工作方案的科学选择。一个研究项目的实施和完成，是一项比较系统的工程。指导思想的正确性，实验目标的准确定位，研究方法的合理性等等，都不是空洞的，必须落实到研究工作的具体方案中，做到分步实施和系统归纳。研究方案的严密性、系统性和可行性，是反映项目申报人科研能力的最重要、最鲜明的环节。一定要周密思考、反复讨论、充分比较、精心设计，做到优中选优，力争接近“零缺陷”设计方案。

（4）对研究项目和成果层次进行科学定位。由于“假大空”风气的影响，项目申报人容易产生某种错觉，以为研究目标和成果层次提得越高，就越容易争取项目批准立项。因此，动不动就承诺“实现创造性的突破”“取得国内一流成果”等等。殊不知，科学研究是实事求是的事业，来不得半点马虎和轻率，更不能随意夸大事实。

例如，当我们为《初中语文朗读方法艺术化、丰富化的研究和设计》的目标和成果定位时，如说它可以达到“创造性突破”、达到“国内一流水平”，就不如说这项研究可以“大幅度提高初中语文课堂教学效率”“有效增强学生阅读理解能力和审美鉴赏能力”。这样定位更实在、更可行，而且符合学科教学方法研究的规律，因此也就更能令人信服。

3. 完整性

项目申请书格式较为复杂，要求填写的内容较为丰富。不仅有项目论证、前期工作、研究目的、重点、难点、调研、实验、研究计划、经费预算等栏目，而且在大多数情况下，科研项目是由若干个人参与研究的，因此还要有参与人的相关资料；有时，参与人是跨单位、跨部门的，因此要有合作单位的意见；有时，项目主持人（又称“项目申请人”或“项目负责人”）达不到项目管理部门规定的职称要求，还需要两名副高及以上职称的人员分别填写“推荐意见”；为了促使参与者履行职责，还要求每个参与人都要亲笔签名；为了便于项目管理部门同项目主持人的联系，还要求填写邮政编码、联系电话，有的还要注明 E－mail 等。

此外，如“研究方向”“项目性质”“学科代码”等部分，填写内容都有严格的专业要求，填表人必须认真阅读填表说明，仔细查阅国家颁布的学科代码。望文生义地随意填写，免不了要出错误。总之，每一个栏目都要准确无误，每个栏目表题中要求的各项内容，都要依次填写完整，必要时还可另页填写，直到圆满为止。

如果是实验研究一类的应用推广项目，不仅要完成小试，拿出实验数据和结果，还应扩大实验，完成中试，拿出小批量产品，为项目应用推广提供设计参照。如果选题论证和研究方案都涉及这些方面，就能提高项目申报的命中率。

三、项目开题报告的写作

项目批准立项之后，主持人和项目参与者就要动手实施研究工作。讨论、写作和提交开题报告，这是实施研究的第一个步骤。

虽然项目申请书中已经填写了项目研究工作的理论依据、指导思想、研究目标、方法步骤和成果目标等内容。但是，由于表格的限制，每一个方面都只能简要地填写，这些内容对于研究工作的具体实施，还不能发挥系统和充分的指导作用。因此，在项目研究的具体工作开展之前，还必须讨论、撰写项目的开题报告，对以上提及的各类事项，做出更为详尽的计划和安排。

开题报告具有两个基本的功能，一是向项目批准和管理部门上报，让主管人员了解项目进展和人员状态，及时下拨项目资助经费，下达指导研究工作的具体意见。二是便于全体项目参与人员明确研究工作的整体思路和要求，明确个人的分工和任务，明确每一阶段的目标和层次，明确阶段性成果的类型、要求、数量和质量等等。

开题报告的写作没有严格的统一形式，只要实现上述两个基本功能，也就符合要求了。根据常见类型，开题报告一般需要包括项目（课题）研究工作的“总体论证”“工作计划方案”“研究任务分工情况”“阶段性目标和成果要求”等等。

由于开题报告具有明确的指导性和严格的时效性，因此应当尽早拟定，及时送达项目主管部门，及时交给全体参加研究的人员，以发挥其最大的作用。

四、集体项目研究工作的组织和开展

随着科研管理及运作体制改革的不断深化，集体合作研究立项越来越普遍。特别是基层工作单位，从事基础理论研究的机会并不多，而大量应用推广类的项目，大多需要集体合作完成。因此，集体项目研究工作的组织和开展，就成为一项十分重要的工作。做好这项工作必须具备以下三个方面的条件：

1. 主持人要有较深的学术造诣和较强的组织协调能力

项目主持人是课题研究目标的制定者，又是项目研究工作的具体组织人。主持人学术水平的高低、组织协调的好坏，是项目研究能否顺利进行、能否产出预期成果的关键。

应当着重强调的一点是，主持人还要具有奉献精神。研究工作需要靠正确的认识、科学的方法来指导和运作，而这种认识和方法在很大程度上具有知识产权的属性，一些主持人为了维护自己的个人利益，不愿意将这种认识和方法清楚地告诉项目参与者，而往往只让他们参与一些方向并不明确的资料收集工作或实验过程，这势必影响整个项目研究的进程，甚至导致研究工作走很多的弯路。

项目主持人应当多一点奉献精神，通过集体项目所获得的研究成果，知识产权主要还是属于项目主持人。再说，集体项目的研究目标不仅仅在于出成果，更重要的还在于出人才。主持人通过项目研究培养出高水平的人才，无论对国家、对事业，还是对项目参与人，都是重要的贡献。

再往前推进一步，如果主持人的新思想和新方法被他人借用，得出自己一时难以取得的成果，也是一件令人欣慰的事情。人类科学发展的全部历史都在说明这个道理：科学技术的铺路精神很伟大，只有伟人的肩膀才能够托起更杰出的伟人！我们的集体项目主持人想一想这种伟大的精神，还有什么思想和方法值得保秘的呢？

2. 集体项目的分工要科学，更要明确

有这样一个项目，两个单位的课题组不约而同地申报了。管理部门为了协调关系，让两个单位的人来共同承担项目研究，甲方主持，乙方参与。这个课题先得出实验数据分析结果，然后再对实验进行放大处理，证明其推广应用价值。整个研究过程阶段性明显，两个单位相隔又较远，主管部门就将研究计划修改为：由甲方负责实验室研究，由乙方承担第二阶段的实验放大。由于分工缺乏科学性和可操作性，争执了很长时间都没有结果，最后只有搁置下来。

同一个单位的人合作完成集体项目，也存在分工协调的问题，只分工、不合作，必然无法完成任务。分工合作的具体步骤要根据严格的研究方案来确定，不仅要明确量化的任务，还要明确完成的时限，综合的分析和理论性的归纳，则需要每个研究小组共同参与，甚至要由主持人来协调完成。

3. 参与者既要有独立研究的能力，又要有合作精神

参与者应当具有一定的独立研究能力，至少可以完成部分文献资料和调查资料的收集和整理工作，或者独立完成阶段性实验，在量化研究过程中发挥独立的作用。

合作精神体现的方面很多，有资源共享、方法共用、共同提高经费使用效率、初步成果快速提供给其他研究人员参照、难点突破共同攻关等等，每一个方面都离不开合作精神。做集体项目很像足球比赛，必须有全方位协同的意识和能力，主持人则既是教练，又是场上的灵魂，要随时提醒全体研究人员保持正确而清晰的思路，随时做好整个研究的布局和调整工作，将全体研究人员的智慧与合力集中到同一个焦点上，保证研究工作的顺利开展和快速突破。

五、项目经费的计划、使用和筹措

项目经费的计划任务体现在两个不同的阶段，一是项目申请阶段，二是研究运行过程中。项目申请书中有专门的"经费概算"栏目，要求申请人（主持人）对资助经费的数目和具体使用类别，提出严密的计划方案。申请人必须根据项目研究的实际需要和可能争取的资助额度，进行合理的计划。通常出现的情况是：要么因为申请资助经费过

多，项目不获批；要么项目获得批准，但资助太少，研究工作无法开展。

在研究运行过程中，经费的计划和使用尤为重要。应当尽量杜绝不必要的支出，把有限的经费集中到文献资料与实验材料获取、调查和研讨、成果定型和出版（发表）三个主要方面。精打细算，充分发挥其使用效益。

项目研究目标定位较高同资助金额过低的矛盾，在科研工作中是一个普遍存在的问题。项目管理部门常常因为经费过少而不得不降低成果验收的标准，致使科研工作存在低水平、低效率运行的状况，这是一种突出的而又难以避免的资源浪费现象。对于项目主持人来说，谁都不想因经费过少而牺牲成果的层次水准。那么，如何筹措资金以保障高层次研究目标的实现，就成为一个至关重要的问题。

应用技术一类的开发项目，主持人应当有远见，甚至可以选择银行贷款的方式进行研究，以保障先进技术的迅速诞生和对市场的占有。基础理论研究项目，要注重宣传项目研究的社会效应和科学价值，争取一些单位和部门的支持，以保证项目研究成果高水平、高层次的理论价值。必要时可以签订项目合作协议书，由资金提供方享受项目成果的某些优先权，促进项目合作完成。并以此探索科学研究市场化运作的新方法、新途径，为科学技术研究和应用开发体制的改革走出一条新路。

六、项目研究成果的形成

不同的项目研究，其成果形成的方式和途径可能不一样。但是，由于研究工作具有创造性价值特征，成果形成都是一个令人振奋的过程。在这里，我们仅就成果的形式及其完善方法，提几点简单的建议，以供研究人员借鉴、参考。

单一的以论文为形式的成果，需要补充和丰富。尤其是一些集体项目，若干不同人员分别完成的单篇论文加在一起，很难形成项目研究的系统性和层递性特征。对这样的成果，从一开始就要具有补充和丰富的思想准备和具体对策。一般项目，可从两个角度思考补充和丰富研究成果的具体对策：一是尽早提供目标具体、内容丰富的调查报告；二是最终增添对总体研究进程和成果进行综述的项目研究报告。前者可为研究论文的形成提供充分的依据和材料，后者可促进成果层次的有效提升，实现综合、系统的突破。

专门化的技术研究项目，在实验过程中最好多设计几组对比实验，为实验研究报告的形成，准备更充分的材料，为综合论证提供更广阔的基础。在这种基础上形成的科研成果，不仅更具有说服力，更充分地揭示科学规律，而且常常有可能产生某些意外的研究收获，为进一步深入选题研究创造新的条件。

七、成果验收的方法和步骤

项目研究完成之后，要尽早组织对成果的鉴定和验收工作。一般应按照以下程序进行：

(1) 项目主持人向项目管理部门提交“成果验收请示”，根据管理部门的要求提交相应的“成果目录”清单和代表性成果资料。在征得管理部门同意的情况下，还可以提出成果验收工作专家组成员的部分建议名单。

(2) 项目管理部门接到项目主持人的“成果验收请示”后，应尽快核实成果资料同项目申请书和开题报告预先承诺的成果目标是否一致。当这种一致性确信无疑之后，随即确定验收方法。一般有集中鉴定评审和通信评审两种方式，可根据情况灵活选择，必要时也可以将两种方法结合起来。

(3) 由成果管理部门正式聘任专家，按照项目组和管理部门协商确定的验收方法进行成果鉴定和验收工作。相关的技术鉴定数据，可事先由专门的鉴定机构提供。专家组成员都要填写“成果鉴定及验收意见”，专家组组长综合大家意见后，填写“成果验收评审结论”。“成果验收评审结论”应对验收成果进行实事求是的评价，写出是否同意验收的明确意见。必要时，可对研究工作的深入或研究成果的推广，提出具体的建议。

八、项目结题

验收是对成果而言的，结题是对项目而言的。成果验收工作完成后，项目管理部门还要履行下列职责：①收集成果的全套书面(含图表)材料，进行科研项目的成果归档；②对项目资助经费的开支进行审核，重大资助项目还需财务审计人员参加；③下发项目结题的专项文件；④向项目主持人和参与者颁发成果证书；⑤对优秀成果的完成人考虑实施合理的奖励和通报表彰，以推动研究工作。

至此，科研项目的运作和管理工作全部结束。

九、项目管理体制与科技工作的改革趋向

现行项目管理体制是计划经济在科学技术管理工作中的产物。项目研究按照管理部门的计划来运作，虽然有利于政府指令中重点项目的实施，但总体上并不符合科学研究和技术开发自身的客观规律，跟市场经济发展要求不相适应。

与此同时，按照项目管理部门的行政级别来衡量科学技术成果水平高低的观念根深蒂固，严重违背社会实践和市场效益检验成果价值的客观标准。这些问题，在很大程度上阻碍了科学技术成果向生产力的快速转化。

就我国的现实情况看，要求马上取消现有项目行政管理体制也是不可行的。改革发展的基本趋向：一是要逐步减少项目管理和评审过程中的行政色彩，通过中介机构的参与，强化科研机制与公正原则；二是要注重企业的科学研究和技术开发工作，通过企业自觉增加投入以快速提高自身的研发能力，从而增强企业的竞争活力；三是要增强基层单位和部门对于科研投入的自觉意识，自己投入，自己立项，通过理论同实践的密切结合，拿出应用前景广泛的研究成果。

国家应当出台相应的政策，按照市场运作机制，把科学研究和技术开发的重点，从

项目管理逐步转移到成果管理和应用推广上来，把功夫下到提高成果的社会效益和推动技术转化方面，把“科教兴国”战略，落实到科学研究与技术开发的各项工作环节之中，使科学技术管理工作，真正发挥出“科学杠杆”的巨大作用。

面对这种改革趋势和发展趋向，各级教育主管部门和中小学管理人员，应认真分析深化科研工作对提高教育水平和教学能力的巨大推动作用，积极引进先进的教育思想、教育技术和教学方法，结合本部门、本单位的实际情况，确立一些重要的、系统性的研究课题，做出实实在在的研究成果，培养一批又一批高素质的人民教师。

广大教师应当发扬“终身学习”的职业优势，充分借鉴苏联著名教育家苏霍姆林斯基等人的教育科研经验，立足本职，采取个案研究、追踪教育、对比实验等切合教师工作实际的有效方法，为自己确立系统研究教育规律和专业教学方法的长远规划和有效措施，通过艰苦卓绝的努力，用我们的全部智慧和心血，创造出无愧于时代、无愧于教师职业的优秀的研究成果！

思考与练习

1. 师生共同拟定一个科研项目的选题，在为您提供的项目申请书封面和内页上，进行准确的填写训练，并进行关于这个项目申请立项的选题论证。

提示和建议：

选题论证报告的填写也可以作为本门课程的作业。

项目编号						

××师范学院
科研项目申请书

艺术与人文社科研究项目 □
自然科学基础理论研究项目 □
技术开发及应用推广项目 □
青年教师专项基金项目 □

学 科 门 类：
项 目 名 称：
项目申请人姓名：
申请人所在部门：
联 系 电 话：
申 请 日 期：

申请人	姓　名		性　别		出生年月	
	职　称		所在系(室)或部门			
	职　务		最后学历		最后学位	
	外语语种		外语水平		专业领域	

研究课题	课题名称						
	研究方向		项目性质		所属学科	名　称	
						代　码	
	起至年月	自202　年　月至202　年　月				成果形式	

申请经费	其中(万元)			其他经费来源		
	202　年	202　年	202　年	政府基金	企业基金	自筹经费

课题成员情况	总人数	职　称			学　位			合作单位
		高级	中级	初级	学士	硕士	博士	

本课题研究现状及趋势,研究本课题的理论意义和应用价值

第八章　学术论文分类选评

理论学习和方法训练的目的，都在于应用。从别人的思想方法中，感受科学理论的魅力；通过别人的研究过程，领悟方法应用的技巧；在别人智慧凝聚的成果中，品尝收获的得失苦乐。这是技能学习的方法，更是经验积累的途径。

本章内容，通过对哲社、经济、文史、教育、数理、生化六大类型的学术研究成果的选评，帮助学生从中领悟学术论文写作方法实际应用的规律和技巧。

选评这些论文还有一个目的，就是让我们了解一篇学术论文可能达到的立论目标和难以避免的思维局限，从而破除畏难情绪和迷信观念，树立信心，大胆投入学术论文的写作实践。

［教学提示：根据专业特点，可选择 2 篇论文和选评材料作为教学内容；建议将“教育类”论文及选评材料作为必学篇目。］

第一节　哲社类论文选评

一、例　文

朱子思想的终极关怀①

摘　要：文章对朱子思想的终极关怀及其现代启示进行了初步探索。朱子提出，一物各具一太极，圣人是己与天为一，从而建立了自己独步千古的形上学，表现了深邃独到的终极关怀。在当今人类应对空前严峻的生存挑战之时，朱子思想的终极关怀具有重要意义。

关键词：朱子　圣人　太极　终极关怀

朱子思想博大精深，平实恢宏，综罗百代，影响广远。史称朱子“绍道统，立人极，为万世宗师”②，“孔子大圣，朱子大贤。道德事功，不甚相远。”③钱穆先生曾说：“在中国历史上，前古有孔子，近古有朱子，此两人，皆在中国学术思想史及中国文化史上发出莫大声光，留下莫大影响。旷观全史，恐无第三人堪与伦比。”④

然而，八百多年的盲目推崇、歪曲利用和感性抨击，极大地扭曲了真朱子。这就使我们很难平和公允地理解朱子。尽管如此，面对朱子这样一位卓立乾坤的思想巨人，面对其丰赡精湛的思想财富，又有谁能保持无愧的沉默？本文即试图以一种力求平允的为学态度，对朱子思想的终极关怀及其现代启示作一初步探索。

按照一般的说法，朱子思想体系的最高范畴是理。这样说并不错，但也不全对。应该说，在不同语境中，理、太极、道、心、天理等皆可以是朱子思想体系的最高范畴。

“太极是朱熹易学和哲学中的最高范畴。”⑤朱子对太极这一范畴给予了空前的重视。这可能与他极重视“易有太极”一节有关；也与他极推崇周子《太极图说》有关。

陈荣捷先生指出：“太极的概念对朱熹则是必不可少的。”⑥朱子赋予太极以至高无上的本体论地位和丰富精湛的思想内涵。在朱子那里，太极是宇宙“本然之妙”，“形而上之道”⑦，是宇宙的本原，造化的源泉。他说：

> 圣人谓之太极者，所以指夫天地万物之根也。⑧
> 若无太极，便不翻了天地?!⑨

太极作为宇宙的本原，“是个一而无对者”⑩，是宇宙谨严秩序、万物生生不息的终极根据。它是至高无上的，但却并不是高高在上的。恰恰相反，太极是超越而又内在的，它与宇宙万物是不离不杂、似二而一、似一而二的，它“在无物之前而未尝不立于有物之后……在阴阳之外而未尝不行乎阴阳之中”⑪，在万物之外而未尝不行乎万物之中，它的存在是离不开天地万物的，天地万物之中皆“自各全具一太极”。朱子就此指出：

> 人人有一太极，物物有一太极。⑫

太极非是别为一物，即阴阳而在阴阳，即五行而在五行，即万物而在万物，只是一个理而已。因其极至，故名曰太极。⑬

朱子以程颐“理一分殊”的命题，甚至借用佛教华严宗、禅宗“月印万川”的名喻，来说明其“一物各具一太极”的思想：

> 盖合而言之，万物统体一太极也。分而言之，一物各具一太极也。⑭
> 本只是一太极，而万物各有禀受，又自各全具一太极尔。如月在天，只一而已，及散在江湖，则随处而见，不可谓月已分也。⑮

“一物各具一太极”，这一思想极为可贵：一方面，它充分肯定了宇宙万物存在的独特意义，和每个人生存的至上价值；另一方面，它又在说，作为宇宙本原的太极，不是高高在上的，而是内在于天地万物的，它是天地万物存在的最终依据，是每个人生存的形上支柱。这种思想，一方面是其理论内部的必然要求，是哲学自身逻辑发展的历史结晶；另一方面则表现了朱子令人难以企及的形上学视野和深邃独到的人文关怀。

在朱子那里，太极作为宇宙本原，又具有其鲜明的道德属性。他说，“太极只是个极好至善底道理。……是天地人物万善至好底表德。”⑯就是说，太极是使宇宙万物日益臻于完美至善的终极依据和动力。可见,朱子"这种学说是要为儒家传统的性善论进一步寻求本体论的支持"[17]。

不仅如此,因为"朱熹哲学的真正目的在于解决人的精神生活问题……他的哲学的根本目的,是要实现'心与理一'的最高境界。"[18]所以,在对太极进行了阐发后,朱子又对心这一范畴给予了充分关注,认为太极和理须由心来体认和确证,没有心,也就无所谓太极和理,提出"心包万理""心与理一"。这便是朱子的独到之处。他说:

心者,人之神明,所以具众理而应万事者也。性则心之所具之理,而天又理之所从出者也。人有是心,莫非全体。然不穷理,则有所蔽而无以尽乎此心之量。故能极其心之全体而无不尽者,必其能穷夫理而无不知者也。既知其理,则其所从出亦不外是矣。[19]

心包万理,万理具于一心。不能存得心,不能穷得理。不能穷得理,不能尽得心。[20]

在朱子看来,"万古长空一片心",心是人亲证宇宙本体、体悟人生极境、洞察万化玄机、优游世间风云的先天灵明,是作为宇宙本原的太极、理与天地万物不可或缺的体认者。没有"她",谁去颂扬宇宙的谨严秩序、自然的壮丽神奇?谁去欣赏澄明的星空、浩瀚的海洋、圣洁的莲花、绚丽的朝霞?宇宙万物的存在还有什么"意义"?正是在这个意义上,朱子提出"惟心无对",心与理"本来贯通""理无心,则无着处"[21]"心之神明,妙众理而宰万物者也"[22]。因此,刘述先先生说,"由于朱子思想内部的要求,必须把心当作他的哲学思想的枢纽点"[23]。朱子进一步说道:

人者天地之心。没这人时,天地便没人管。[24]

圣人能赞天地之化育,天地之功有待于圣人。[25]

在这里,朱子高扬了人的主体性,充分肯定了人存在的至上价值,尤其高度称颂了圣人成己成物、"继天立极"的神来智慧和卓越才能。这与王阳明"心外无物,心外无事,心外无理""天地鬼神万物离却我的灵明,便没有天地鬼神万物了"[26]的思想并无不同。这是值得我们深思的。那种认为程朱与陆王水火不容的普遍说法是有很大问题的。

在朱子之前,程颐已提出,"大而化,则已与理一,一则无已"[27]及"圣人与理为一"[28],李侗也有"理与心为一,庶几洒落"[29]的命题。朱子继承了这些思想,也强调指出,为学的最高目标不是对于客观事物知识的了解,而是要达到"心与理一""默与道契"[30]"与天为一"的理想人生境界。他说:

人之所以为学,心与理而已矣。心虽主乎一身,而其体之虚灵,足以管乎天下之理;理虽散在万物,而其用之微妙,实不外乎一人之心。……天之未始不为人,而人之未始不为天也。[31]

心与理一，不是理在前面为一物，理便在心之中。心包蓄不住，随事而发。[32]

圣人是人与法为一，己与天为一。[33]天即人，人即天。人之始生，得于天也；既生此人，则天又在人矣。……天人本只一理。若理会得此意，则天何尝大？人何尝小也？[34]

人与天地鬼神本无二理，特蔽于有我之私，是以梏于形体而不能相通。大人无私，以道为体，曾何彼此先后之可言哉？[35]

虽然说"天地万物本吾一体"[36]"吾之心即天地之心"[37]，但是，由于"此心多为物欲所陷了"[38]，因而要达到"与天为一"的理想境界，关键是要"扫去气禀私欲，使胸次虚灵洞彻"[39]，以体认"天地间非特人为至灵，自家心便是鸟兽草木之心"[40]，自己与天地万物本是一体，天地万物皆是与自己休戚相关的生命存在，如此，即可达到"与万物为一，无所窒碍，胸中泰然"[41]"见得万物与我为一，自然其乐无涯"[42]的高峰体验，臻于"此心廓然无一毫私意，直与天地同量"[43]的人生极境，从而，小我之有限、短暂，便自然跃迁为大我之无限、永恒，人的本质需要和至上价值因之得以实现。朱子及宋明理学"存天理，去人欲"的思想，也应从修养论这一视角去把握，才不至于有太大偏差。

朱子在生命的最后岁月里，仍然循循善诱地启发后学说：

为学之要，惟事事审求其是，决去其非，积集久之，心与理一，自然所发皆无私曲。圣人应万事，天地生万物，直而已矣。[44]

就是说，为学须以"决定是要做圣贤"为"第一义，便渐渐有进步处"[45]，然后专心攻读，丰富阅历，淡泊宁静，勇猛精进，而且"须是胸次放开，磊落明快"[46]，及至真积力久，"而一旦豁然贯通焉，则众物之表里精粗无不到，而吾心之全体大用无不明矣"[47]。这样，便自然臻于"己与天为一""心与理一"的人生极境。因而能够以率真自然之天性，从容应对变化无穷之世事。

至此，朱子通过对宇宙人生的深切感触，和对太极、理、心等范畴的独到阐发，成功建立了自己独步千古的形上学，因而"从世界观的高度，为儒家的理想人格、最高修养境界和伦理道德学说提供了理论的根据"[48]。

当今人类正面临空前严峻的生存挑战，这就使得每一个人都常常处于恐惧不安、焦虑忧闷的状态之中而又无可奈何。朱子思想的终极关怀对当今人类抚慰紧张心灵并早日超越生存困境具有不可替代的重要意义。

注 释

① 赵建功：《朱子思想的终极关怀》，《学术探索》2002年第2期，第25～26页。

② 黄榦：《朱子行状》。

③ 《婺源县志》卷六四。

④ 钱穆：《朱子新学案·上》，巴蜀书社，1986，第1页。

⑤ 朱伯崑：《易学哲学史》中册，第476页。

⑥ 陈荣捷：《新儒学论集》，中央研究院中国

文哲研究所筹备处印行,1995,第78页。
⑦《太极图说解》。
⑧《答杨子直》,《文集》卷四五。
⑨《语类》。
⑩《语类》。
⑪《答陆子静》,《文集》卷三六。
⑫《语类》。
⑬《语类》。
⑭《太极图说解》。
⑮《语类》。
⑯《语类》。
⑰ 陈来:《朱熹哲学研究》,中国社会科学出版社1988年版,第59页。
⑱ 蒙培元:《朱熹的心灵境界说》,见钟彩钧主编:《国际朱子学会议论文集·上》,中央研究院中国文哲研究所筹备处印行,1993年,第420、421页。
⑲《孟子集注·尽心上》。
⑳《语类》。
㉑《语类》。
㉒《大学或问》。
㉓ 刘述先:《朱于哲学思想的发展与完成》,台湾学生书局,1984年再版,第233页。
㉔《语类》。
㉕《语类》。
㉖《语类》。
㉗《与王纯甫》二,《全书》卷四。
㉘《传习录》下。
㉙《遗书》卷一五、二三。
㉚《遗书》卷一五、二三。
㉛《延平答问·戊寅11月13日书》。
㉜《周易本义·文言·乾》。
㉝《大学或问》。
㉞《语类》。
㉟《语类》。
㊱《语类》。
㊲《周易本义·文言·乾》。
㊳《中庸章句》。
㊴《语类》。
㊵《语类》。
㊶《语类》。
㊷《语类》。
㊸《语类》。
㊹《语类》。
㊺《语类》。
㊻ 江永:《考订朱子世家》。
㊼《语类》。
㊽ 郑万耕:《易学源流》,沈阳出版社,1997,第164页。

二、评　析

《朱子思想的终极关怀》是一篇优秀的中国哲学史论文。论文虽仅3000余字,却在全面把握当代朱熹哲学思想研究成果的基础上,深入探讨了朱熹哲学思想的精华——“太极观”和“心包万理”“心与理一”说,运用现代哲学与人文科学交融的视角,充分挖掘朱熹哲学思想启发人“从容应对变化无穷之世事”的进步意义,从而肯定其“终极关怀”的超越历史的认识价值。

纵观全文,仔细体味,论文有两个主要优点:

一是选题角度新颖,有较为深厚的学术底蕴。

朱熹是我国中古哲学思想的集大成者,谈论中国哲学史问题不可能绕开他,然而也很难面对他,正如作者所说,“八百多年的盲目推崇、歪曲利用和感性抨击,极大地扭曲了真朱子。这就使我们很难平和、公允地理解朱子”。朱子太复杂,研究朱子的眼光和视角太纷繁、太迷离。

但是，作者并没有躲避艰难，在纷繁、复杂和迷离中毅然决然地选准了朱子，而且开掘的“面”确定得很科学，只论朱子哲学思想中作者以为最为精华的两个“点”——“太极论”和“心包万理”“心与理一”说。而且，并不是从哲学史源流的角度去全面分析两个概念的继承、内涵以及在哲学体系中的地位和贡献等纯哲学史问题，而是仅仅从哲学思想内蕴与人类生存挑战的关系入手，将哲学范畴和人文意识巧妙地结合起来，集中论述朱子思想对人类所产生的“终极关怀”作用。这种选题方法，既符合“选材要严，开掘要深”①的标准，又符合注重学科交叉、拓展学术视野的创新性选题原则。让人一看论题，就能感觉得到其中包含的学术容量。

二是材料充分，论证的“扎实性”特征突出。

3000多字的短文除朱熹的原著外，还引用了钱穆、朱伯崑、陈荣捷、陈来、蒙培元、刘述先、江永、郑万耕等学者的研究成果。以这些系统的成果作为本文立论的铺垫，使论文显示出鲜明的“扎实性”特征。

不仅如此，论文还引述了《婺源县志》，尽管其中史料并无太大的学术价值，但足以让读者感到旁征博引、论证严密的学术魅力。

当然，本论文也并非无懈可击，细致分析，有三个需要改进的方面：

一是论题表述需要做更严格的限定。

原作论题为《朱子思想的终极关怀》，依照这个命题所包含的逻辑联系，“终极关怀”成了“朱子思想”本身具备的功能，就是说，朱子在阐述自己哲学观点的时候，就已经意识到要发挥“终极关怀”的人文作用了。这当然是不可信的。主观意识是一回事，客观作用又是一回事，二者是有区别的。应当说，本文结论中说到的“终极关怀”，是朱子哲学思想在当今社会所产生的客观影响；更准确地说，这种“终极关怀”，是本文作者从朱子哲学思想的某些内涵中所体验到的。因此，如果对论题进行更严格的限定，在“朱子思想关怀”之后加上“中隐含”或者“中蕴含”三字，将论题更改为《朱子思想中隐含的终极关怀》，就会更贴切一些。这样修正论题，不仅使论题同结论完全保持一致，而且能使论题同论述的主体——“朱子思想”的实在内涵保持一致，从而使论文产生更辩证、更科学的立论效果。

二是论证方法过于单一。

本文采用的论证方法只有一种，自始至终用的都是“引证法”——引用权威人士的研究成果给朱子思想的阐释定位；引用朱熹的哲理表述反复论证“太极观”和“心包万理”“心与理一”说的具体内涵。而对“终极关怀”的含义和价值却未进行必要的阐述。

因此，作者推出论文的结论时，显得过于匆忙：“朱子思想的终极关怀对当今人类抚慰紧张心灵并早日超越生存困境具有不可替代的重要意义。”姑且不论朱子思想有无这种“重要意义”，单说这种“重要意义”的具体发挥，是要凭借哲学的彻悟和心理的调节才有可能做到的。也就是说，作者领悟到了“朱子思想的终极关怀”，却没有通过必要的推

①鲁迅：《关于小说题材的通信》，见《鲁迅论创作》，上海文艺出版社1983年版，第629页。

论把这种“关怀”奉献给一般的读者。

由于作者没有在这个问题上花功夫论证，论文结论让一般读者多少感到有些主观臆断的意味。

三是文末“参考文献”标识不规范。

“注释”和“参考文献”是两个不同的概念。所谓“注释”，是指对文章中不好理解的内容做出细致、通俗的解释和补充；所谓“参考文献”，是指关于文章引用材料来源的详细标识。也就是说，“注释”是为帮助读者阅读服务的；“参考文献”则主要是为了体现对前人的尊重。根据这个划分，例文末尾范畴，均属于“参考文献”的所列文献。因此，应将“注释”二字换成“参考文献”。而且，要按照“参考文献”的规范要求写全关键项，本文标识得过于简单，不合乎要求。当然，这个问题不仅和作者有关，还和编辑有关。

第二节　经济类论文选评

一、例　文

加快小城镇建设，促进西部欠发达地区农村城镇化进程①

摘　要　党的十五届三中全会指出：“发展小城镇，是带动农村经济和社会发展的一个大战略。”这是党中央根据我国经济社会发展和国外经济发展趋势作出的一个重大战略部署。落实这一战略部署，对西部欠发达地区来说显得更为迫切和更为重要。它是缩小地区差距摆脱落后面貌，增加农民收入的根本途径。

关键词　欠发达地区　小城镇　城镇化

目前，在我国农村经济发展过程中出现了许多新的困难和问题，如农民收入增长缓慢，就业压力不断增大，产业结构不尽合理，农产品出现普遍过剩和卖难现象。尤其是广大的西部欠发达地区由于农村经济基础薄弱，交通不便，信息不灵，贫困面大，存在严重的二元经济结构，近年来农村经济发展速度有所减慢，与发达地区的差距越来越大等等。解决这些问题需要多种途径和手段，但其中加快小城镇建设不失为一条有效途径。

1. 加快小城镇建设有利于加快欠发达地区农村产业结构的调整，提高农业劳动生产力，增加农民收入。目前西部欠发达地区农民收入增长缓慢不是一个简单问题，它既与近年来整个国民经济的大环境有关，同时更是农业深层次矛盾和问题的综合反映。

---

①巴春生：《加快小城镇建设，促进西部欠发达地区农村城镇化进程》，《曲靖师范学院学报》2001年第1期，第24～26、112页。

欠发达地区农业基础本来就比较薄弱，产业结构单一，农业人口比重大，城市化水平低，加之整个国民经济从1997年以来受东南亚金融危机的影响，出现卖方市场。农民增产不增收也就必然成为农业和农村经济发展中的突出问题。因此，加快西部欠发达地区小城镇建设，一方面有利于加快农业劳动力的转移，加快农村产业结构的调整，使农业生产向规模化、集约化方向发展，从而提高农民收入。另一方面，发展小城镇经济，特别是把小城镇建设与农业产业化经营相结合利用西部欠发达地区丰富的自然资源发展农副产品的精深加工，提高农业的附加价值和比较经济利益，也能有效增加农民收入。

2. 加快小城镇建设有利于加快欠发达地区经济的发展，有效地缩小地区差距。实践证明，地区之间的发展差距主要表现在工业、城市发展方面的差距。世界银行的统计也表明，在人均国民生产总值较低的国家，城镇人口占总人口的比重也比较低，相反，在人均国民生产总值较高的国家，城镇人口占总人口的比重也比较高。我国沿海地区的实践就是一个很好的例证。改革开放以来，我国东部沿海地区随着乡镇企业的发展，以农村工业化带动农村城市化，经过十多年的发展，城市化水平大大提高，经济得到了长足的发展。在许多地区如温州、苏南、珠江三角洲等地区已发展成为具有现代文明的城市群体。形成村中有城、城中有村、城乡一体化的新格局。广东顺德市由一个农业为主的县变成了一个以轻工业为主的县级市，靠11个建制镇以强劲的经济实力获得广东"四小虎"之一的美誉。因此，加快欠发达地区小城镇建设是加快经济发展缩小地区差距的根本途径。

3. 加快小城镇建设有利于实现欠发达地区经济的可持续发展。在人们的印象中实现农村工业化、城市化似乎必然以牺牲生态平衡和环境污染为代价，西方国家确实就走了这样一条道路。这是应当吸取的教训。但是我们不能以此作为借口来排斥农村工业化、城市化。如果把大量的农民排除在工业化、城市化之外，情况又会怎么样呢？西部地区虽然有丰富的自然资源，但是近年来随着人口的增加，人与资源的矛盾开始突出出来，如人均耕地面积不断减少，乱砍滥伐，私挖乱采，造成土地的沙漠化，水土流失，自然灾害频繁。如果加快小城镇建设，提高城镇化水平，相当一部分农村人口转变为城镇居民，这样对污染的治理，能源的节约，耕地和环境的保护，都会产生巨大的效应。有人算过一笔账，如果在城镇有条件采取集中供热，比在乡村单家独户以煤、柴等为燃料，节约能源在10倍以上。因此，加快小城镇建设有利于实现欠发达地区经济的可持续发展。

改革开放以来，广大的欠发达地区，随着农村经济和乡镇企业的发展，小城镇建设的加快，强有力地冲击着长期以来形成的封闭的二元经济结构，同时小城镇的蓬勃兴起和发展，也有力地带动农村两个文明建设，对欠发达地区经济的发展和农村城市化起到了积极的促进作用。但是与发达地区相比差距仍然比较大，甚至差距有越来越大的趋势。主要表现在：

(1) 农村人口比重大，城市化总体水平低。据统计，1996年，我国城市人口已占总人口的30%，其中，东部地区高达42%，中部地区为24.3%，西部地区仅占15.8%。如云南省1998年城市化水平仅为20.5%，比全国平均水平低11.2个百分点。

(2) 城市数量少，规模小。到1996年底东部沿海地区设市城市占全国城市总数的

44%，中部地区设市城市占37%，而西部地区设市城市只占19%。东部地区平均约36平方公里有一个城镇(包括集镇)，中部地区平均168平方公里有一个城镇，而在国土面积占全国56.7%的广大西部地区平均每2060平方公里才有一个城镇，按城镇辖区面积比为1∶12.3∶56，东部地区是西部地区的56倍。绝大多数乡政府还建在村寨上。

(3) 由于没有强有力的工业作为支撑，小城镇规模小，功能不完备，实力单薄，经济辐射范围小。大部分小城镇只起商品集散地的作用，没有形成具有一定启动能力的经济中心。城乡间物资、资金和信息流量狭小，大量的农产品只能在农村内部寻找出路。相应大量的劳动力停滞在农业上，由此形成生产要素在农村内部的循环，使自然经济的传统格局难以打破。

工业化、城镇化是城乡经济一体化发展的动态过程。实践证明，两者是相互联系，相互促进的，如果没有农村经济的持续发展，生产力水平的提高，城市化就必然缺乏依托而举步艰难。同样如果没有强有力的城镇经济作为牵动力，经济落后的局面就难以摆脱。从发展的角度来看，欠发达地区自然资源、矿产资源丰富，而且乡镇企业、小城镇建设已有一定基础。目前正面临西部大开发的良好机遇，只要抓住这一机遇，在加强大中城市建设的同时，进一步加快小城镇建设，形成大中小有机结合的城市网络体系，就一定能带动欠发达地区经济的大发展。从目前来看，抓好小城镇建设必须注意解决好以下几方面的问题：

第一，必须大力发展乡镇企业，同时改变乡镇企业过分分散的局面，有计划、有步骤地引导乡镇企业向小城镇聚集。欠发达地区乡镇企业起步晚，大多规模较小，布局分散，不少企业设备陈旧，生产力水平低，因此，引导乡镇企业向小城镇集中，不仅有利于提高乡镇企业的水平，同时也加快了小城镇建设的步伐。小城镇具有基础设施齐全，技术力量先进，运输条件方便，信息传输迅速等方面的相对优势；另一方面，乡镇企业集中于小城镇，可以节省乡镇企业发展过程中的能源、交通、供电、排污等方面的巨额投资。同时集中的结果必然产生良好的聚集效应。正如马克思曾经说过的，城市本身表明了人口、生产工具、资本、享受和需求的集中，而在农村里看到的都是完全相反的情况：孤独和分散。因此，乡镇企业向小城镇集中，不仅会产生良好的经济效益，也会产生良好的社会效益和生态效益。

第二，促进小城镇建设与农业产业化相结合。目前在全国蓬勃掀起的农业产业化，可以说是农业经营方式的又一次重大变革。它以龙头企业、合作经济组织为依托，实行种养加、产供销、农工商一体化经营，将农业再生产的各个环节联结为一个完整体系，从而使分散的农户小生产转变为社会化大生产的组织形式。农业产业化的本质是农业生产方式转变为工业化的生产方式，实行企业化的生产和管理，通过对农副产品的精深加工以提高农业的附加值和比较经济效益。农业产业化这一本质决定它必须依托于小城镇才有广阔的前途和生命力。因此，在小城镇建设中，必须注意加强和扶持龙头的建设，加强市场的建设，以便发挥龙头的带动作用。比起发达地区，西部欠发达地区在农业上有更多的优势：自然资源丰富，推进农业产业化经营有较好的基础。目前，一方面应积极调整小城镇产业结构，利用新技术、新工艺改造传统产业，大力发展具有地方特色的以农产品为原料的新兴产业，不断开发出名、特、优产品，实现产业结构的高度化。另一方面改善小城镇的投资环境，积极吸引资金、技术、人才，举办各种形式的加工业。这样不仅可以增强小城镇的经济实力、聚集功能，而且对提高农业科学技术水平，增加农民收入都有十分重要的作用。

第三，把大力发展非公有制经济与小城镇建设结合起来。近年来西部欠发达地区非公有制经济虽然有了一定程度的发展，但所有制结构仍然比较单一。突出表现在国有经济比重过大。有的省份公有制经济仍然占80%以上，有的甚至达到90%。因此，在小城镇建设中，在积极深化国有企业改革、积极发展集体经济的同时，大力发展非公有制经济，无疑是加快小城镇建设的一条重要途径。通过放手发展非公有制经济，不仅有助于缓解小城镇建设中资金不足的矛盾，而且对于扩大就业，实现小城镇经济的繁荣，促进小城镇功能的进一步完善都具有十分重要的意义。因此应解放思想，更新观念，在政策、管理、服务等方面积极为非公有制经济的发展创造良好的外部环境和条件。实践证明，单一的所有制结构往往缺乏竞争，没有竞争也就没有效率。由于小城镇特殊的历史和经济地位，生产力的多层次性，因而小城镇的生产关系、所有制结构也不应该是单一的，应当根据小城镇经济发展的实际，逐步调整和形成合理的所有制结构。同时，也可以通过联合、参股等形式，把国有、集体、私营、个体、外资多种所有制经济有机结合起来，形成“你中有我，我中有你”的局面，以便充分发挥各种经济成分的优越性，使其优势互补，共同为小城镇经济的繁荣贡献力量。

第四，坚持数量与质量相结合，加强小城镇基础设施建设，进一步完善小城镇的功能、提高小城镇的城市化水平。近年来，欠发达地区各级党委、政府高度重视小城镇建设，小城镇的数量迅速增加，但是，在追求数量的同时，一些地方却忽视了质量的提高。不顾条件，一哄而起，盲目上项目、铺摊子，结果力不从心，欲速不达。小城镇基础设施落后，功能不全。据调查，目前大多数小城镇自来水的普及率只有70%左右，生活用气普及率不足50%，严重影响企业的发展和小城镇居民的生活，对附近农民也无吸引力。当前，应抓住西部大开发的有利时机，加强小城镇基础设施建设，可利用一部分国家支持的开发资金和广泛筹集社会资金抓好交通、供电、通讯、供水等基础设施的建设；大力发展商品市场和生产要素市场，健全市场体系，抓好仓储、批发、零售等流通设施的建设，增强小城镇的商品集散功能和对周边地区的辐射功能；大力发展教育、广播电视、卫生体育、社会福利以及文化娱乐等为提高科学文化水平和居民素质服务的部门。同时，加强小城镇的环境治理，重视环境保护，提高环境保护意识，逐步实现小城镇环境、经济和社会的可持续发展。

二、评　析

这是一篇理论与实践密切结合的区域经济学研究论文。文章从剖析“西部欠发达地区农村经济结构”的缺陷入手，提出了“加快小城镇建设，促进西部欠发达地区农村城镇化进程”的具体措施。篇章结构合理，论述层层深入，分析透彻，论据充分，应用性特征突出，对西部开发具有明显而广泛的借鉴作用。

这篇文章论证的严密性，是从促进结构层次的完整性中体现出来的。全文共分为三大部分，各部分的逻辑关系如下：

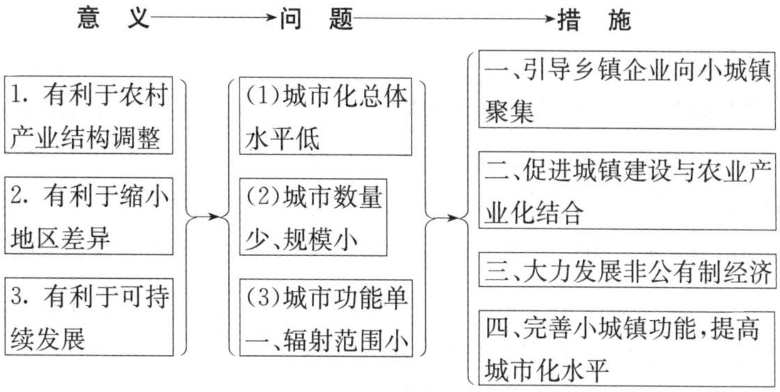

图 8－1　例文逻辑结构图

分析本文的层次关系和逻辑结构，我们可以清晰地看到：作者在这篇论文中全面地阐述了“加快小城镇建设”对推动西部欠发达地区经济发展的重要意义；深入剖析了西部欠发达地区“小城镇建设过程中存在的三个主要问题”；对有针对性地解决存在的问题，提出了具有建设性的四项重要措施。作者思路的清晰、文章结构的完整，以及“提出问题→分析问题→解决问题”的应用性特征，均鲜明地从文章结构中凸显出来，再加上文章中大量精确的统计数字的比较，使论证显示了较强的逻辑力量。

当然，随着对论文立意、结构和论述过程的深入了解，我们便逐步发现论文存在的一些问题，以及可以进一步优化的方式：

第一，论题应当进一步优化。

论题是论文宗旨、目标和特色的综合体现，对于学术论文来讲，论文的“学术价值含量”能否有效体现在论题之中，通常是人们衡量学术选题新颖度和深刻性的重要尺度。

本文的论题是《加快小城镇建设，促进西部欠发达地区农村城镇化进程》，“加快……建设，促进……进程”，命题的“动感”特征很强，但两组“动感画面”缺乏渐进性，在一定程度上是相互重叠的。其重叠的原因在于：命题中的两个分句，重复使用了同一个中心词——“城镇”。如果我们把论题紧缩，这种重复的弊病就会凸显出来：“加快城镇建设”，“促进城镇化进程”。在同一个学术命题中出现这样的重复并不好，完全可以避开。更何况，“促进……进程”搭配欠妥，给论题直接带来了不必要的损伤（规范的搭配应当为：“促进……发展”或“加快……进程”）。如果把后一句改为“提高……城镇化水平”，两组“动感画面”的层次就能以渐进的方式展现出来了。

但《加快小城镇建设，提高西部欠发达地区农村城镇化水平》的命题方式，仍然不是最恰当的选择。因为，这句话很像一句“口号”，不像一个论题。再说，正如论文中所举的若干实例，西部欠发达地区的小城镇建设规模还太小，城镇化水平还太低，只是“起步”，还谈不上“提高”，重要的是要想办法摆脱困境。所以，更改后的论题仍然不是很恰当。

抓住文章的结构，我们不难为这篇论文找到一个完全切合论述内容的题目：《论西部欠发达地区小城镇建设的意义、困境和措施》，文（文章内容）题（题目）切合，是学术论文命题的基本要求，这是每一位作者在学术论文命题和写作过程中，需要牢牢记住的一把"尺子"。

第二，标题要明晰。

这里所说的"标题"，是指期刊编辑学中所说的"二级标题"。标题明晰是学术论文的重要标志之一，一篇论文分为两部分、三部分，或者更多的部分，每部分均有一个明晰的标题，既可以给作者写作过程带来方便，又可以为读者的阅读、理解提供便捷的条件。

这篇论文没有设立二级标题，不得不说是一个缺憾。正如文章结构图和修订后的论题中所表述的那样，这篇论文的三个层次可以分别用三个标题清晰地概括出来：

（1）西部欠发达地区小城镇建设的作用和意义

（2）西部欠发达地区小城镇建设的差距和困境

（3）提高西部欠发达地区城镇化水平的策略和措施

第三，"关键词"选择、排列要规范。

论文"关键词"的标识是服务于现代文献检索的重要手段。就一篇具体的论文来说，关键词要起到对论文进行"定位"的作用，便于检索系统对论文进行恰如其分的归类"定格"。所以，应当按照严格的学科分类来选定关键词。

依照编辑规范，这篇论文原先选择的关键词"欠发达地区；小城镇；城镇化"；应当修改为："经济学；区域经济；西部小城镇建设；城镇化水平；现实困境；策略与措施"。

第四，"参考文献"必须标注清楚。

论文列举了大量的事例，引用了不少统计数据，对支撑全文论点起到了十分重要的作用。但是，作者没有在论文末尾进行严格的"参考文献"标识，注明论文引用材料的具体来源，这是一种不够严谨的方式。对这个问题不给予足够的重视，还容易产生侵犯"知识产权"的后果，导致一些意想不到的麻烦。

第三节　文史类论文选评

一、例　文

杜牧"楼台烟雨"蕴涵的独特意味①

千里莺啼绿映红，水村山郭酒旗风。

南朝四百八十寺，多少楼台烟雨中。

①梦雪：《杜牧"楼台烟雨"蕴涵的独特意味》，《曲靖师专学报》1991年第4期，第25～26页。

这是晚唐诗人杜牧的《江南春绝句》。前人对这首七绝名作评赞颇多:周敬《唐诗选脉会通》赞其“色色争妍,真好一幅江南春景图”;宋宗元《网师园唐诗笺》称其“能以简括,胜人多许”;宋顾乐《唐人万首绝句选》评其“二十八字中写出江南春景,真有吴道子于大同殿画嘉陵山水手段,更恐画不能到此耳”;俞陛云《诗境浅说续编》以其为“前二句言江南之景,绝妙惠崇图画也;后言南朝寺院,多在山水胜处,有四百八十寺之多,况空蒙烟雨之时,罨画楼台,益增佳景”;何焯《三体唐诗》亦评其“工夫极深”,“缀以‘烟雨’二字,便是春景”……所有评述全不出诗句字面意义,尽以为杜诗四句皆写春景,且把后两句解说为一般陈述句式,同杜诗本意极不协调。

今人的多种注释、赏析资料,也大体沿袭前人观点,仅就字面意思解析这首诗。

《古代诗词名句选》解释如下:

> 这四句诗写出了富有特色的江南春景:
>
> 花红柳绿,莺啼燕语,水村山郭,酒旗迎风,更有许多金碧辉煌的庙宇,在蒙蒙烟雨中交相辉映。

《唐诗鉴赏辞典》所载“杜牧·江南春绝句”条下作了如许赏评:

> ……金碧辉煌、屋宇重重的佛寺,本来就给人一种深邃的感觉,现在诗人又特意让它出没掩映于迷蒙的烟雨之中,这就更加了一种朦胧迷离的色彩。这样的画面和色调,与“千里莺啼绿映红,水村山郭酒旗风”的明朗绚丽相映,就使得这幅“江南春”的图画变得更加丰富多彩。

《杜牧诗文选注》则略加考释:

> 四百八十寺——南朝从梁开始大兴佛教,梁武帝时达到极盛,建筑寺院有五百余所。“四百八十”本来是确定数字,在这里用作虚指,形容寺院之多。

《唐诗选》在引述《南史·郭祖深传》对南朝寺院建筑规模进行考析之后,作了这样的评论:

> 末两句写景如画,景中寓情,凭吊南朝的覆亡,并讽其迷信佛教,广建佛寺。唐朝君主也崇信佛教,寺宇奢丽,杜牧写此诗含有现实的讽谕意义。

这则评论,把杜牧诗中“现实的讽谕意义”界定为唐朝君主的“崇信佛教,寺宇奢丽”,实与杜牧此诗的写作背景相去甚远。

唐初,李唐王朝大力扶助道教。自武则天专权方兴佛教,至唐宪宗时达到鼎盛。元和十四年(819),韩愈上书谏“迎佛骨”事,险些丢了性命。但唐武宗即位后复信道教,帝号为“至道昭肃孝皇帝”。为了削弱日益增大的寺院经济势力，武宗以“僧尼耗蠹天下”为由，下令毁拆佛寺，勒僧归俗。史称“会昌之政”。司马光《资治通鉴》曾引杜牧《杭州南亭记》云：

> 武宗即位，始去其山台野邑四万所，冠其徒几至十万人。后至会昌五年，始命西京留佛寺四，僧惟十人；东京二寺。天下所谓节度、观察、同、华、汝三十四治所得留一寺，僧准西京数；其他刺史州不得有寺。凡除寺四千六百，僧尼笄冠二十六万五百。

“会昌之政”期间，杜牧很不得意，他于会昌二年(842)由长安出守黄州，四年(844)迁池州，六年(846)移睦州。杜牧当时心有积忿，在《祭周相公文》中，他曾这样写道：

> 会昌之政，柄者为谁？忿忍阴污，多逐良善。牧实忝不幸，亦在遣中，黄冈大泽，葭苇之场……

在《上吏部高尚书状》中，他又写道：

> 某启：人唯朴樕，材实朽下，三守僻左，七换星霜，拘挛莫伸，抑郁谁诉？多遇时移节换，家远身孤，吊影自伤，向隅独泣。

依据上述史实及杜牧本人独特的生活经历，这首《江南春绝句》无疑是写于这段江南生活阅历之中。其“南朝四百八十寺，多少楼台烟雨中”二句，自然不可能不折射“会昌之政”毁寺除僧的社会生活了。

再从杜牧七绝的习惯表现方式看，大多为前两句写景，后两句借史抒情。(前人曾因此称他的绝句为“二十八字史论”。)例如《过华清宫绝句》：

> 长安回望绣成堆，山顶千门次第开。
> 一骑红尘妃子笑，无人知是荔枝来。

又如《赤壁》《兰溪》等绝句，前两句皆描绘“此时此景”，后二句则翻出境界，借“彼时彼事”寄托作者的深刻见解，表达强烈的批判精神。而遥远的历史又同现实相糅合，给人以针砭现实的丰富意味。

无论从杜牧诗作的历史背景考察，还是从这首作品的艺术表现特征来判断，《江南春绝句》都不是“通篇层层布景”，借以达到“色彩明丽”效果(富寿荪等《千首唐人绝句》，上海古籍出版社1985年版，第683页)。结末两句的含义也并不在于要“写出金碧辉煌的亭台楼阁在空蒙烟雨中若隐若现”，渲染“一种朦胧之美”。而是把武宗毁拆寺院的残破景象与光景日下的晚唐社会联系在一起，烘托出萧条凄冷的悲剧氛围。其结末句式并非历来断句者认定的陈述句，而是一个反问句，其实质内涵是："南朝金碧辉煌的寺院，如今还有几座飘零在蒙蒙烟雨之中呢？"

二、评　析

《杜牧"楼台烟雨"所蕴涵的独特意味》一文，篇幅短小，内容精练。文章融分析、考证、推论于一体，材料翔实，学术性强。作者独到的学术见解，是建立在严密的逻辑推论之上的。

文章的论题，逻辑限定十分明确，所谓"独特意味"是专指杜牧"烟雨楼台"一句中所蕴涵的，但这一句又是哪首诗中的呢？显然，如果再加上诗名，论题自然显得过长了。因此，文章一开篇就引用这首小诗，并简洁地点明诗题。这一"引"、一"释"，就是对论题所做的补充和限定，借逻辑用语来表述，就叫作"定义"。

以下两段，是文章的"引论"部分。作者所引证的"前人评赞"和"今人注释和赏析"两部分，分别组成两组并列的归纳推论，二者所推出的结论是：无论是前人还是今人，都"仅就字面意思解析这首诗""实与杜牧此诗的写作背景相去甚远"。引论部分所归纳的这一观点，强调了论文命题与写作的必要性，同时，也为文章的分析论证规定了基本方向。

再往下便是文章的"本论"，本论部分由一个较为复杂的演绎推论组成，作者组织了三个层面的分析材料：一是对时代生活（即史实）的分析；二是对作家思想情绪的分析；三是对作家咏史七绝独特表现手法技巧的分析。

三组分析中所列举的史实和作品分析材料，组成了整个复杂演绎推理的"小前提"。这些史料和作品都来自实在的引证，因而，其真实性是不容置疑的，最终的结论自然也就真实可靠了。

全文的结论，可以说既是本论中整个演绎推论的结论，又是对构成演绎推论小前提的三组分析材料的观点综合。结论的实质内涵是：杜牧不可能不凭自己的真实感情来写真实的生活，作品不可能不折射"会昌之政"所造成的残破景象，《江南春绝句》的前后两部分，表现的是自然美景同政治阴影的鲜明对照。据此，论题所说"烟雨楼台的独特意味"就是："南朝金碧辉煌的寺院，如今还有几座飘零在蒙蒙烟雨之中呢？"

将上述分析综合起来，整篇论文全部论证的逻辑结构便构成了如下的形式：

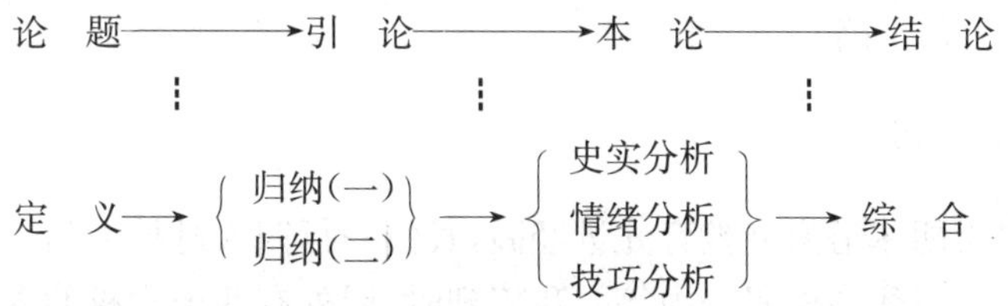

图 8-2　例文逻辑结构图

试想，如果作者在写作之前，就有这样一个论证逻辑结构的大体规划，那么写起文章来自然要轻松、便捷得多。由此，我们可以充分认识到：掌握论证的逻辑方法，学会安排逻辑推论的技巧，对于学术论文的写作，意义十分重大。

当然，这篇论文也并非无懈可击。至少存在着三个方面的问题：

首先，严格的考辨是不允许随意假设的。文章的结论，是在"这首《江南春绝句》无疑是写于这段江南生活阅历之中"的基础上得出来的，尽管作者对这种推断提供了不少论据，但最终仍旧没有彻底消除推断假设的意味。因此，还不能算是一种完全的确证。

其次，杜牧写过不少漂亮的咏史绝句，前人也的确有过所谓"二十八字史论"的美誉。但小杜咏史绝句大多都是直陈其意，没有过于隐晦的实例，这同《江南春绝句》还是有一定的差异的。这种差异如何解释？论文作者并没有提及。

再次，诗歌的审美意味应是丰富隽永的。即使本文论点具有唯一的正确性，对前人自古至今的另一种理解的事实，也是应当给予认可的。从立论的语气上讲，立论一方不必要绝对地排斥前人的观点。因为，用这样的态度来认识文学作品客观的美学价值，才更加符合艺术审美和欣赏的规律。当然，作为一篇矫正前人观点的"翻案文章"，矫枉过正的心理在一定程度上也是可以理解的。

第四节 教育类论文选评

一、例 文

对一个农村家庭教育先进典型的调查与分析①

(一) 调查提纲

(1) 调查目的：了解农村家庭教育先进典型的具体情况；分析农村家庭教育在子女成长过程中的作用；探索农村家庭教育、学校教育、社区教育的一般规律。

(2) 调查地点：云南省宣威市杨柳乡可渡村。

(3) 调查对象：农民胡军道(男，54 岁)，阚福珍(女，52 岁)夫妇。

(4) 调查方法：走访，谈心，调查会。

(5) 调查时间：1996 年 4 月 16 日上午 8：30～11：00。

(6) 调查人员：(略)

(二) 调查实况

为调查农民胡军道家庭教育先进经验，我们一行四人赶早上门。胡家三间瓦房，跟周围的村民相比居住条件属于中等。我们到时，屋外有两个本村的木匠师傅在做家具。

①方然：《教育生态论纲》，云南大学出版社 1998 年版，第 229～233 页。(对个别方言语汇做了调整)

来访者:“师傅们忙着做什么?”

师傅:“给他家打几套家具。”

来访者看到屋里屋外排列的新家具,问:“是不是做嫁妆?”

女主人掩着嘴笑。男主人:“不是,不是。他们(指孩子)都说现在的不好用,又不好看,要换一换。”

屋里原有两个小沙发,一个大沙发,都是旧的,正好够客人坐下,女主人忙沏茶,男主人忙装烟(黄壳“红梅”):

“你们来也不早点说一声,没有好烟,随便抽抽。”

来访者:“(家具)都做这么多了,还要做些什么?”

男主人:“还要做两个书柜,雪梅说学校的书架不好用。”(老三雪梅,中师毕业,本乡中心学校教师)

女主人:“她还要一对沙发,(不然)来个人没坐处。”

来访者:“几个孩子大学毕业都分在外面,现在工作情况咋样?你们放心不放心?”

女主人:“怎么会不放心呢?倒是他们不放心我们,经常写信来问‘给要这、给要那’?我们缺什么嘛……”

男主人:(对几个大学及专科毕业在外工作的孩子一一介绍)“唉,就是老四燕梅中学毕业没考上。其实,她学习也不差,就怪她大哥,老早早就写信来劝她‘不要怕考不上,考不上就来我这里,我给你找工作’。这不是,到时候就真的考不上了。你不劝她倒好,她懂得想她的事、使她的劲嘛!”

女主人:“现在她倒好了,在瑞丽开商店,姊妹几个数她文化最低,也数她最挣钱。”

男主人:“实际她也满苦,做生意也要舍得苦,没日没夜地苦。”

来访者:“还有几个在读书的?都介绍给两位上边来的老师听听。”

男主人:“老五在云南大学法律系,老六在城头一中读高中。”

来访者:“听说老六也是高才生——学习是前几名?”

女主人:“他读书不专心,姊妹七个就数他玩性最重。”

男主人:“前几年读初中,进城去参加化学竞赛,别人忙着复习准备,他倒跑出街上逛,看到人家在街边下象棋(摆残局),他蹲下去就跟人家来几盘!”

女主人:“胡冰梅(老七)倒是最乖了,就在上边乡上中学,今年毕业,老师说没问题。”(指升学)

来访者:“你们两口子劳动,供这么多孩子读书,困难大不大?”

女主人:“现在不算了,都有他们(已参加工作的孩子)顾着许多。”

男主人:“前头些年是困难,那么多张嘴吃饭,个个都要读书,苦是的确苦。”

来访者:“你们有没有想过,让几个孩子少读点书,在家帮大人种地干活?”

女主人:“我们有时候也想,村里好些人都劝过我们——‘大人这么苦,怎么不叫回两个来?’——叫哪个?孩子们都学得好好的,哪个我们也不忍心。”

男主人:“孩子们也懂事,叫他们花时间认真读书,可是一到放学,他们就直接到地里来干活,书包都等不得放下。”

女主人:“只要爹妈说过的事,费多大的力他们都要干完、干好。最忙的是烤烟叶的时候,掰下的烟叶背回家堆满三间屋子,等着孩子们下晚自习回家来才辫烟,辫到深更半夜,一杆杆送进烤房担好,才得睡觉。”

男主人:“读到大学,参加工作了,放假回来也是什么都要干,你叫他别干也不行。放下包,卷起袖子就笑着来了……”

来访者:“供孩子上学这么多年,家长觉得最困难的是什么?”

男主人:唉——(深思,但没有张口回答)

女主人:“孩子回来要钱买书,大人手头没有,借又借不到。有时从鸡窝里摸出一个鸡蛋,还热乎乎(刚下)的,交给孩子捧着去供销社,卖一个鸡蛋刚刚够买一本作业本。”

(屋子里很静,大家都没出声……)

(三) 调查分析

我们所调查的胡军道、阚福珍一家,是誉满杨柳乡可渡村的教育先进家庭。根据对调查内容的初步分析,其家教成功的主要原因表现在以下 5 个方面。

1. 父母的基本素质较好:父亲胡军道虽然没进过学校,但自幼在外做工,喜欢学习,爱听人说书、讲故事,照他自己说,“书上的字认得些,读得出音来,但就是不会动手写”。母亲阚福珍是本村第一代高小(小学 5～6 年级)毕业生,用丈夫的话说,“孩子们一上学,有事都找她”。

2. 父母对儿女态度端正:一方面,农活再苦再累,不让任何孩子停学;另一方面,家务和农活都要求孩子参加。七个孩子从小学开始,实际上都处于“半农半读”的学习状态,家庭内部形成了“有困难大家共同克服”的良好意识。

3. 父母有一定的教育眼光:胡家的家庭教育,充满了“生活教育”和“养成教育”的良好氛围。这种氛围是生活所迫、自然形成的。同样条件的农户,为什么别家不能如愿呢? 根本原因就是家长有无“教育眼光”。胡军道把老四胡燕梅没有考上专业学校的原因,归咎于大哥缺乏分寸的误导。他认为孩子“懂得想她的事、使她的劲”,过早给她指点从商的出路,使她松懈,“到时候就真的考不上了”。所以结论是:“就怪她大哥!”胡军道的认识,包含着教育思想和方法的多重内涵。此外,男女主人对老六“玩性重”的事例描述,好像是批评,却又有几分赞赏的口气,从中反映出他们对孩子个性的认可、肯定和尊重。这是非常可贵的。

4. 胡家七个孩子艰苦求学、矢志不移的成才道路,向人们展示出深刻的人生哲理:对于每个上进的人来说,艰难的生活历程是一笔精神财富;对于每一个面对困难、知难而进的人来说,困难是磨炼意志、催人奋发的动力。

5. 这个家庭兄妹七人的成长过程,具有一种相互影响的“内在驱动力”,这种力量正是家庭教育的“接力传导优势”。在社区教育中,这种优势的确存在,而且影响力很内在,在少数自然村落,已经产生了很好的人才效应。我们认为,在农村社区教育中,充分发挥这种“内在驱动力”的作用,使其效益扩大化,形成社区教育的“接力传导优势”,这是提高农村综合教育水平的有力“杠杆”。深入挖掘、利用和发挥这种动力和优势,是

“社区教育生态”自我培育的一个很有意义的教育科研课题。

二、评　析

《对一个农村家庭教育先进典型的调查与分析》一文，是运用简易的访问法，进行现代教育研究的一种有益尝试。

应该说，文章的选题并不算新颖，研究过程所采用的方法也比较普通。文章给人的印象却很新鲜，也很深刻。这正是研究成果的价值所在。

文章之所以让人感到新鲜，主要源于两个方面：一是调查者提问的方式和角度把握得非常好，既同调查（访问）现场的实情实景很切近，很协调；又将调查目的自然渗透在所提问题之中，毫无勉强生硬的做作。二是被调查者身上传统意识和现代思想风貌体现得都很真实：既非常朴素，又颇具现代感。言谈真切、感人，且不乏生动性，人物性格随着言谈举止跃然纸上，让读者倍感亲切。

文章中的分析之所以让人觉得深刻，主要也源于两个方面：

其一，对调查材料分析小中见大，概括得既具有真实性，又具有科学性。例如，认为胡家的子女从小开始“实际上都处于‘半农半读’的学习状态，家庭内部形成了‘有困难大家共同克服’的良好意识”，这些因素正是“生活教育”和“养成教育”的重要条件。又如，对农民胡军道夫妇独特的“教育眼光”的分析令人信服，从朴素的素材中分析认识教育思想，并给予具体的肯定，这在我们的教科书上是不多见的。

其二，文章在分析现实材料的基础上所提出的教育观点十分新颖，也十分深刻。作者把胡家兄妹成长过程中相互影响共同奋发的“内在驱动力”，上升为“家庭教育的接力传导优势”；把挖掘、利用和发挥这种优势，使之产生良性互动机制的社区教育环境的现实，概括为“社区教育生态自我培育”机制的形成。其中所包含的教育思想，具有理论创新的意义和价值。这种上升和概括源于现实教育素材，符合当代教育科学发展的新趋势，具有鲜明的理论创新意义和价值。

调查目的具有明确性，调查内容具有丰富性和生动性，材料分析具有科学性和创造性，使这份短短的调研报告入木三分，别开生面，具有深刻的学术内涵。

从研究方法上讲，研究过程和写作过程将“调查法”“经验总结法”和“个案法”密切结合在一个研究整体中，充分发挥三种方法的优势，使材料的典型性、个案的完整性和分析的科学性统一起来，形成高效率的研究成果。这是最值得称道的一点。

实事求是地分析，这篇“调查与分析”仍然存在着一些问题，主要表现在两个方面：

(1) 关于调查对象有无代表性的质疑。

依照作者的认识，选择这样一个多子女家庭具有典型性。而且，似乎子女多，成才率高，就具有代表性，其实不然。“七个孩子”，如此生育“规模”的家庭，在现代农村并不具有真正的代表性，宣传（这在研究过程中是不可避免的）这样的家庭，在很大程度上还容易产生消极的影响。

(2) 按照“调查与分析”的研究结论，在少子女、甚至“独生子女”家庭，“家庭教育的接力传导优势”，不是自然消解了吗？那么，本文研究的结论，又何以展示其未来价值？

应当说，作者行文之初是应当想到这层意义的。为什么没有留意呢？大约是由于研究目标过于集中，得出一个“传导优势”便自满自足地“收兵”了。当然，还有一个客观原因：在边远山区，独生子女家庭还很少见。但有一点是应当明确的：优秀的教育科学成果，不但要解决现实问题，还要具有充分的前瞻意义。

试想，如果最后再加一段推而广之，将这种“优势”推广到少子女和独生子女为主体的社区教育环境之中，进行合理引导和发挥，不就更有意义、更有价值了吗？

作者的疏忽，倒是给人留下了探索的余地。如何把这篇文章中总结出来的“家庭教育接力传导优势”进行实验、放大和推广，使之真正上升为现代“社区教育接力传导优势”，并在更大规模上推广这种经验，形成现代社会教育改革的系统成果，这难道不是一个更有价值的教育科学试验研究课题吗？

第五节　数理类论文选评

一、例　文

小手机与国防信息安全①

新近修改颁布的《中国人民解放军内务条令》明确规定“除工作需要并经师(旅)以上单位首长批准外，军人不得使用移动电话、寻呼机等通信工具”。同时还对经批准使用移动通信工具的军人如何使用、在什么场合不允许使用移动通信工具进行了严格限制。

小小的手机顿时成了热门话题，为此，我们请来了军事专家陈虎。

手机真有那么不安全吗

主持人：请问，对军人使用移动通信工具进行严格限制，究竟是出于什么样的想法？

陈虎：大概有两方面原因。一方面是出于部队管理的需要，更主要的方面是出于安全保密的考虑。众所周知，由于无线通讯技术的迅速发展，移动电话已成为重要的通讯工具。但无线通讯的开放性，也使收发双方交换的敏感信息被第三者监听的可能性大大增加。尤其在关系国家秘密的特殊部门，手机已成为不容忽视的一大泄密隐患。

主持人：手机真有那么不安全吗？

陈虎：手机的通信过程，就是使用手机把语言信号传输到移动通信网络中，再由移动通信网络将语言信号变成电磁频谱，通过通信卫星辐射漫游传送到受话人的电信网

①徐壮志、王东明：《小手机与国防信息安全》，《中国青年报》2002 年 4 月 13 日第 2 版。内容有删改。

络中，受话人的通信设备接收到无线电磁波，转换成语言信号接通通信网络。即使是在不使用的时候，手机也要与通信网络保持不间断的信号交换。在这些过程中产生的电磁频谱，人们很容易利用侦察监视技术发现、识别、监视和跟踪目标，并且能对目标进行定位，从中获得有价值的情报。

不许带手机进重要场所并非我国首创

主持人：新修改的内务条令明令禁止军人将手机带入重要场所，也不允许在办公场所使用移动电话。这是不是有点太严格了？

陈虎：手机即使在关机时也并非绝对安全。目前，我国市面上的移动电话芯片基本上都是进口产品。据说，一些手机具有隐蔽通话功能，可以在不响铃，也没有任何显示的情况下由待机甚至关机状态转变为通话状态，从而将周围的声音发送出去。

实际上，一些发达国家的情报部门、军方和重要政府部门，都禁止在办公场所使用移动电话，即使是关闭的手机也不允许带入。

监听其实很简单

主持人：我国已经是世界上第一手机大国，别的国家要是想监听的话，工作量会很大。

陈虎：其实很简单。2000 年，欧盟在一份提交欧洲议会的报告中说，长期以来，美国代号"梯队"的全球电子监听系统一直在窃取包括欧盟在内的各国情报。据说，"梯队"系统始建于 1971 年，主要通过设在美国本土及其盟国的大型监听站的卫星天线来截获卫星通信信息，并利用一些小型的监听设备来截收世界各大城市之间的通讯、海底电缆的信息和互联网上的数据流。

在"梯队"这样的现代监听系统中，记录与分析截获信息的工作大部分是由计算机完成的。事实上，与其说是"听"，不如说是"过滤"——不管是通信信号还是互联网上的数据都在监视系统全天候的监控下，一旦出现与数据库中关键词相关的信息，该系统就会自动记录并分析，然后将重要部分交工作人员进行深入分析。

主持人：这是不是意味着，我们每一次使用手机或发电子邮件，都要经过他们"过滤"——看看有没有他们需要的信息。

陈虎：差不多是这样。目前美国在本土及世界各地设有 47 个大型监听站和 4120 个小型监听站，加上各种电子侦察卫星、高空飞机、间谍船和潜艇，完全有可能接收到一般家庭中的无线电话防盗信号，甚至一些外国元首在轿车中的谈话。

据说，全世界 95％的通信都要经过"梯队"高速计算机的"过滤"，全部电话、文传、电子邮件都会被它截获。

主持人：可以想到，世界上有很多像"梯队"一样的系统。

陈虎：是的，而且数量很大。

监听内容无所不包

主持人：煞费苦心地建设这么大的一个网，他们想听些什么呢？

陈虎：政治、外交、军事乃至经济、技术情报，无所不包。除了政府和军队外，一些商业机构对商业情报也十分重视。据称，因为“梯队”，欧盟成员国遭受了至少200亿欧元的商业损失。

主持人：这就不仅是军事保密的问题了。

陈虎：应该称之为信息安全。

主持人：信息安全在国家安全中的地位如何？

陈虎：从农业革命、工业革命到信息革命，国家安全的重点一直是动态发展的。实际上，与传统的军事安全、政治安全和经济安全等局部、领域性的安全问题相比，信息安全更具本质、全局性意义。

国家安全赖以存在的基础环境在变化，从以原来的国土、资源、军队等有形的东西为主，转向信息和知识等无形的东西与其共存。而在信息化时代，任何国家的政治、军事、经济、外交都离不开信息。对信息的开发、控制和利用已成为国家间利益争夺的重要内容，信息安全关乎国家安危。

信息安全的威胁真不少

主持人：说到信息，就离不开我们熟悉的计算机。在各种计算机网络正在成为国家战略命脉的今天，信息流动被锁定或中断，整个国家就有可能由此陷入瘫痪，直接危及国家的安全和民族的生存。有些军事专家把这叫作信息战。

陈虎：是的。日本曾有人用试验证明，未加屏蔽的电脑启动后，用普通电脑就可以在80米内接收其内容。据说，有些国家已可以做到在1公里外同时接收20台正在工作的微机的辐射信息。

主持人：病毒也是信息安全的一大威胁。

陈虎：对。1988年11月3日，发生在美国因特网上的“蠕虫”事件，被认为是计算机病毒开始出现的标志。美国康乃尔大学的一年级研究生，年仅23岁的罗特·莫里斯编制的“蠕虫”计算机病毒通过因特网大面积传播扩散，几天内使用BS—DUNIX操作系统的6000多台主机受到影响，致使包括美国国家宇航局、一些重要军事基地和一些大学在内的计算机系统陷于瘫痪状态，造成了约6000万美元的重大经济损失。

病毒成为隐形武器

主持人：如果计算机病毒用于军事目的，那就很可怕了。

陈虎：计算机病毒能够对计算机的硬件系统和操作系统造成巨大危害，因而成为信息战中的隐形武器。美军从 1987 年就开始研制计算机病毒武器，并耗资 1.5 亿美元成功研制出微电脑芯片的“病毒固化”技术。

美谍报机关通过将一种病毒芯片偷偷装入伊拉克从法国订购的打印机内，导致伊拉克防空系统在海湾战争一开始即陷于瘫痪。

一些国家招收黑客入伍

主持人：说到信息、计算机，就不能不提到黑客。据说，世界上每 20 秒钟就发生一起黑客攻击事件。

陈虎：黑客的力量也不可忽视。臭名昭著的黑客约翰·李曾公然声称，他在计算机上按 5 个键就可以犯罪。一些国家已经在致力于招揽这样的人才到军队。

主持人：那么，军队和警察将如何分工，基于网络的犯罪和战争又如何鉴别？

陈虎：这是很多国家都在思考的问题。美国的“信息战士”为至少 250 万台军队计算机提供安全保护。“9·11”以后，军事专家已在考虑这样的问题：如果某个国家、集团或个人侵入美国的银行系统，进行破坏并盗走巨额财产，算不算战争行为？应该由哪个部门来负责防范和还击？

要先进、便捷，更要安全

主持人：不管如何，每个人都应该在利用网络、通信带来的便捷的同时，想到信息安全的问题。我注意到，鉴于安全的考虑，德国一些政府部门已放弃使用 Windows 而采用了别的操作系统。前段时间，北京市政府也采取了这样的选择。

陈虎：这是很明智的。更重要的是，随着我国的日益信息化，有必要组建专门队伍，拨出专门的经费，颁布统一的信息系统安全标准。同时，作为一个事关国家安全和经济发展的战略性产业，加紧研制国产硬件、开发国产的操作系统和应用软件的需求已十分迫切。

在这一点上，我们可以借鉴俄罗斯的做法。不管本国的系统技术有没有国外的先进，坚持安全第一，使用本国产品，不授攻击之“柄”于别国。

主持人：真想不到，一个小小的手机竟然与国家的信息安全有着如此紧密的联系。看来，内务条令的这条规定真是很重要。

二、评　析

乍看文章，我们也许觉得它不像一篇学术论文。但细细想来，这篇论文讨论的是“国防信息安全”的大问题，不仅有学术性，而且还具有名副其实的“学术前沿性”，怎么能说它不是学术论文呢？

说它不像学术论文，是因为这种“一问一答”的形式，距离学术论证的模式和语气都有一定距离。那么，学术论文一定要有一个固定的模式，一定要具有某种学究气味的僵化语气吗？其实不然。认真想一想，我们熟悉的《十万个为什么》，再看一看散文作家梁衡所写的《数理化通俗演义》，我们能拒绝阐述学术问题的生动活泼的方式吗？不仅不能拒绝，而且还要大力提倡。

在现实工作中，我们也常常听到基础教育战线上从事数、理、化和计算机教学工作的老师们说："在我们这个层次上，研究学科前沿问题是根本不可能的。"事实上，如果换个角度，用我们掌握的理论来思考和解决现实生活中的种种具体问题，用这种"技术转化"的方式去接触学科前沿，则不仅是可能的，而且是非常现实的。《小手机与国防信息安全》一文的选题和表达方式，正好说明了这个道理。

具体分析，《小手机与国防信息安全》一文有如下三个长处：

(1) 统摄每段文字的标题具有鲜明的针对性，而且总体上具有由浅入深的层递性。这样设计标题，既可以保证每个问题具体、集中并有效解决，而且，能确保整篇文章的主题思想，能层层深入地得到完整表述。这种设计方式，把文章的趣味性、知识性和严格的科学性、体系性，完整地统一在写作整体之中，圆满地实现写作意图。使读者既明白了解对军人使用移动通信工具进行严格限制的必要性，还了解到信息安全对维护国家政治、经济、科学、军事安全的重要意义。在此基础上对读者进行生动、深刻、全面的国防教育。推而广之，还可以帮助青少年读者从小树立热爱科学、献身科学的崇高理想。

(2)"一问一答"的表述方式，把对知识的"接受—理解—传播"融为一个整体。"一问一答"是许多科普文章喜欢采用的表达方法，这种方法不仅切合一般人学习、理解学术问题和知识原理的心理过程，而且始终同"有针对性解决具体问题"的技术思路，有着相同的方向和轨迹。因此，这种表述(论证)方式，容易收到最佳的传递效果和接收效果。

从某种意义上讲，如同文科教师应当具有创作"儿童文学"的本领一样，理科教师应当学会运用科普方法表述知识定理和相关学术问题的技能。也许，在我们未来的教学活动中，文理科教师携手合作，可以创造一种集"儿童文学"和"科普方法"于一体的写作手法，将人文教育的目标和自然科学的知识体系融合起来，从而开发出综合教育潜能，创造出崭新的教育成果。

3. 运用"首尾照应"的方法，确保文章内容的完整性。由于文章中标题较多(一共 8 个)，而且包含着 15 组问答，从结构上看均为"单线联系"，山重水复之中难免有一点散乱的感觉。采用"首尾照应"的方法，从《中国人民解放军内务条令》颁布开篇，又以《内务条令》作结："小小的手机竟然与国家的信息安全有着如此紧密的联系。看来，内务条令的这条规定真是很重要。"这就使文章的完整性得到了保证。

当然，文章也有不足的方面：从逻辑层次上讲，第二个标题(即《不许带手机进重要场所并非我国首创》)及其所涵盖的内容，应提到文章的开头部分，可以使全文整体上更连贯。另外，"内务条令"一词在文章的任何局部出现，都应当使用书名号(《内务条令》)，而文章中除开头一段外，其余多处都没有使用书名号，这不规范。

此外，少数概念使用不够准确、表述不够规范，在一定程度上影响了文章质量。例如,《病毒成为隐形武器》一节这样叙述:“美军从 1987 年就开始研制计算机病毒武器”,“病毒武器”具有两个基本含义:一是“以病毒作为武器攻击敌方网络终端”;二是“防止敌方实施病毒攻击的武器”。从文章表达上看,作者使用“病毒武器”这一概念,并没有包括这两个完整的义项,从后一句中提到的“病毒固化”技术看,这种偏差的确存在。

又如文章第一部分说,“在这些过程中产生的电磁频谱,人们很容易利用侦察监视技术发现、识别、监视和跟踪目标”。应当把“在”字改为“根据”,这样改才能突出主动者(“人们”)的实在作用,上下文才连贯、通顺。

第六节　生化类论文选评

一、例　文

基因工程技术在动物营养学上的应用及其发展前景[①]

摘　要　综述了基因工程技术在动物营养学中应用的最新进展,并就其在动物营养学上的发展前景作了展望。

关键词　基因工程　动物营养学　抗菌肽　植酸酶　甜菜碱

自从 Watson 和 Crick 于 l953 年发现 DNA 双螺旋结构以来,分子生物学取得了飞跃性的发展,形成了以基因工程为主要内容的现代分子生物学技术,在生物学、医学等研究中得到广泛的应用,几乎渗透到生命科学的每一个领域,成为研究和揭示生命现象本质和规律的一种重要工具。当前,全世界所共同面临的许多重大问题,诸如饥饿与营养、疾病、能源与环境污染等问题的根本解决,在很大程度上将依赖于分子生物学技术的发展和应用。因此,及时全面地了解和掌握分子生物学理论和技术的发展动态及研究热点,将具有重要的意义。就目前来看,我国动物营养学方面的研究工作基本处在机体水平:即在机体水平上研究各种营养素对机体的作用、在机体内的代谢与平衡、影响机体吸收营养素的因素等问题。分子水平方面的研究还刚刚起步,尚处于初级阶段。动物机体的生理病理变化,如生长发育、新陈代谢、遗传变异、免疫与疾病等,就本质而言,都是动物基因的表达调控发生了改变的结果,许多生理现象的彻底阐明,最终需要在基因水平上进行解释,所以动物营养学的各方面研究应与分子生物学技术,尤其是基因工程技术相结合,从分子水平上来解释各种营养素对机体的作用机制、动物机体的生理病理变化等问题,这也是动物营养学今后发展的必然趋势之一。

---

①郑家茂、赵国芬、许梓荣:《基因工程技术在动物营养学上的应用及其发展前景》,《生物学通报》2000 年第 12 期,第 1～3 页。

本文就抗菌肽、植酸酶、甜菜碱等，对基因工程技术在动物营养学领域中的应用作一简单阐述。

1. 抗菌肽基因工程

自从 Boman 等(1981)首次从美国天蚕(Hyalophora cecropin)中成功地分离到两种抗菌肽——蚕素(cecropin)A 和 B 后，国内外很多科学家对这一类抗菌肽进行了深入细致的研究，发现在许多昆虫、植物、哺乳动物中均有这样的多肽存在，它们由 30 多个氨基酸残基组成，不同来源的多肽的氨基酸序列具有较强的保守性且共同具有如下特点：1)N 端由碱性氨基酸残基组成；2)C 端均酰胺化；3)绝大多数多肽在第 2 位均为 Trp，它对杀菌活性至关重要；4)它们都有较广的杀菌谱。其抗菌机制大致如下：抗菌肽作用于细菌的细胞膜，破坏膜的完整性，造成离子通道，最终导致细胞内含物的泄漏。

由于抗菌肽具有广谱杀菌作用、相对分子量较小、热稳定、水溶性好等优点，更为重要的是抗菌肽对真核细胞几乎没有作用，仅仅作用于原核细胞和发生病变的真核细胞，在目前不少病原菌对原有抗生素逐步产生耐药性，尤其是肉用动物长期使用抗生素受到严格检查和批评时，对畜禽体内自然产生的抗菌肽功能的了解以及设计一种方法来调节动物体内自然抗菌肽的功能便显得极为重要，其中通过抗菌肽基因的克隆与表达而大量生产抗菌肽是一种较为直接而有效的方法。目前昆虫和植物抗菌肽基因工程，在国内外已有不少成功的报道，但就畜禽抗菌肽基因工程国内外尚未见报道。因此，运用基因工程技术，通过对畜禽抗菌肽的研究，对提高畜禽的抗病能力、减少甚至替代抗生素的使用将起积极的促进作用。

目前，猪抗菌肽(PR—39)已被发现(Lee 等，1989)，它是一个分子量为 4719D 的肽，从猪肠中分离，属于富含 Pro—Arg 的肽家族，不裂解野生型大肠杆菌，但对突变型 K12 有作用，其作用机制是通过阻断蛋白质和 DNA 的合成，从而导致这些成分的降解。PR—39 在一个单层囊泡中可以诱导钙的降低和电流的线性增加，此诱导与肽浓度和膜上甘油磷酸脂(带负电荷)有关。另外在猪小肠中，还发现另一种抗菌肽 cecropin P1，它是以裂解细菌来完成杀菌作用的。Andersson(1995)运用基因工程技术从猪骨髓 RNA 中克隆到一种新型的 cDNA，其编码一个 78 残基的抗菌肽 NK—lysin，有 3 个分子内二硫键，这种肽对 NK—敏感型的肿瘤细胞株 YAC—l 有裂解活性，但不裂解红血球细胞。

2. 植酸酶的基因工程

植酸酶的研究已有近 40 年的历史，植酸酶作为一种单胃动物的饲料添加剂，其饲喂效果已在世界范围内得到广泛的确证，随着饲料工业的发展和分子生物学的兴起，从 90 年代开始的植酸酶的分子生物学研究，已成为世界性的研究热点之一。目前国内外研究的主要思路集中在通过基因工程这一手段解决饲用植酸酶的两个主要问题：一个是植酸酶在天然材料中表达水平太低，这造成植酸酶难以大量生产及生产成本过高的问题，通过基因工程技术，利用生物反应器则有望成百上千倍地提高它的表达量；另一个问题是天然植酸酶的一些酶学性质，如耐温性，pH 适性、催化活性等不能完全适合饲料加工业和养殖业的要求，利用基因工程手段在分子水平上对植酸酶基因进行改造，从而提高其在饲料中使用的有效性。

2.1 在微生物中高效表达植酸酶基因。目前，植酸酶基因表达的研究主要集中在来源于曲霉的植酸酶基因 phyA 和 plyB 上。Hartigsveldt 等（1993）将来源于 A. ficummNRRL3135 的 phyA 基因导回原菌株，使 phy 基因的拷贝数增加到 15 个以上，从而使植酸酶的表达量提高到 7600μ/m1。Ehrlich 等(1995)在 A. oryzae 中表达来源于酵母的植酸酶基因和来源于 A. niger762 的 phyB 基因，其结果也是使表达量分别提高到 840μ/m1 和 750μ/m1。将植酸酶基因 phyA 置于来源于 A. niger 的淀粉葡萄糖甘酶(AG)启动子之下，信号肽序列分别用 AG 信号肽的 18 个氨基酸序列、AG 信号肽的 24 个氨基酸序列及植酸酶原来的信号肽序列 3 种构建，将植酸酶基因重组到 A. niger 基因组中而获得植酸酶基因的阳性克隆子，在这 3 种构建中其植酸酶在重组菌株中的表达量分别达到了 1.1×10^5，0.5×10^5，2.8×10^5 μ/ml，比原植酸酶产生菌株的表达量高约 1000～3000 倍左右。

2.2 植酸酶热稳定性加上饲料都需要一个制粒工艺，在制粒过程中有一个短暂的高温过程，温度一般在 75—93℃，一般植物酸酶在此高温下会大幅度地丧失活性，因此，能在饲料中真正推广利用的植酸酶必须具有良好的热稳定性；然而另一方面饲料中的植酸酶最终的作用场所却是动物正常体温(37℃)的肠胃中，植酸酶同时又必须在常温下具有较高活性，因此，如何解决在制粒高温和在动物正常体温下同时具有较高酶活性这一对矛盾是目前饲用植酸酶应用的关键性技术环节，通过基因工程技术对植酸酶基因在分子水平上进行改造将是一个强有力的手段。近年来，已从嗜温微生物中发现多种高温植酸酶，对它们的结构与热稳定性的研究将为植酸酶基因的分子改造提供理论依据。

2.3 植酸酶基因工程的一个新突破点假设在一些植物性饲料(如玉米、大麦、大豆等)中本身就含有足量的植酸酶，如果在饲喂过程中，植酸酶在动物的肠胃中释放出来降解饲料中的植酸磷，这岂不是一举两得，既省去了植酸酶添加剂的生产，又省去了在饲料中植酸酶的添加，这无疑是植酸酶应用的最佳方法。随着分子生物学技术的发展，这一“天方夜谭”的假设将成为现实。目前，科学家们已经开始尝试这一方面的研究并取得了阶段性的进展，其主要思维路线如下：将植酸酶基因通过基因工程技术转化到用作饲料的玉米、大豆、大麦中，培养出高含植酸酶的大豆、玉米、大麦。目前国外许多研究机构都在尝试此项工作，预计近期内会取得突破性进展。

3. 甜菜碱基因工程

甜菜碱(Betaine)是广泛存在于动植物体内的季铵型生物碱。近年的研究表明，甜菜碱是一种高效、安全的营养再分配剂。添加于饲料中，可以显著提高畜、禽胴体瘦肉率、减少脂肪沉积，并可改善肉质，在养殖工业上应用前景广阔。但就甜菜碱本身而言，目前国内的甜菜碱生产均是通过化工工艺合成，通过基因工程手段来获得甜菜碱方面还是空白，国外近年来已开始这方面的研究。

许多细菌和植物中由胆碱经两步氧化而成甜菜碱，合成代谢途径已经阐明，催化两步反应的酶蛋白已经分离和纯化，已克隆其基因并测定了碱基顺序。AR strom 研究室已完成大肠杆菌的 Bet 操纵元全序列分析，发现 Bet 操纵元由 4 个基因组成，其中 BetA 编码胆碱脱氢酶（61～9kD），BetB 编码甜菜碱醛脱氢酯（52～9kD），BetT 编码胆碱转移系统（75—8kD），BetI 编码 Bet 基因的调节中作为阻遏物的 21.8kD 蛋白。

目前已有一些报道认为细菌 Tet 操纵元和 Lec 操纵元能在烟草中表达，因此将 strom 研究室得到的 Bet 操纵元 8.7kbDNA 片段导入烟草，探讨甜菜碱是否能表达是一个诱人的研究领域。

4. 展 望

综上所述，以基因工程为核心的分子生物学技术应用于动物营养学研究领域，具有很大的潜力，它不仅为动物营养学研究提供了一套全新的技术和方法，而且可在基因水平上解决许多动物机体生理病理变化、营养素的代谢调节机制以及其与机体的相互关系等问题。我们可以设想，基因工程抗菌肽完全可以减少甚至替代抗生素的使用，随着转基因技术的日益完善，各种生物性能优越的动物新品种将层出不穷；用转基因动物来大量生产各种生理活性物质，也将成为现实。无可置疑，21 世纪是高新技术畜牧业应用大发展的时期，以基因工程为主导的分子生物学技术将会为我国的畜牧业的发展开辟广阔前景。

5. 参考文献

[1] 李宝健，展望 21 世纪的生物科学. 生命科学，2000. 12，(1)：37—43.

[2] Boman H G. Faye I, Gudmumdsson G H *et al*, Cell-freeimmunity in cecropia: a model system for antibacterial proteins. Eur J Biochem, 1991, 201: 23—31.

[3] Lee. J Y *et al*. Pig immunity: Isolation and structure of PR-39. Proc. Nat1, Acad, Sci, 1989, 86: 9159—9162.

[4] Andersson M, Gunne H, Clsson B, *et al*, Cloning, Characterization and expression of the NK-lysin Gene from the marrow of pig. EMBO J, 1995, 14(8): 1615—1625.

[5] Van Hartingsveldt M, Van zeij C M J, Harteveld G M, *et al*. Cloning, characterization and overexpression of the phytase-encoding gene (phyA) of Aspergillus niger. Gene, 1993, 127: 87—49.

二、评 析

《基因工程技术在动物营养学上的应用及其发展前景》一文，选题非常好，既有学科理论的前沿性，又注重前沿技术在生产过程中的应用，而且，还拓展到应用技术的推广前景领域。因此，仅从论题的选择上看，其科学性是十分严密的。

为了便于我们对论文长、短、得、失有一个清楚的了解，不妨先将论文的主要模式进行如下的展示：

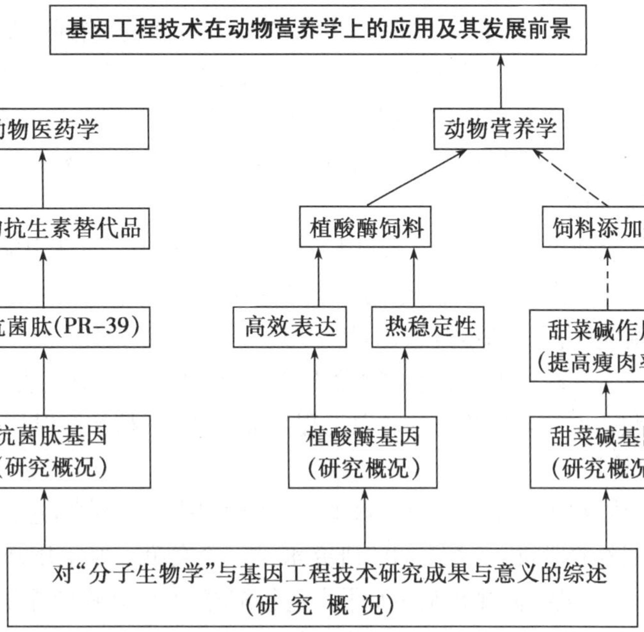

图 8－3 例文写作模式图

如图所示，论文第一层次综述了"分子生物学"与基因工程技术研究的历史、成果和意义；论文第二个层次具体介绍了 3 种生物基因（抗菌肽基因、植酸酶基因、甜菜碱基因）的研究情况；按照本文命题及论文逻辑结构的一般要求，论文的第三个层次，应当集中讨论上述三种基因及其技术在"动物营养学"中的具体应用。但是，作者的写作过程（亦即论文的结构）中并没有严格地这样做。

关于"抗菌肽基因"，文章论述中提到了"猪抗菌肽（PR－39）"基因及其"杀菌作用"，也提到了"通过畜禽抗菌肽的研究，对提高畜禽的抗病能力、减少甚至替代抗生素的使用将起积极的促进作用"。但这一结论属于"动物医药学"领域，而不属于"动物营养学"领域，这说明论文关于"抗菌肽基因"的论述，在不知不觉中偏离了论题限定的基本方向。

关于"甜菜碱基因"，文章也没有抓住上述三个层次，即"该基因研究情况介绍"→"该基因在动物营养学中的价值"→"这种价值的技术开发"，共三个逻辑程序来论述，而只是泛泛地做一般性介绍。对于"甜菜碱具有提高动物瘦肉率的作用"和"甜菜碱可以用作饲料添加剂"两个关键问题，作者也没有将其自觉纳入有序的论证层次，而是在对现有论文评析过程中从作者的一般性介绍中提出来的。

只有关于"植酸酶基因"的论述内容和层次，基本上把握住了论述的逻辑程序，从对"基因特性分析"上升到"植酸酶饲料的生产设想"，最终直接进入"动物营养学"的论证领域。

因此，从论文使用的材料看，1/3 偏离了论题，1/3 没有把握准确。论文的立论离开了 2/3 的论述材料，致使这个优秀的论题和行文写作产生了相互背离的效果。

此外，论文还存在一些枝节问题：

(1) 论文题目太大。“基因工程技术”的范围很宽，涉及所有的“基因”和所有的“基因技术”，但文章仅仅论及 3 种基因。论题中不仅包含“应用”，还包含“发展前景”，而文中说到具体“应用”的内容很少，“发展前景”则仅用几句话做概括，这些都暴露出“大题小论”的弱点。试想，如果把论题修改为《动物营养学中基因技术的三个应用实例》，不就同论述内容更匹配、更和谐了吗？

(2) 个别概念使用不够准确。“基因工程”，是对“所有关于基因技术的具体应用”的总称，“基因技术”则是可以广泛运用于个别基因研究的具体方法和手段。笼统说“基因工程技术”，混淆了两个基本概念，不利于理解，也不利于论述。

论文中的三个二级标题，均冠以“工程”二字，犯的是同一个毛病，太宽、太泛，同具体的论述不匹配。例如，《植酸酶的基因工程》，如果改为《植酸酶基因技术的应用》，就显得更准确、更恰当。

又如，行文涉及“机体水平”“分子水平”“基因水平”三个概念，这三个概念标志着生命科学三个不同的阶段，代表着不同的研究水平。论文第一段末尾却这样说：“许多生理现象的彻底阐明，最终需要在基因水平上进行解释，所以动物营养学的各方面研究应与分子生物学技术，尤其是基因工程技术相结合，从分子水平上来解释各种营养素对机体的作用机制。”显然，混淆了“基因水平”和“分子水平”的差异，甚至给初学者造成某种错觉：似乎“分子水平”是比“基因水平”更高的研究层次，这就犯了知识性的错误。

(3) 论文的摘要书写不够准确。论文摘要“是关于论文研究方法和研究结论的客观表述”。这篇论文的摘要既没有写明研究方法，也没有写清研究结论，因此不能体现论文摘要的客观价值和作用。如果论文按照《动物营养学中基因技术的三个应用实例》的规范层次完成写作，那么，这篇论文的摘要应当改写为：“对‘抗菌肽基因’‘植酸酶基因’‘甜菜碱基因’进行对比研究，从机体、分子、基因三个级次的水平上提出新的见解，对三种基因技术在动物营养学上的应用，提出了具体的技术措施和应用方案。”

思考与练习

阅读《老师，您听我说》一文，从中抽出有分析研究价值的具体内容；再查阅 2～3 本《学生心理学》《教师心理学》之类的书籍，寻求更为充分的材料，以《谈谈学生心理与教师心理的同步调适》为题，拟订提纲，写一篇 3500 字左右的学术短论。

老师，您听我说

朱秉欣

亲爱的老师：

知道今年您要教我，我好高兴。在这一年的开始，我想向您吐露我的心声，让您了解我的需求。希望在这一年内，我能好好接受您的教导，同时也让我从内心钦佩您、敬爱您。

（一）老师，我希望您是一个有感情的人，而不是一架教书的机器。

（二）老师，请您不仅仅教书，更要教我们学生。

（三）老师，请您把我当一个人看待，而不是您记分册上的一个号码。

（四）老师，请您不要单看我的成绩，更要看我的努力。

（五）老师，请您经常给我一点儿鼓励，不要让您的要求超过我的能力。

（六）老师，不要勉强我把求学当作人生的最大乐趣；至少对我，学习不一定是乐趣。

（七）老师，不要期待我最喜欢您教的课；至少对我，别的课可能更有趣。

（八）老师，请辅助我自己思考、自己判断，而不仅仅是背诵答案。

（九）老师，请您耐心地听听我所提出的问题。只有您肯倾听我的述说，我才能向您学习去听别人的意见。

（十）老师，只要您保持公正，请您对我尽量严格。表面上虽然我反对严格，但是我知道我需要您严格要求。

（十一）老师，假如我有所失败，尤其在大众面前，不要可怜我，可怜会使我自卑。

（十二）老师，在教室内，不要把另一位同学当作我的表率，我可能因此而恨他，也恨您。

（十三）老师，我若有所成就，也不要把我当作别人的榜样，因为那样会使我难堪。

（十四）老师，请您记得，您也曾经是一名学生。您是否有时也会忘带东西？在班上您是否样样第一？

（十五）老师，请您也别忘记，大学您是怎么考取的，您所念的专业是不是您的第一志愿？

（十六）老师，您也需要学习；您不学，我怎能从您那儿学到更新的东西？

（十七）老师，我心中感激您，但您不要期待我口头上常说："老师，谢谢您！"

最后，老师，您一定希望我学业进步，让我也祝您教学成功，您的成功是我进步的保证，我的进步也就是您成功的证据。

敬爱您的学生

后　记

经过一年多的策划、论证、编写和修订,《学术论文写作》终于同读者见面了。由于编委会专家的认真指导,以及全体编写人员目标一致的勤奋努力,这部教材体现出如下的鲜明特征:

一是学科内容的完整性。编写人员从多种渠道搜集了上百种"学术论文写作指导"一类的中外参考书籍,广泛借鉴前人成果,引用众多学术论文写作实例,使本书涵盖的内容更全面、更完整。如《学术思维的品格、模式和习惯》《学术论证的逻辑和技巧》《科研项目的申报、开题、组织研究及成果验收》等章所包含的诸多内容,在同类书籍中尚未见到。

二是学科体系的科学性。本书按照当代集成思维模式的先进方法确立学科体系,借鉴集成思维模式的倡导者、我国著名科学家钱学森的思维科学理论,将本书全部内容划分为"思想方法""知识技能""实践应用"三大板块,鲜明地突出了理论、技术和应用的层递关系,既符合当代科学体系结构理论,又贴近地方高等院校各专业学科的教学目标设计。

三是教学应用的广泛性。作为地方高等院校"公共专业技能课程"的教材,本书力求做到思想性、专业性和应用性的渗透和统一,注重培养学生深刻的认识能力,熟练掌握和运用教育科研方法的能力,从事学术论文写作的实践操作能力。不仅着眼于在校学生学术思维水平的提高,而且,也为在职教师的教育研究工作,提供了多种可资借鉴的新思路、新方法。

本书的编写提纲由高小和起草;汲安庆、张德礼、许定国、郑华,参加了讨论修订工作。具体编写分工为:高小和,第一章、第五章、第六章;郑华,第二章;许定国,第三章;张德礼,第四章;王振彦,第七章;冯国凡,第八章。其中,第四章、第七章由张德礼统稿;高小和、汲安庆对全书各章均做了必要的修订,并设计了各章的训练题目。

在本书编写提纲审定会议上,《新世纪地方高等院校专业系列教材》编委会委员、曲靖师范学院院长刘建教授亲临指导,对本书编写工作提出许多宝贵的指导意见。南阳师范学院、衡阳师范学院、玉溪师范学院、曲靖师范学院,对本书的编写给予大力支持,使编写工作按时完成。南京大学出版社金鑫荣社长,对本书的出版予以很大的支持,使本书以崭新的面貌如期同读者见面。在此,谨向以上各方表示诚挚的感谢。

由于时间较紧,任务繁重,也由于编写人员水平所限,书中的错误与不足在所难免。希望读者提出宝贵意见,以便在今后的修订过程中使之进一步完善。

教材各章引用的文献,大多已在注释中注明(对其中的部分内容进行了校对修改);许多材料细节,难以一一标识,在此谨向各书作者表示谢忱。

在本书修订过程中，南京信息工程大学汲安庆、曲靖师范学院刘兵耀、李晓霞、周均东、李德伦、臧国书、刘建国、王炜等老师，花费了大量心血，为本书的高质量出版做了许多有益的工作。谨此说明，并敬表谢意。

编　者

2021年12月20日